LA VÉRITÉ SUR
LE SUAIRE DE TURIN

Preuves de la mort
et de la résurrection du Christ

Kenneth E. Stevenson et Gary R. Habermas

LA VÉRITÉ SUR LE SUAIRE DE TURIN

Preuves de la mort et de la résurrection du Christ

(Verdict on the Shroud)

traduit de l'anglais par France-Marie Watkins

Fayard

Ce livre est la traduction intégrale, publiée pour la première fois en France, de l'ouvrage de langue anglaise : « Verdict on the Shroud » édité par Servant Publications — Ann Arbor — Michigan, 1981.

Crédits photographiques
1a, 6, 8, 9, 10, 11, 12, 13, 15, 17, 21, 24, 25, 26, 28 © Vernon Miller, Brooks Institute of Photography, Santa Barbara
4, 27, 29, 30, 31, 32, 33, 34, 35 © Ernest Brooks ; Brooks Institute
1b, 2, 3, gracieusement prêtées par Ian Wilson
18, 23, gracieusement prêtées par Jean Lorre ; Jet Propulsion Laboratory
19, 30 © Mark Evans, Brooks Institute
14, 36, gracieusement prêtées par Brooks Institute
5, gracieusement prêtée par Holy Shroud Guild
7, gracieusement prêtée par Francis L. Filas
16, gracieusement prêtée par John Jackson et Eric Jumper
22 © Tom Fox, Brooks Institute

Affectueusement dédié à Mary, Jeep et Nin

REMERCIEMENTS

Nous tenons à remercier tout particulièrement les nombreux savants et membres du Projet de Recherches sur le Suaire de Turin qui nous ont fait de précieuses suggestions et nous ont personnellement aidés pour la préparation de ce manuscrit. Nous exprimons surtout notre reconnaissance aux personnes suivantes :

Robert Bucklin, M.D., J.D., Médecin légiste adjoint, canton de Los Angeles.

John Heller, M.D., Biophysicien, New England Institute.

John Jackson, Ph.D., Physicien, Colorado State University.

Eric Jumper, Ph.D., Physicien, U.S. Air Force Academy.

Vernon Miller, Photographe de l'équipe, Brooks Institute of Photography, Santa Barbara.

Ray Rogers, Ph.D., Chimiste, Los Alamos National Laboratory.

Lawrence Schwalbe, Ph.D., Physicien, Los Alamos National Laboratory.

Nous aimerions aussi remercier de leur assistance nos femmes, Mary Stevenson et Debbie Habermas, qui ont non seulement encouragé notre projet mais se sont affectueusement chargées de la dactylographie de notre manuscrit.

Enfin, nous voudrions saluer le travail accompli par Servant Books, notre éditeur. Stephen Peterson et James Manney, en particulier, ont grandement contribué à la qualité de cet ouvrage. Notre association avec eux a été extrêmement fructueuse.

PRÉFACE

Il s'est malheureusement produit une confusion considérable, sur le but de l'enquête scientifique de 1978 sur le Suaire de Turin. Dans l'esprit de certaines personnes, les investigateurs n'étaient qu'un groupe de fanatiques religieux, techniquement accomplis, attachés à « prouver » l'authenticité du Suaire. En revanche, certains articles de presse ont affirmé que notre dessein était de prouver qu'il s'agissait d'un faux. Notre but était simplement d'observer et d'apprendre le plus possible sur ce remarquable objet physique, dans le temps limité et les circonstances dont nous disposions, puis d'interpréter les résultats de notre étude le plus objectivement possible.

Pour la plupart des gens qui s'intéressent à ce problème, une seule question importante se pose : Le Suaire de Turin est-il ou n'est-il pas le véritable linceul de Jésus-Christ ? Depuis des siècles, partisans et adversaires de son authenticité n'ont cessé de s'affronter. Ils vont probablement continuer car la science n'a pas encore fourni la réponse et ne l'apportera peut-être jamais. Ce sera aux historiens de décider. Cela ne veut pas dire que les savants n'ont rien appris. Au contraire, nous avons fait de nombreuses découvertes et l'objet de ce livre est, en partie, de présenter un survol de nos actuelles connaissances scientifiques.

Le « problème du Suaire » est à vrai dire multidisciplinaire ; des experts appartenant à des domaines aussi divers que la physique, la chimie, la médecine et la reproduction d'images ont chacun apporté une importante contribution. Stevenson et Habermas ont présenté les résultats techniques de ces diverses disciplines aussi objectivement qu'ils le pouvaient en termes aisément compréhensibles du profane. Bien que, en tant que physicien, je ne sois qualifié que pour garantir leur réussite en tout ce qui touche aux aspects physiques et chimiques du problème, je suis à peu près certain que le lecteur devrait se faire une juste impression de notre point de vue en général.

Nous avons certes appris beaucoup de choses, mais pas suffisamment sur certaines questions. Comment l'image s'est-elle transmise sur le linge ? Jusqu'à présent, les indices scientifiques ne peuvent prouver aucune hypothèse ; nous ne pouvons être sûrs de rien. Cependant, dans cet ouvrage, Stevenson et Habermas ont réexaminé le problème à la lumière de certains arguments historiques, philosophiques ainsi que scientifiques et ont proposé une explication s'appuyant sur une intervention surnaturelle. Cela choquera peut-être certaines personnes mais si l'hypothèse des auteurs est compatible avec les faits dont on dispose, elle demeure une explication plausible. Stevenson et Habermas sont restés à juste titre circonspects dans leur interprétation. Le lecteur est prié de garder l'esprit ouvert mais aussi d'être prudent et critique. Nous ne devons pas nous abstenir de toute conclusion réfléchie et nous tirerons la nôtre à la lumière des faits.

LAWRENCE SCHWALBE, PH. D.
Los Alamos National Scientific Laboratory
Physicien du Projet de Recherches sur le Suaire de Turin

PREMIÈRE PARTIE

Les faits

1.

Le phénomène du Suaire

Au premier abord, le Suaire de Turin est un objet qui semble mal se prêter à une étude scientifique sérieuse ou à l'édification religieuse. C'est un vieux morceau de toile, d'un âge incertain, considéré par beaucoup de chrétiens comme le linceul dans lequel Joseph d'Arimathie et Nicodème enveloppèrent le corps de Jésus avant de le déposer dans le tombeau. Cela ne paraît guère possible. De plus, une image est imprimée sur la toile. À l'œil nu, ses détails sont difficiles à discerner. L'image est spectrale, confuse et devient floue à mesure qu'on s'en approche. Est-il plausible qu'il s'agisse d'un portrait extrêmement détaillé de Jésus lui-même, alors qu'il gisait dans la tombe ?

Pourtant, le Suaire de Turin ne sera pas relégué dans la catégorie des reliques pittoresques mais fallacieuses, comme la couronne d'épines, les clous de la crucifixion et le bâton de Moïse. Des évêques du Moyen Âge étaient peut-être certains que le Suaire était une peinture mais les savants du XXe siècle qui l'ont étudié sont tout à fait sûrs que c'est tout sauf cela.

Par une ironie du sort, le mystère du Suaire n'a fait que s'approfondir à mesure que les savants l'examinaient avec des instruments de plus en plus sophistiqués. En 1898, quand on le photographia pour la première fois, on s'aperçut que l'image était un négatif : ses valeurs claires et foncées étaient inversées au développement. Cette « épreuve » était infiniment plus détaillée et reconnaissable que l'original. Et puis, vers le milieu des années 1970, un examen microscopique de la toile ne révéla pas la moindre trace de pigments, de teinture, d'encre ou de toute autre substance qu'un artiste aurait pu employer pour peindre cette image. À la même époque, une analyse par ordinateur permit de découvrir que l'image du Suaire contient une information tri-dimensionnelle ; on n'a toujours pas trouvé d'explication convaincante à cette découverte stupéfiante et inattendue.

Des millions de chrétiens se sont passionnés pour le Suaire quand les photographies de l'image négative ont été publiées dans des livres, des magazines et des journaux du monde entier. Ces clichés révélaient un corps crucifié, avec un luxe extraordinaire de détails. Croyants et non-croyants pouvaient compter les marques de flagellation, observer une blessure sanglante au côté voir ses poignets et ses pieds percés des traces de coups sur la figure. L'homme du Suaire, semblait-il, avait souffert et était mort à peu près de la même façon que Jésus de Nazareth, tel que son supplice est raconté dans les Évangiles.

Ainsi débuta le phénomène du Suaire. C'est un phénomène du XXe siècle. Il n'était qu'une relique parmi tant d'autres, jusqu'à ce qu'on commence à l'examiner avec des instruments scientifiques modernes. Le résultat fut une remarquable possibilité : plus nous apprenons de choses sur le Suaire de Turin, plus il paraît probable qu'il est exactement ce que l'on prétendait : le linceul de Jésus-Christ.

Le phénomène du Suaire est fait en grande partie des réactions intenses à la possibilité qu'il puisse être authentique. Si des archéologues fouillant dans des ruines, quelque part dans le monde méditerranéen, avaient trouvé une toile imprimée de l'image mystérieuse d'un inconnu, la découverte aurait probablement été accueillie avec une curiosité modérée. Mais on dit que le Suaire de Turin porte l'image de Jésus-Christ. Ainsi, l'opinion que les gens en ont reflète souvent ce qu'ils pensent de Jésus, plutôt qu'une réflexion pondérée sur la possibilité qu'un objet d'une valeur religieuse ait pu survivre depuis le Ier siècle. Nous devrions étudier de plus près certaines de ces réactions.

La plus courante est une incrédulité immédiate : ça ne *peut pas* être authentique. Au commencement du XXe siècle, Yves Delage, éminent professeur d'anatomie, agnostique, lut une communication à ses confrères de l'Académie des Sciences concluant que l'homme du Suaire était Jésus-Christ. Ce propos fut accueilli avec dérision. Tous les savants qui ont sérieusement étudié le Suaire se sont heurtés à une version de cette réaction, l'incrédulité instantanée, instinctive.

Ce point de vue — le principe que le Suaire ne peut absolument pas être authentique — se fonde sur autre chose que le raisonnement scientifique. Il est effectivement difficile de croire que le véritable linceul du Christ, portant l'empreinte détaillée de son corps, repose aujourd'hui dans une chapelle de la cathédrale de Turin. Cependant, des objets archéologiques, y compris des linceuls, ont survécu depuis des temps plus anciens encore, et il existe dans l'univers des choses plus curieuses qu'une image mystérieuse sur de la toile. La raison probable de l'incrédulité immédiate, c'est que le Suaire puisse avoir un rapport avec Jésus, en même temps que l'insinuation rarement absente quand il est question du Suaire, qu'il y a quelque chose de miraculeux dans sa conservation et son image. Bref, le Suaire semble offenser le tempérament moderne, il irrite un nerf. Pourtant, la simple incrédulité ne traite pas avec réalisme la question de l'authenticité possible.

Certaines personnes sont hostiles au Suaire. Madeleine Murray O'Hair, une athée américaine bien connue, a traité le Suaire de supercherie, dans un discours prononcé à Pâques 1981 (attaquant Jésus-Christ et l'Église). Les gens qui sont hostiles au Suaire le sont souvent au christianisme et à l'homme qui est au cœur de la foi chrétienne. Certains prennent le Suaire comme objet de leur non-croyance émotionnelle. La non-croyance des athées singe la foi chrétienne, tout comme l'athéisme organisé imite la religion organisée.

Beaucoup de chrétiens considèrent le Suaire avec méfiance et craignent de parler de sa signification possible. Beaucoup de ces gens sont des protestants — conservateurs et libéraux aussi — mais d'autres sont catholiques. Ils se plaignent que le Suaire détourne les chrétiens d'aspects plus importants de la vie chrétienne, la Bible, la charité, les sacrements, la foi fervente en Dieu. Ils n'ont pas tout à fait tort. Les reliques n'ont jamais renforcé la foi chrétienne, elles ont souvent détourné les fidèles de choses plus importantes et on en a abusé. Cependant, le remède n'est pas de faire table rase de toutes les reliques mais de les utiliser comme il convient. Le Suaire de Turin, la plus importante relique de l'histoire chrétienne s'il est authentique, peut affermir la foi. Il pourrait révéler beaucoup de détails sur la crucifixion et la mort de Jésus, le rachat, le sacrifice expiatoire pour le salut de l'humanité d'après la foi chrétienne.

À l'autre extrémité, il y a les chrétiens qui vénèrent le Suaire. Pour certains, il est plus important que la Bible, le dogme, la charité ou tout autre aspect de la vie chrétienne. Ces chrétiens, tout comme ceux qui doutent du Suaire, ont besoin de l'intégrer correctement dans leur christianisme, s'il est authentique en fait. Ils sentent peut-être quelque chose de significatif, mais ils s'égarent quand ils font du Suaire un objet de foi en soi.

L'intensité de beaucoup de ces réactions est assez compréhensible. Le Suaire est important. Les enjeux sont élevés. Le fait que le Suaire puisse concerner Jésus-Christ suscite des réactions émotives mais rend indispensable aussi de ne pas conclure à la hâte ou à la légère. Toute conclusion d'authenticité doit se baser sur un ensemble de faits convaincants. La prudence s'impose aussi, s'il semble probable que le Suaire soit authentique. S'il est réellement le linceul de Jésus, nous devons bien considérer comment l'intégrer dans le schéma de notre foi et de notre vie chrétiennes.

Ces réels problèmes scientifiques et pastoraux n'expliquent pas complètement le phénomène du Suaire, car il a aussi des racines spirituelles. Le Suaire semble indiquer que Jésus est mort exactement comme le rapportent les Écritures. Dans ce cas, il a pu ressusciter des morts, comme le dit l'Évangile. S'il est ressuscité, alors il a vaincu la mort et vit encore. Il est Dieu comme il l'a dit et il exige de nous l'obéissance, maintenant comme au temps où il marchait sur la terre. Voilà la chaîne d'implications du Suaire de Turin, à ce que pensent certains. Personne, homme ou femme, ne peut prendre ces implications à la légère ou calmement. Quand nous regardons des images du Suaire, quand nous y pensons ou en parlons, nous considérons la preuve possible de la vérité de la foi chrétienne. Tels sont les enjeux.

Jusqu'au siècle actuel, le Suaire de Turin intéressait presque exclusivement les catholiques. Ils sont allés le contempler, ils ont écrit à son sujet, ils l'ont étudié, vénéré, et protégé. Dernièrement, cependant, il est devenu un objet de très grand intérêt pour bien d'autres personnes, y compris des protestants et des scientifiques. Parmi les savants qui l'ont étudié, il y a eu beaucoup d'agnostiques et, dans le grand public, autant de non-croyants que de croyants s'y intéressent. D'où vient cette passion récente pour un objet traditionnellement associé à l'Église catholique ?

Une des raisons pourrait être l'évolution de la piété catholique. Celle d'autrefois, qui attribuait parfois des pouvoirs miraculeux au Suaire et à d'autres reliques, devient un aspect moins important de la vie quotidienne catholique. En même temps, des protestants ont compris que le Suaire, s'il est authentique, contient des renseignements précieux sur Jésus-Christ et que ses implications pourraient promouvoir la cause de l'Évangile dans le monde moderne. Correctement considéré, le Suaire peut étayer la foi, non l'égarer.

Plus ironiquement, la principale raison de ce nouvel intérêt pour le Suaire est le progrès scientifique. La science a pu ébranler les croyances de nombreux chrétiens mais elle n'a fait qu'approfondir le mystère entourant le Suaire de Turin. Au lieu de le démystifier, les investigations intensives des années 1970 l'ont rendu encore plus intrigant. L'intérêt du public s'est accru alors que chimistes, physiciens, ingénieurs et techniciens avouent leur stupéfaction et leur incompréhension du processus qui a formé l'image.

Le scepticisme terre à terre qui accompagne la science moderne a créé, curieusement, un climat provoquant chez les chrétiens un intérêt sérieux pour la valeur religieuse du Suaire. La question de son authenticité est devenue plus importante que jamais. Au Moyen Âge, le Saint-Suaire avait principalement une valeur pour la piété personnelle. L'Église encourageait les fidèles à l'utiliser pour méditer sur la passion et la mort de Jésus-Christ, mais sans prétendre officiellement que c'était réellement le linceul de Jésus. Par contraste, on dirait aujourd'hui que le Suaire défie l'incroyance en apportant la preuve physique de la mort et de la résurrection du Christ. L'esprit moderne sceptique est réceptif à ce genre de preuve, précisément parce qu'il est sceptique. Pour certains, peut-être, c'est la seule qui soit concluante.

C'est pourquoi le Suaire revêt une telle importance. Notre âge se caractérise par un rejet du surnaturel et du miraculeux ; ce scepticisme a même envahi l'Église. Beaucoup de chrétiens — même des théologiens, des exégètes, des pasteurs — doutent de la résurrection physique de Jésus-Christ. Le « raisonnement scientifique » leur interdit de croire réellement que Jésus est ressuscité d'entre les morts. Beaucoup considèrent la résurrection comme un phénomène « spirituel » : Jésus s'est « levé » dans l'esprit de ses disciples et il vit aujourd'hui dans la « mémoire » de ses fidèles.

Il est difficile d'imaginer défi plus efficace que le Suaire à ce point de vue « scientifique ». S'il est authentique, c'est peut-être le linceul de Jésus, portant l'empreinte de son corps, avec en outre des signes qui font penser que ce corps a été inexplicablement retiré de son linceul. Se pourrait-il que le Suaire fût un signe de Dieu pour notre époque ? En cette ère où la science rend difficile la foi en l'Évangile, la science pourrait aller aussi loin que possible pour fournir la preuve de la validité des évangiles.

Mais n'anticipons pas. Nous ne pouvons pas réfléchir à la signification du Suaire avant d'avoir évalué les preuves de son authenticité, ce que nous ferons dans les chapitres suivants. Nous adopterons une démarche prudente, sceptique même ; quand des faits sont incomplets ou difficiles à interpréter, nous le dirons. Nous essaierons cependant d'évaluer tout ce qui concerne le Suaire et de porter des jugements sur la signification de ces faits. Le but sera d'aboutir à un verdict. La science et l'histoire ne peuvent *prouver* que le Suaire de Turin est le linceul du Christ, mais il est possible de parvenir à une conclusion probable, « au-delà du doute raisonnable », pour emprunter un terme juridique américain. La plupart des conclusions scientifiques sur des phénomènes complexes ne sont en réalité que des jugements de probabilité. Les savants réunissent des faits, puis ils élaborent des théories pour les expliquer. Ces théories ne sont pas des faits. Quand des savants disent qu'ils ont atteint une conclusion, ils veulent dire en général qu'une certaine théorie est l'explication la plus plausible de faits constatés. Notre but sera d'arriver à une conclusion de ce genre sur les faits connus du Suaire de Turin.

Comme beaucoup de ceux qui ont étudié le Suaire, les auteurs de cet ouvrage étaient initialement sceptiques. Stevenson en entendit parler pour la première fois quand il était cadet à l'U.S. Air Force Academy. Il y retourna plus tard comme professeur dans sa faculté. Des études du Suaire effectuées par ses amis de l'Academy le persuadèrent d'examiner les faits avec soin et finirent par l'attirer dans le Projet de Recherches sur le Suaire de Turin.

Habermas a lu un livre sur le Suaire en 1965. L'histoire l'intéressa, éveilla sa curiosité mais les faits disponibles alors ne le convainquirent pas de son authenticité. Ce scepticisme commença à changer lorsque les résultats des analyses scientifiques des années 1970 furent publiés. L'investigation scientifique de 1978, en particulier, fournit les données empiriques décisives qui le persuadèrent de l'authenticité et pavèrent la voie à une étude future de sa signification.

Nous avons écrit cet ouvrage pour fournir une présentation sérieuse mais populaire des renseignements scientifiques ainsi que des conclusions soigneusement raisonnées de l'importance possible du Suaire. Cet ouvrage est unique par plusieurs côtés. C'est le seul qui incorpore les résultats des examens et analyses scientifiques effectués depuis 1978 par le Projet de Recherches sur le Suaire de Turin y compris les photographies prises durant les examens. Les deux auteurs sont associés à l'équipe ; Stevenson en fait partie et Habermas est un conseiller pour la recherche. De plus, les auteurs insistent beaucoup sur la signification du Suaire, pour une plus profonde compréhension de la foi chrétienne. Nous sommes intéressés par le fait que le Suaire, s'il est authentique, tendrait à confirmer la validité de la foi chrétienne. Il révélerait aussi beaucoup de détails sur la crucifixion et la mort de Jésus et peut-être sur sa résurrection.

Comme le Suaire est un objet insolite pour une étude scientifique, nous devons clairement comprendre le cadre dans lequel nous présenterons et évaluerons les faits. Nous ne partirons pas du principe qu'il est authentique, pas plus que nous ne chercherons une explication miraculeuse de l'image. En même temps nous — et le lecteur — ne pouvons compromettre notre étude en rejetant à priori le miraculeux, en assumant que des événements surnaturels ne peuvent pas se produire. Autrement dit, notre traitement de ce sujet sera équilibré. Nous éviterons à la fois l'approche pieuse qui interprète tous les faits comme une preuve de la validité du Suaire et l'approche sceptique qui refuse d'examiner objectivement les choses. Nous avons l'intention de traiter les données disponibles de manière équitable, afin que nos conclusions reposent fermement sur les faits connus.

Dans ce but, nous avertissons le lecteur de lire avec attention et de soupeser de même les preuves. Ne permettez pas à un doute sur les miracles ou à une répugnance pour les reliques de vous égarer. Considérez les faits aussi impartialement que possible, pour aboutir à la conclusion la mieux étayée.

Cet ouvrage se compose de trois parties principales. La première est surtout consacrée aux données scientifiques et autres faits concernant le Suaire. Nous commencerons par la question de savoir s'il peut être suivi en remontant le temps jusqu'au Ier siècle (chapitre 2). Nous passerons ensuite à la description de l'homme enveloppé dans le linceul (chapitre 3). Au chapitre 4, nous comparerons le Suaire aux textes du Nouveau Testament relatant la mise au tombeau de Jésus. Finalement, les deux derniers chapitres de cette première partie présenteront les résultats de l'investigation scientifique : le chapitre 5, les recherches antérieures à octobre 1978 ; le chapitre 6, les résultats des examens de 1978 et des analyses qui ont suivi.

La deuxième partie tire des conclusions basées sur les renseignements de la première. Le chapitre 7 cherche à déterminer si le Suaire pourrait être une supercherie, un faux ou tout autre trucage. Puis nous cherchons si le Suaire est un objet archéologique authentique (chapitre 8). Nous passons ensuite à la question cruciale, savoir si le Suaire a réellement enveloppé le cadavre de Jésus (chapitre 9). La troisième partie aborde la signification des faits concernant le Suaire. Le chapitre 10 étudie les révélations possibles sur les causes physiques de la mort de Jésus. Au chapitre 11, nous aborderons une des questions les plus capitales : est-ce que le Suaire apporte une preuve scientifique importante de la résurrection du Christ ? Le chapitre 12 évoque brièvement le débat du naturalisme contre le surnaturalisme, et nous demandons si le Suaire permet de le résoudre. Enfin, nous concluons par une discussion rassemblant quelques observations générales (chapitre 13).

Les deux auteurs ont appliqué à l'affaire du Suaire leurs antécédents et éducation différents. Stevenson, un ingénieur, a participé à l'investigation scientifique, y compris les examens effectués à Turin en octobre 1978, et il a été le porte-parole officiel et le rapporteur du Projet de Recherches sur le Suaire de Turin. (Il a rédigé les minutes de la Conférence de Recherches sur le Suaire de 1977, les examens les plus exhaustifs faits avant 1978.) Stevenson a donc assumé la principale responsabilité pour le matériel sur l'investigation scientifique.

Habermas est professeur d'apologétique historique et philosophique, il a écrit déjà deux ouvrages sur une investigation historique de la résurrection de Jésus. Dans ce livre, il s'intéressait avant tout aux conclusions tirées des faits connus sur le Suaire.

Il convient de noter cependant que les deux auteurs ont participé au volume tout entier et en ont fait un tout cohérent. Grâce à cet effort interdisciplinaire, il représente une somme des intérêts scientifique, historique et philosophique et fournit une étude exhaustive du Suaire.

2.

Le Suaire et l'histoire

L'histoire complexe du Suaire de Turin pose un problème aux historiens. Si le linceul du Christ, portant l'empreinte de son corps crucifié, avait survécu de siècle en siècle, il aurait dû être célèbre. Il aurait été la relique la plus sacrée de toute l'histoire du christianisme et l'on pourrait s'attendre à ce que son existence soit bien documentée.

Ce n'est pas le cas. Il y a peu de mentions historiques avant le milieu du XIVe siècle. Un linceul est même très rarement mentionné dans des sources antérieures au VIe siècle. Les Évangiles l'évoquent à peine et les quelques allusions au linceul de Jésus, dans la liturgie, ne constituent pas une preuve de l'existence du Suaire, à ces époques. De plus, très rares sont les références existantes qui mentionnent le détail le plus sensationnel : l'image sur le Suaire. À juste titre, les sceptiques demandent pourquoi personne n'a jamais rapporté un détail aussi important. Ceux qui mettent en doute l'authenticité du Suaire ont longtemps considéré ce manque de références historiques comme le maillon le plus faible du débat.

Le problème s'aggrave du fait que les circonstances entourant l'apparition du Suaire, en tant qu'objet historique, paraissent douteuses. Il commence à être connu vers 1357, quand il est exposé dans une petite église de bois de Lirey, un village endormi situé à quelque 160 kilomètres au sud-est de Paris. Le propriétaire du Suaire, Geoffroy de Charny, avait été tué l'année précédente par les Anglais, à la bataille de Poitiers. Jeanne de Vergy, sa veuve appauvrie, espérait attirer des pèlerins — et leurs offrandes — en exposant le linceul de Jésus dans l'église locale. La foule afflua en effet, mais pour un temps seulement. Henri de Poitiers, évêque de Troyes, fit promptement cesser cette exposition, doutant apparemment qu'une famille de hobereaux français de condition modeste puisse être entrée en possession du véritable Suaire.

Jeanne de Vergy et les autres membres de la famille de Charny n'expliquèrent jamais comment Geoffroy de Charny avait pu se procurer une aussi fabuleuse relique. La question demeure encore sans réponse aujourd'hui (mais, comme nous allons le voir, il y a une explication plausible). Quand le Suaire fut de nouveau exposé vingt-cinq ans plus tard, l'évêque Pierre d'Arcis, le successeur d'Henri, déclara aussitôt que c'était un faux et s'adressa au pape Clément VII pour faire cesser le scandale. C'est seulement plus tard, quand le Suaire tomba entre les mains de la puissante maison de Savoie, qu'il fut enfin accepté comme le véritable linceul du Christ. Et encore, cela se fit lentement. L'Église catholique, d'ailleurs, n'a jamais prétendu que le Suaire fût authentique. Aujourd'hui, au XXe siècle, les savants acceptent son authenticité plus volontiers que les chrétiens du Moyen Âge.

Ce silence des archives historiques peut-il s'expliquer ? N'y a-t-il aucune preuve de l'existence du Suaire avant son apparition à Lirey ? Il est possible de trouver des arguments en faveur de l'authenticité historique. Ils sont surtout indirects, basés sur des probabilités et des vraisemblances, et contiennent quelques lacunes. Néanmoins, c'est une hypothèse plausible.

Indices dans l'Histoire de l'Art

Notre enquête historique peut commencer par l'empreinte de la figure de l'homme du Suaire. Barbue, de type sémite, aux cheveux longs, elle ressemble fort au visage que les artistes ont prêté au Christ. Un des auteurs de ce livre (Stevenson) voyage souvent avec une reproduction tridimensionnelle du visage de l'homme du Suaire, créée à l'aide de l'analyse par ordinateur. Les gens reconnaissent immédiatement le Christ, précisément parce que c'est effectivement la figure habituelle de Jésus dans l'art. Tout le monde l'a déjà vue. Le visage du Suaire a inspiré ou influencé la plupart des artistes qui ont représenté Jésus au cours des siècles.

Pourquoi ? Les sceptiques disent que cette similitude trahit la supercherie : le faussaire, travaillant probablement au XIVe siècle, a peint la figure selon l'idée que se faisaient du Christ les artistes de l'époque. Mais si le Suaire a plus de sept cents ans, la même similitude plaide en faveur de son authenticité. S'il existait avant le XIVe siècle, alors il a pu influencer ou même déterminer le portrait classique de Jésus dans l'art.

Un biologiste et peintre français nommé Paul Vignon fut probablement le premier à remarquer la ressemblance entre le visage du Suaire et les portraits de Jésus. Plus tard d'autres chercheurs, en particulier Edward Wuenschel, Maurus Green et, plus récemment, l'historien britannique Ian Wilson, ont fait des comparaisons exhaustives entre l'image du Suaire et d'anciennes icônes, plus précisément byzantines (1). Ils ont échafaudé ce que l'on a appelé l'« hypothèse iconographique », selon laquelle le Suaire était connu des artistes dès le VIe siècle, et qu'il a inspiré les représentations conventionnelles du Christ.

Ces détectives de l'art se sont montrés diligents. Vignon et Wuenschel pensaient pouvoir trouver vingt « bizarreries » dans des fresques, peintures et mosaïques byzantines ressemblant aux singularités de l'image du Suaire. Wilson estima que quinze d'entre elles suffisaient à étayer l'hypothèse (2). Une étude approfondie du visage du Suaire, par exemple, révèle une trace horizontale en travers du front, un « carré » à trois côtés entre les sourcils, un « V » sur l'arête du nez, une ligne horizontale en travers de la gorge et deux mèches au sommet du front. On retrouve ces détails sur les icônes byzantines. La marque la plus insolite, cette combinaison du carré et du « V » au sommet du nez, se constate sur quatre vingts pour cent des icônes examinées. Wilson a découvert un pourcentage aussi important pour toutes les autres marques sur un groupe d'icônes représentatif. Cette haute fréquence de similitude indique un rapport entre le visage du Suaire et les représentations byzantines de Jésus.

Pourquoi un artiste compétent irait-il reproduire ces détails sur un portrait ? De toute évidence, parce que, pour une raison quelconque, il les jugeait à leur place. Wilson et d'autres suggèrent que des artistes copiaient une image, une représentation sacrée de Jésus, vénérée et jugée authentique, donc définitive.

Cette image, si elle existait, aurait commencé à influencer l'art chrétien vers le VIe siècle. C'est à cette époque que l'apparition du Christ en peinture s'est radicalement transformée. Avant le VIe siècle, il existait peu de similitude entre les portraits du Christ. Les plus anciens le montrent sous l'aspect d'un jeune homme imberbe aux cheveux courts (3). Les Évangiles ne le décrivent pas et les Juifs, les premiers chrétiens, évitaient de représenter le Seigneur parce que la loi judaïque interdisait les images religieuses.

Vers le VIe siècle, cependant, une image conventionnelle de Jésus commence à apparaître. La majorité de ces représentations, dont la plupart reproduisent au moins certains des détails particuliers, sont visibles aussi dans l'image éthérée, mystérieuse, du mort du Suaire de Turin. Le Christ est barbu, il a même la barbe à deux pointes comme l'homme du Suaire. Souvent le sourcil droit est haussé, parfois le gauche, comme si l'artiste avait compris que l'image produite par empreinte du corps devait être inversée. La plupart des icônes byzantines montrent une marque en travers du front et une autre à la gorge, correspondant aux traces de plis du Suaire. Presque toutes présentent le singulier carré et le « V » à l'arête du nez.

Comment cela peut-il s'expliquer ? L'image du Suaire aurait-elle influencé l'art chrétien à partir du VIe siècle ? Dans ce cas, pourquoi l'histoire ne conserve-t-elle pas plus de repères du linceul de Jésus ? Cette énigme peut aider à établir l'existence du Suaire de Turin avant le milieu du XIVe, à condition qu'il existe une trace d'une image sacrée vénérée comme étant l'authentique portrait du Christ, à partir du VIe siècle, et que cette image soit en réalité le Suaire sous un autre aspect.

Le Saint Mandylion

La raison de la modification de la représentation artistique du Christ au VIe siècle n'est pas un mystère. L'image qui a transformé l'art chrétien est historiquement connue. C'était une représentation du visage du Christ connue sous le nom d'« image d'Édesse », d'« image édessienne » ou de « Saint Mandylion ». Il s'agissait d'une étoffe découverte en 525 dans une niche, au-dessus de la porte ouest des murailles de la ville d'Édesse, aujourd'hui Urfa, dans le sud de la Turquie centrale. En 944 le Mandylion fut transporté à Constantinople, la capitale de l'Empire d'Orient, où il était vénéré comme le véritable portrait du Christ. L'image était rarement exposée au public ; un ancien hymne byzantin indique qu'elle était jugée trop sacrée pour être vue. Pourtant, des moines artistes ont certainement dû la voir et l'ont prise comme modèle pour représenter Jésus sur les icônes. Puis, en 1204, le Mandylion disparut lors du sac de Constantinople par une bande de Croisés maraudeurs d'Europe occidentale. Robert de Clari, un Croisé historien, a enquêté sur le sort de l'image et conclu que « ni Grec ni Français ne savait ce qu'elle était devenue ».

Les origines de l'image sacrée d'Édesse sont légendaires ; peut-être contiennent-elles un noyau de vérité. On raconte qu'Abgar V, roi d'Édesse au Ier siècle, était atteint de lèpre. Il écrivit au prophète-guérisseur Jésus de Nazareth en Palestine, en lui demandant de venir à Édesse pour le guérir. Jésus aurait répondu, pour dire qu'il ne viendrait pas mais qu'il enverrait un disciple. Un disciple finit par arriver, après la mort et la résurrection de Jésus, apportant une étoffe sacrée imprimée à l'image du Sauveur. À la vue de l'étoffe, Abgar fut guéri et la foi chrétienne s'établit à Édesse (4).

Selon certains récits, ce disciple aurait été Jude Thaddée. Stuart McBirnie assure que c'était l'apôtre Jude. Dans ce cas, le porteur du Mandylion aurait été un proche du Seigneur, peut-être même un parent. D'autres érudits contestent l'identification de Jude Thaddée avec l'apôtre Jude et pensent que le messager d'Édesse n'était que l'un des soixante-dix disciples.

Cette histoire contient des réalités historiques. Abgar V a réellement existé et la région d'Édesse fut évangélisée bientôt après le départ de Jésus de ce monde. Une tradition, à Édesse, veut qu'une image sacrée du Seigneur ait été associée à cette évangélisation.

La Sainte Image d'Édesse disparut rapidement de l'Histoire. Le fils d'Abgar V, Man'nu, retomba dans le paganisme et persécuta les chrétiens. L'étoffe disparut mais son souvenir fut préservé, surtout après que le christianisme eut été rétabli dans la région, vers la fin du IIe siècle.

Près de cinq cents ans plus tard, en 525, une étoffe portant l'image du Christ fut donc découverte dans une niche au-dessus de la porte ouest d'Édesse. Des historiens, en particulier Ian Wilson, pensent que c'est celle du règne d'Abgar V. Les chrétiens d'Édesse ont pu cacher l'image sacrée dans les murailles de la ville quand Man'nu commença à les persécuter. Ils l'auraient fait précipitamment, se trouvant en grand danger, traqués par Man'nu et ses sbires. Il se peut que tous ceux qui connaissaient la cachette aient été tués, alors que les survivants conservaient le souvenir du linge sacré.

Si les chrétiens ont caché la sainte image, ils n'auraient pu choisir meilleure cachette. La niche dans la muraille était obscure, protégée des éléments, surtout des inondations qui ravageaient périodiquement Édesse. Elle ne fut découverte que parce que les murs avaient besoin d'être réparés. Après sa réapparition, la sainte image fut de nouveau vénérée et son influence sur l'art commença à ce moment. L'empereur Justinien construisit un sanctuaire et une cathédrale pour l'étoffe et elle survécut aux fréquentes explosions d'iconoclasme des VIIIe et IXe siècles, au cours desquelles de nombreuses icônes et peintures religieuses furent détruites (5).

L'image sacrée arriva à Constantinople à la suite de ce que Wilson appelle « une des missions militaires les plus singulières de toute l'histoire ». Le vieil et superstitieux empereur byzantin Romanus Lecapenus décida d'apporter le Mandylion à Constantinople, centre de l'orthodoxie orientale, pensant que la célèbre relique attirerait la protection divine sur sa ville ; sans doute tenait-il aussi à l'arracher à une ville située en territoire musulman. Romanus envoya son meilleur général en campagne, à travers l'Asie Mineure, pour récupérer le linge. Quand l'armée arriva à Édesse, son chef proposa à l'émir un marché bizarre mais séduisant. En échange de l'image, l'armée épargnerait Édesse, relâcherait 200 prisonniers musulmans, paierait une rançon et garantirait l'immunité perpétuelle de la ville contre toute attaque. L'émir accéda à ces demandes mais alors l'armée de Romanus eut à affronter la minorité chrétienne d'Édesse, qui, naturellement, vénérait l'image et refusait de la rendre. Par deux fois, les chrétiens essayèrent de « refiler » des copies, mais finalement les soldats de Romanus s'emparèrent de l'original et le rapportèrent en grande pompe à Constantinople (6).

Là-bas, l'étoffe fut connue sous le nom de Mandylion, un nom dérivé d'un mot arabe signifiant voile ou mouchoir. Elle y resta, la plus sacrée et la plus vénérée des reliques orthodoxes, jusqu'à sa disparition en 1204. Au cours de ces siècles, le Mandylion exerça son influence sur le portrait byzantin typique du Christ.

Le Mandylion disparut au cours d'une orgie de pillage. Une armée européenne, rassemblée à

Constantinople pour se préparer à la Quatrième Croisade, jugea bon d'attaquer des chrétiens, plutôt que de guerroyer contre les infidèles. Ce fut un des épisodes les plus honteux de l'histoire de l'Occident. Les Croisés mirent à sac les maisons, les palais, les églises orthodoxes. Une armée chrétienne, destinée à partir en guerre pour la plus grande gloire de Dieu, avait porté un coup mortel à l'une des plus grandes villes chrétiennes du monde.

Le Suaire et le Mandylion

Le Suaire et le Saint Mandylion ne faisaient-ils qu'un ? L'Histoire de l'Art suggère un rapport étroit mais le lien n'est pas évident et de nombreuses questions se posent. La toute première est : pourquoi les disciples de Jésus auraient-ils accepté de se défaire du linceul de leur Seigneur ?

Nous ne pouvons le savoir avec certitude, mais il est probable que les disciples considéraient le linceul de Jésus autrement que nous, aujourd'hui. Pour les Juifs chrétiens, l'aspect le plus important d'un tel linge était qu'il était justement un linceul, un objet impur et quiconque le touchait devenait rituellement impur. De plus, la loi hébraïque interdisait les images religieuses ; cette image révélait les détails d'une horrible flagellation, d'une crucifixion, le châtiment d'un criminel. Bref, les disciples de Jésus avaient de bonnes raisons de ne pas trop parler de son linceul ; ils ont dû le cacher avec soin.

Il est nécessaire aussi de combler la lacune, entre la disparition du Mandylion en 1204 et la mystérieuse apparition du Suaire en France, en 1357. On ne sait rien de précis sur le Mandylion après le sac de Constantinople. Certains historiens de l'image d'Édesse supposent que le linge fut emporté en

Europe avec d'autres reliques volées, puis détruit lors de la Révolution française. Un Croisé pensait que le Doge l'avait envoyé à Venise mais que le navire avait sombré corps et biens. Robert de Clari, le chroniqueur de la Quatrième Croisade, dit que personne ne savait ce qu'était devenu le Saint Mandylion.

Ian Wilson propose une hypothèse intéressante, pour relier le Mandylion au Suaire. Selon lui, de 1204 jusqu'au début du XIVe siècle, le Suaire-Mandylion aurait été en possession de la plus mystérieuse confrérie de l'Église médiévale, les Templiers (7).

Les Templiers étaient un ordre religieux de chevaliers fondé quatre-vingts ans environ avant le sac de Constantinople, dans le but de défendre les territoires des Croisés en Terre sainte. Ils attiraient de puissants amis et de nobles membres, car ils associaient les deux grandes passions du Moyen Âge, la ferveur religieuse et les prouesses guerrières. Les membres de l'ordre faisaient vœu de pauvreté, de chasteté et d'obéissance et leur courage à la bataille était légendaire. Ils faisaient vœu de ne jamais battre en retraite et ils défendirent les territoires des Croisés avec une grande bravoure. Au moment du sac de Constantinople, ils étaient déjà devenus très puissants. Ils construisirent d'imprenables forteresses en Terre sainte et en Europe et souvent les princes et les grands de ce monde troublé confiaient leurs objets de valeur aux Templiers pour qu'ils les leur gardent. Parmi ces biens précieux, il y avait de nombreuses reliques.

Les Templiers étaient indiscutablement assez puissants et assez motivés pour sauvegarder une relique aussi fabuleuse que le Mandylion-Suaire. Ils étaient en mesure de l'acquérir et leur immense fortune les préservait de la tentation de revendre des reliques. Ils pouvaient facilement garder son emplacement secret, dans leur réseau de forteresses et de châteaux. Nobles et pieux chevaliers, ils l'auraient honoré.

Alors, les Templiers ont-ils acquis le Mandylion-Suaire et l'ont-ils gardé caché pendant cent cinquante ans ? C'est possible. Les preuves sont indirectes, même fragmentaires, tirées du silence historique, le plus faible de tous les arguments historiques. *Si* le Suaire et le Mandylion ne font qu'un et *si* le linge est resté dissimulé pendant cent cinquante ans en Europe ou au Proche-Orient, alors les Templiers, si secrets, étaient bien le seul groupe qui aurait pu le cacher.

Un indice intéressant surgit des rumeurs qui circulaient au XIIIe siècle sur leurs rites d'initiation secrets et leurs offices religieux. Aujourd'hui encore, on débat de ce qui pouvait se passer lors de ces réunions mystérieuses. Les ennemis des Templiers, fort nombreux, les accusaient de toutes sortes de péchés, comme de cracher sur la croix, de nier le Christ, de pratiquer la sodomie et d'adorer des idoles. La plupart des érudits estiment que ces accusations sont sans fondement. Les Templiers étaient de bons chrétiens qui servirent admirablement l'Église. Néanmoins, il peut avoir existé des coutumes, dans leurs rites d'initiation et leurs offices que d'autres ont pu interpréter comme de l'idolâtrie.

On disait qu'au cours de leurs cérémonies, ils adoraient une mystérieuse « tête ». Au cours de leur initiation, qui avait généralement lieu près d'une reproduction du tombeau du Christ, le Templier recevait un manteau blanc frappé d'une croix rouge symbolisant le corps crucifié de Jésus. Selon Wilson, « une cérémonie spéciale était réservée aux membres initiés de l'ordre, par laquelle ils apercevaient momentanément une vision suprême de Dieu, pouvant être obtenue sur la terre, devant laquelle ils se prosternaient en adoration » (8).

Cette vision était-elle le Mandylion-Suaire ? L'indication de cette possibilité se trouve dans une peinture découverte en 1951 dans une ruine des Templiers, au village de Templecombe en Angleterre. Le tableau ressemble aux copies byzantines du Mandylion et concorde aussi avec certaines descriptions vagues de la « tête » qui jouait un rôle si important dans l'initiation et les rites des Templiers.

Ce lien possible entre les Templiers et le Mandylion forme un parallèle avec un rapport possible entre eux et le Suaire. Le 13 octobre 1307, le roi de France Philippe le Bel, le plus puissant ennemi des Templiers, supprima l'ordre. Il emprisonna ses membres, les soumit à l'inquisition et à la torture. Le 19 mars 1314, les maîtres des Templiers français furent conduits au pilori sur le parvis de Notre-Dame de Paris où ils durent répéter leur « confession », qui leur avait été naturellement arrachée par la torture. Le grand maître Jacques de Molay et un de ses compagnons refusèrent de faire acte de contrition, ils prirent au contraire la défense de l'ordre et se repentirent publiquement d'avoir confessé des mensonges sous la menace de la question et de l'exécution. Le roi les fit promptement transporter dans une petite île de la Seine et les fit brûler vifs à petit feu. On raconte que Molay, en mourant, appela le jugement de Dieu sur le roi Philippe et le pape qui avait donné son accord à la persécution des Templiers. Or il advint que tous deux moururent dans l'année.

Le compagnon de Molay sur le bûcher était le maître des Templiers de Normandie. Il s'appelait Geoffroy de Charnay. Ce nom, bien sûr, rappelle fort celui du premier propriétaire connu du Suaire,

Geoffroy de Charny, de Lirey. À l'époque médiévale, l'orthographe des noms propres était fantaisiste. Sans que cela soit fermement établi, il est tout à fait possible que ce Geoffroy de Charnay, le Templier, soit de la même famille que Geoffroy de Charny qui se trouva mystérieusement en possession du Suaire vers 1350.

Cette intéressante petite recherche historique établit un rapport possible entre le Saint Mandylion et le Suaire de Turin. Le premier est un objet historique dont l'existence et les pérégrinations sont connues de 525 à 1204 ; l'existence du second est connue depuis 1357. Les artistes qui prenaient pour modèle de Jésus l'image du Mandylion ont produit des icônes qui ressemblent singulièrement au visage du Suaire. Alors ?

Il existe une forte objection à l'identification du Mandylion avec le Suaire. Le Suaire mesure 4,36 m de long sur 1,10 m de large et porte l'empreinte d'un mort de dos et de face. La Sainte Image d'Édesse, le Mandylion, n'était qu'une figure et, comme nous l'avons déjà vu, le mot Mandylion vient de l'arabe et signifie voile ou mouchoir. Si le Mandylion était le Suaire, sa véritable nature a dû être dissimulée pendant plusieurs siècles.

C'est bien ce que suggère Wilson. Au début de son histoire, dit-il, le Suaire était plié en « double et en quatre » de manière que seul le visage soit exposé. Des artisans l'entourèrent alors d'un treillis ouvragé et placèrent l'étoffe dans un cadre. On trouve des traces de ce treillis sur certaines copies byzantines du Mandylion. Le pliage et la décoration auraient pu camoufler la nature réelle du Suaire pendant un millénaire, peut-être, jusqu'à ce qu'un Templier, au début du XIIIe siècle, examine de près la relique sacrée de Constantinople et découvre avec stupeur ce qu'elle était.

Pourquoi aurait-on camouflé ainsi le Suaire ? Nous avons déjà noté que la plupart des Juifs du Ier siècle, même les Juifs chrétiens, considéraient les linceuls comme des objets impurs. Beaucoup auraient été gênés, horrifiés même, de voir un linceul ensanglanté portant les traces d'une flagellation brutale et d'une crucifixion. Ils auraient pu décider alors de dissimuler la nature du linge.

Les chrétiens byzantins semblent avoir partagé cette horreur des souffrances et du supplice du Christ. Edward Wuenschel, un des premiers historiens du Suaire, fait observer que les représentations réalistes de la crucifixion ne sont devenues courantes qu'au XIIIe siècle et même alors elles n'existaient que dans l'Occident chrétien. En revanche, les artistes grecs de Byzance dépeignaient le Christ roi dans sa gloire ou sous forme d'un symbole, tel que l'agneau, pour montrer son sacrifice pour le rachat de l'humanité (9). La simple prudence pouvait dicter aux conservateurs du Mandylion de garder le silence sur sa véritable nature, si tant est qu'ils la connaissaient.

L'examen physique du Suaire indique que l'hypothèse du pliage « double en quatre » de Wilson est plausible. John Jackson, un physicien de l'armée de l'air américaine qui fut un des organisateurs du Projet de Recherches sur le Suaire de Turin, a reconstitué le schéma des plis. Avec des photos du Suaire et une pièce d'étoffe de même grandeur, il s'est aperçu qu'en effet, en la pliant en deux puis en quatre on exposait la partie contenant la figure. De plus, Jackson a découvert un schéma de huit plis, visibles sur une nouvelle série de photos du Suaire, correspondant exactement à l'hypothèse de Wilson. Jackson fait remarquer que ces plis sont très peu apparents lorsqu'on regarde le Suaire. Sans doute ont-ils échappé à l'attention parce que l'œil humain a du mal à distinguer l'image floue et confuse du corps des autres détails de la toile. Certains sautent aux yeux et sont plutôt déconcertants, telles les marques de dégâts de l'eau et du feu. Pour beaucoup, l'examen du Suaire est semblable au déchiffrage des diagrammes de Rorschach ou de ces cartes commerciales où la figure de Jésus est habilement dissimulée dans des motifs noirs et blancs. Les traces des plis sont parmi les images que l'œil rejette.

Si seule la face du Suaire a été exposée pendant autant de siècles, comment se fait-il que ce ne soit pas visible maintenant, alors que le linge est déplié ? Si, pendant la moitié de son existence, le Suaire était le Mandylion, il devrait y avoir une zone circulaire, autour de la figure du Christ, plus jaunie que le reste. Mais peut-être le Mandylion n'était-il jamais exposé au grand air et au soleil, assez longtemps pour se décolorer. Si le Suaire est bien le Mandylion, il est resté hermétiquement enfermé dans les murailles d'Édesse pendant cinq cents ans et conservé plus tard dans un reliquaire d'où il n'était retiré que deux fois par an à Édesse et une seule fois à Constantinople. Ses présentations privées, à des dignitaires ou des artistes, devaient avoir lieu à l'abri. Ainsi, au cours de douze siècles le linceul n'aurait été exposé que quelques centaines de jours à l'air et au soleil (10).

D'autres indices suggèrent que le Mandylion et le Suaire ne font qu'un. Comme nous l'avons vu, l'image du Suaire apparaît confuse et floue, surtout quand on la regarde de près. Un chroniqueur byzantin du Xe siècle a décrit l'image comme « une sécrétion moite sans couleurs ni art du peintre » (11). Quand le Mandylion est arrivé à Constantinople, les fils de l'empereur Romanus furent déçus parce qu'ils ne pouvaient distinguer clairement les traits du Christ. Des histoires circulaient, expliquant comment s'était formée cette image sacrée mais indistincte. Les Grecs byzantins croyaient que le Christ l'avait miraculeusement tracée en s'épongeant avec le linge ou en essuyant sa figure en sueur dans le jardin de Gethsémani.

Ces histoires ont donné naissance à la légende du Voile de Véronique. On racontait que Véronique, une femme pieuse de Jérusalem, s'était précipitée dans la rue alors que Jésus était conduit au Calvaire. Elle lui aurait offert son voile pour essuyer sa figure ruisselante de sueur et de sang, et en le reprenant elle aurait constaté que ses traits étaient restés miraculeusement imprimés sur la toile (12). Le nom même de Véronique trahit la source de la légende : *Vera* signifie « vrai » et *icône* « ressemblance ». C'était ainsi que l'image d'Édesse était décrite : une « vraie ressemblance », une image qui n'était pas produite « par des mains humaines ».

L'histoire du Suaire est incomplète. On n'a jamais eu la preuve que le Suaire de Turin et le Mandylion d'Édesse et de Constantinople étaient le même objet. Cependant la thèse historique de l'identité des deux linges est convaincante. Beaucoup des données sont sujettes à des interprétations différentes, dans les détails, mais dans l'ensemble le rapport entre les deux est extrêmement plausible et même probable.

Études scientifiques

En dehors de l'étude historique, l'enquête scientifique moderne a apporté d'autres preuves que l'origine du Suaire remonte au Ier siècle. Plusieurs études effectuées au cours de la dernière décennie indiquent que le Suaire était déjà très ancien quand il a fait son apparition en 1357.

En 1973 Max Frei, un criminologiste suisse, fut

chargé d'authentifier les photos du Suaire prises en 1969. Frei, qui avait poursuivi des études de botanique, remarqua des spores de pollen sur la toile et obtint l'autorisation de prélever des échantillons. Pendant plusieurs mois, il tria laborieusement les différentes spores, les photographia, les compara avec leurs plantes en se référant à des manuels et catalogues de botanique.

Il identifia les spores de 49 plantes différentes (13). La plupart poussaient en Europe, ce qui n'a rien d'étonnant puisque le Suaire a souvent été exposé à l'air en France et en Italie. Mais Frei en trouva aussi beaucoup, provenant de plantes qui ne croissent qu'en Palestine et dans le sud de la Turquie. Le Suaire n'a jamais quitté l'Europe après son apparition à Lirey en 1357. Le travail méticuleux de Frei indique donc qu'il a été exposé à l'air libre en Palestine et en Turquie, à un moment de son histoire, tout comme le veut l'hypothèse du Mandylion-Suaire de Wilson.

Deux autres études plaident aussi en faveur de l'existence du Suaire avant 1357. Gilbert Raes, professeur à l'Industrie de Technologie textile de Gand, en Belgique, examina des fils prélevés sur le linge par une équipe scientifique en 1973. Il conclut que le tissage était d'un type commun dans le Moyen-Orient au Ier siècle. Il observa un détail encore plus intéressant : des traces de coton parmi les fibres de lin. Il pensait que la toile avait été tissée sur un métier qui servait aussi au coton. Le coton, bien entendu, est cultivé dans tout le Moyen-Orient mais pas en Europe (14). La découverte de Raes fut confirmée par Silvio Curto, professeur adjoint d'égyptologie à l'université de Turin et membre de la commission italienne de 1973. « Le tissu du Suaire, dit-il *peut* remonter à l'époque du Christ » (15). Si le Suaire est un faux, alors le faussaire a dû se donner énormément de mal pour trouver de l'étoffe ancienne du Moyen-Orient.

L'étude finale, sur l'âge du Suaire, est le résultat des expériences de 1976 révélant qu'il contient des données tridimensionnelles. (Nous examinerons cette découverte en détail au chapitre 5.)

John Jackson et Éric Jumper, les physiciens qui découvrirent l'image tridimensionnelle, remarquèrent des objets posés sur les yeux de l'homme du Suaire. Ils supposèrent que ces objets pourraient être des pièces de monnaie. Dans ce cas, la pièce ancienne de la même taille que ces images « semblables à des boutons » serait le *lepton* de Ponce Pilate, frappé entre les ans 14 et 37 de notre ère (16). Francis Filas, professeur de théologie à l'université Loyola de Chicago, assure que ces images sont des pièces de monnaie et que ces pièces sont des leptons. D'après lui, l'analyse par l'ordinateur révèle que les objets ont 24 coïncidences de dimensions, de situation, de sélection, d'ordre et d'angles « correspondant uniquement à une pièce émise par Ponce Pilate entre 29 et 32 » (17). Certains experts du Suaire adoptent une attitude expectative mais les faits relevés par Filas, suggèrent fortement une origine du Suaire au Ier siècle. Des études sur les cimetières juifs du Ier siècle confirment que les Juifs posaient des pièces de monnaie sur les yeux des morts (18).

Le Suaire n'a pas été daté au carbone-14, procédé qui évalue l'âge de toute matière organique en estimant le pourcentage de la détérioration de l'isotope radioactif du carbone-14. Toutes les matières vivantes en contiennent une petite quantité. Il commence à se détériorer à une vitesse connue, quand la matière vivante meurt. Dans le cas du Suaire, en toile de lin, le carbone-14 a commencé à se détériorer au moment où le lin a été coupé.

Le test au carbone-14 sera sûrement pratiqué un

jour ; l'amélioration de la technique permet de dater de très petits échantillons. Mais des obstacles demeurent, car le procédé est destructeur. Le propriétaire et le conservateur du Suaire répugnent naturellement à laisser détruire même une infime partie de la toile. Certains savants doutent que la technique de l'échantillon réduit soit aussi précise que les méthodes plus anciennes qui exigeaient la destruction de quantités importantes. On s'est interrogé aussi sur la possibilité de purifier suffisamment l'échantillon pour le dater avec précision, mais la plupart des experts estiment que ces obstacles pourront être surmontés.

Suite de l'histoire du Suaire

À partir de 1357, cette histoire est bien documentée. Comme nous l'avons vu, il fut exposé pour la première fois par Jeanne de Vergy dans l'espoir de sauver sa famille de la misère, après la mort de son mari Geoffroy de Charny à la bataille de Poitiers. Les pèlerins affluèrent à Lirey pour voir le Suaire, mais l'évêque Henri de Poitiers mit fin à cette exposition. Aucun membre de la famille de Charny ne révéla jamais comment le Suaire était entré en sa possession. Le lien avec les Templiers pourrait expliquer une grande partie du mystère entourant la première apparition historique de la relique. Geoffroy de Charny aurait pu faire partie de la famille du maître des Templiers exécuté, Geoffroy de Charnay. Charnay a-t-il pu subtiliser le Suaire et le confier à sa famille pendant que les chevaliers de l'ordre, à Paris, résistaient à Philippe le Bel en 1307 ? Si le Charny de Lirey s'est procuré le Suaire de cette façon, il avait d'excellentes raisons de ne pas s'en vanter. Les chevaliers du Temple étaient accusés d'idolâtrie ; le

Suaire était-il une idole ? Loyal et courageux serviteur du roi de France, Charny ne devait pas avoir envie d'être mêlé à une reprise de la lutte entre le roi et les Templiers.

L'évêque de Troyes Pierre d'Arcis, successeur d'Henri de Poitiers, eut également des doutes sur le Suaire quand il fut de nouveau exposé en 1389. Jeanne de Vergy et son fils Geoffroy II de Charny avaient pris soin d'obtenir directement l'autorisation du pape Clément VII, court-circuitant l'évêque d'Arcis. Indigné, ce dernier écrivit au pape une lettre furieuse, assurant que le Suaire de Lirey était un faux. (La teneur de ce « mémorandum d'Arcis » sera évoquée en détail au chapitre 7). Le pape Clément rejeta les protestations de Pierre d'Arcis et lui ordonna de garder un silence perpétuel sous peine d'excommunication. Cependant, il ratifia une décision antérieure, priant Jeanne et Geoffroy de décrire simplement la relique comme une « représentation » du véritable linceul.

Plus tard, la famille de Charny connut des temps difficiles. Geoffroy II mourut en 1398 et sa fille Marguerite n'eut pas d'héritier. La petite église de bois de Lirey où le Suaire était conservé, commença à tomber en ruines. Vers la fin de sa vie Marguerite de Charny, sans doute persuadée qu'après sa mort le sort du Suaire serait incertain, chercha une famille à qui le confier. Son choix se porta sur la pieuse et puissante Maison de Savoie, dont les domaines s'étendaient dans le nord de l'Italie, en Suisse et dans le sud-est de la France. Elle légua le Suaire à Louis de Savoie en 1453 et la Maison de Savoie en est restée propriétaire depuis.

Marguerite de Charny avait pris une sage décision. La Maison de Savoie remporta de nombreuses victoires à la guerre et en politique et le chef de la famille finit par devenir roi d'Italie. L'actuel propriétaire légal du Suaire n'est pas l'Église catholique, comme on le croit généralement, mais le dernier roi d'Italie, Umberto II, qui vit en exil au Portugal. Toute exposition ou examen du Suaire nécessite l'autorisation du roi Umberto ainsi que de l'archevêque de Turin, son conservateur.

Sous le patronage des Savoie, le Suaire fut de plus en plus reconnu comme le véritable linceul de Jésus. Vers 1464, le pape Sixte IV fit savoir qu'il considérait le Suaire comme une relique authentique et les ducs de Savoie lui firent construire une chapelle dans leur capitale de Chambéry. Le 4 décembre 1532, un incendie éclata dans la chapelle et fit rage autour du reliquaire d'argent où le Suaire était conservé. Le feu fit fondre en partie le métal ; une goutte d'argent en fusion tomba sur la toile pliée et la brûla en la traversant. Un des conseillers du duc de Savoie et deux moines franciscains transportèrent au-dehors le reliquaire embrasé et jetèrent dessus des seaux d'eau pour éteindre le feu. Heureusement, l'image resta pratiquement intacte, mais les traces de l'incendie et de l'eau marquent encore le Suaire aujourd'hui. Cependant, comme nous allons le voir plus loin, l'incendie de la chapelle de Chambéry fournit aux savants une expérience rêvée pour mettre à l'épreuve les diverses hypothèses sur la formation de l'image.

En 1578, les Savoie transportèrent le Suaire dans leur nouvelle capitale de Turin. Il y est resté depuis, à part une période de six ans, pendant la Seconde Guerre mondiale, où il fut conservé à l'abri dans une abbaye isolée des montagnes de l'Italie méridionale.

La dernière phase de l'histoire du Suaire débuta à Turin en 1898, quand un photographe italien nommé Secondo Pia obtint l'autorisation de le photographier lors d'une de ses rares expositions au public. À sa stupéfaction, Pia découvrit que l'image du Suaire est en réalité un négatif. Les traits flous et confus prirent soudain forme et vie, une fois imprimés sur la pellicule. Les savants reconnurent aussitôt l'importance des clichés de Pia. Beaucoup avaient supposé jusqu'alors que c'était un faux, comme tant de reliques du Moyen Âge. Mais pourquoi un faussaire du XIVe siècle aurait-il peint l'image en *négatif* ? Ce concept était ignoré, avant l'invention de la photographie au XIXe siècle.

Les photos de Secondo Pia déclenchèrent une suite d'études scientifiques de plus en plus détaillées, aboutissant à l'enquête par le Projet de Recherches sur le Suaire de Turin, en 1978. De savants médecins examinèrent les photos de Pia et découvrirent que l'image présente bon nombre de détails anatomiques qui dépassent de loin la science médicale du XIVe. Des érudits firent observer la remarquable concordance entre ce que l'on sait de la crucifixion et de l'enterrement de Jésus et ce qui était arrivé à l'homme crucifié enseveli dans le Suaire. En 1976, une équipe de savants de l'armée de l'air américaine remarquèrent que l'image contenait des données tridimensionnelles. Grâce à l'analyse par ordinateur, une réplique tridimensionnelle de l'image put être reproduite.

Il semblerait presque que les plus profonds secrets du Suaire soient restés cachés pendant deux mille ans, jusqu'à ce que les hommes inventent des instruments scientifiques assez sophistiqués pour les détecter. L'ère de la science est peut-être aussi celle qui a le plus besoin de se confronter avec l'homme du Suaire.

Qu'est-il arrivé à cet homme ? Que peut-on dire du corps que ce linge a enveloppé ? Quelle preuve y a-t-il permettant de lier le Suaire à Jésus-Christ ? Commençons par étudier l'image.

3.

L'homme enseveli dans le Suaire

Geoffroy Ashe, un auteur britannique qui a étudié le Suaire, a dit : « Le Suaire est explicable s'il a jadis enveloppé un corps humain à qui il était arrivé quelque chose d'extraordinaire. Il ne peut s'expliquer autrement (1). »

Cette thèse a été soutenue, à plusieurs reprises, par des médecins et des pathologistes. Le premier de ces médecins était Yves Delage, professeur d'anatomie comparée à la Sorbonne et agnostique convaincu. Delage était intrigué par la perfection anatomique de l'image. En 1902, après un examen détaillé, il rapporta que les données médicales le persuadaient que l'homme du Suaire n'était autre que le Jésus-Christ historique du Nouveau Testament (2). D'autres médecins, au cours des ans, ont abouti aux mêmes conclusions.

Le Dr Robert Bucklin, par exemple, médecin légiste adjoint du canton de Los Angeles, affirme que les détails médicaux cités par Delage sont encore « sans réplique ».

Delage se heurta à un mur de critiques quand il fit son rapport à l'Académie des Sciences de Paris bien des collègues de Delage furent offensés, et l'Académie refusa de publier ses découvertes.

Compte tenu de cette sévère rebuffade, la seule réponse connue de Delage est tout à fait modérée. Il écrivit à un confrère que sa conclusion représentait « une masse de probabilités imposantes » et dit notamment :

« Une question religieuse est venue inutilement se greffer sur un problème purement scientifique en soi, avec pour résultat des esprits montés et une raison égarée. Si, au lieu du Christ, il s'était agi d'une personne comme un Sargon, un Achille ou l'un des pharaons, personne n'aurait songé à protester... Je suis resté fidèle au véritable esprit de la science en traitant cette question, ne cherchant que la vérité sans me soucier de porter atteinte aux intérêts d'un quelconque parti religieux... Je reconnais le Christ comme un personnage historique et je ne vois aucune raison pour qu'on soit scandalisé qu'il existe encore des traces matérielles de sa vie sur la terre (3). »

Delage avait vu une image qui l'impressionna tellement qu'il l'identifia avec Jésus-Christ, en dépit de son agnosticisme avéré et inchangé et d'un risque évident pour sa réputation professionnelle. Que virent au juste Delage et d'autres ?

L'image d'un homme barbu, d'environ 1,78 m. La toile avait été apparemment déployée sur lui, tirée au-dessus de sa tête et glissée entre son dos et une surface plane, formant une image montrant à la fois le devant et le dos, tête-bêche. L'âge estimé est de 30 à 35 ans, et le poids d'environ 79 kilos. L'homme est bien bâti et musclé, un homme habitué au travail manuel. Diverses marques sur son corps indiquent qu'il est mort de mort violente ; il y a des coupures, des meurtrissures, des estafilades, des blessures plus profondes et l'abdomen est gonflé. Toutes les blessures reproduisent avec précision celles que le Christ a reçues, rapportées par l'Évangile. Plus important encore pour les besoins scientifiques, elles sont toutes anatomiquement correctes, à un niveau de détail surprenant. Elles comportent des précisions anatomiques aussi caractéristiques que l'auréole autour des taches de sang, indiquant la séparation du sang et du sérum, des éclaboussures et des écoulements semblables aux saignements naturels, et l'enflure de l'abdomen indique l'asphyxie, la cause habituelle de la mort lors d'une crucifixion. Tous ces détails médicaux, et bien d'autres, étaient inconnus au XIVe siècle. Comme nous allons le voir, plusieurs aspects de l'image du Suaire dépeignent l'homme de manière contraire aux représentations du Christ au Moyen Âge. De plus, le corps porte des preuves de mort et de rigidité cadavérique, mais aucun signe de décomposition.

Quand les estimations de la taille de l'homme ont été publiées, certains ont objecté qu'il était trop grand pour l'époque. Cependant, des archéologues ont signalé que la taille moyenne des hommes découverts dans un cimetière juif du Ier siècle était approximativement de 1,77 m (4). Notre supposition actuelle, que les hommes et les femmes des temps anciens étaient beaucoup plus petits que nous, vient d'une observation erronée des armures médiévales exposées aujourd'hui dans les musées, qui indiqueraient la taille des hommes de ce temps. En réalité, la plupart des armures parvenues jusqu'à nous appartenaient à de jeunes pages, et non à des chevaliers adultes.

T. Dale Stewart, du Smithsonian Muséum de Sciences Naturelles, assure que la barbe, les cheveux et les traits de l'homme du Suaire concordent avec le type racial juif ou sémite. Il n'est nettement pas d'origine gréco-romaine. Plusieurs chercheurs du Suaire citent l'ethnologue Carleton Coon, ancien professeur de Harvard, qui déclare : « Qui que soit l'individu représenté, il est d'un type physique trouvé dans les temps modernes parmi les Juifs sephardim et les nobles Arabes. » (5) Plusieurs rabbins et érudits Juifs orthodoxes nous ont dit qu'à leur avis la barbe et la coiffure de l'homme sont conformes à celles des Juifs de cette époque.

Un des plus curieux aspects de l'image est une longue mèche de cheveux tombant du sommet de la tête aux omoplates, sur l'empreinte dorsale. Cette mèche ressemble fort à une natte défaite. Ian Wilson, l'historien britannique, fut le premier à attirer l'attention sur ce détail. Il l'appelle « l'aspect juif le plus frappant du Suaire » (6). L'érudit allemand Gressman et Daniel-Rops ont rapporté que c'était une mode courante chez les hommes juifs au temps de Jésus, de porter les cheveux rassemblés sur la nuque en forme de natte (7). Des rabbins et des lettrés juifs orthodoxes le confirment. C'est un des nombreux détails de l'image qui vont à l'encontre de l'idée traditionnelle que les chrétiens se font de Jésus. Un faussaire n'aurait probablement pas pu savoir que Jésus nattait ses cheveux ainsi et il ne l'aurait certainement pas peint de cette façon au XIVe siècle.

Examinons maintenant les blessures une à une, en détail. Les plus spectaculaires sont les marques en forme d'haltères qui recouvrent tout le corps à part la tête, les pieds et les avant-bras. Elles sont nombreuses et varient en intensité, de la contusion légère à la blessure profonde. Elles apparaissent généralement par groupes de trois ou quatre. La taille et la forme des blessures correspondent aux extrémités du *flagrum* romain, un fouet à plusieurs lanières lestées de morceaux d'os ou de plomb. C'est précisément le fouet employé contre Jésus, d'après l'Évangile selon saint Jean. La flagellation au flagrum était si brutale que la loi romaine l'interdisait pour les citoyens romains.

Les marques de flagellation révèlent des détails importants. Les gros plans montrent des écorchures et des coupures, comme si le fouet était affûté ou avait des bords aigus. L'étude de la géométrie entourant les blessures laisse supposer que la flagellation a été infligée par deux bourreaux (ou un seul qui changeait de côtés) parce que les directions convergent de gauche à droite sur l'image dorsale. Les mêmes études indiquent que l'un des bourreaux était plus grand et plus sadique, et avait tendance à frapper les jambes. Des changements d'angles de certains écoulements sanguins révèlent que l'homme du Suaire a saigné dans deux positions. Ainsi, il a pu être fouetté alors qu'il était courbé sur un pilori (8). Le corps porte entre 90 et 120 marques de flagellation. Certains disent que c'est trop parce que la loi juive limitait les coups à 39. Les Romains, cependant, n'avaient pas de limite quand ils flagellaient des juifs. Et même s'ils avaient obéi dans le cas de Jésus à la loi hébraïque, le fouet à trois mèches, à lui seul, serait responsable d'environ 120 blessures.

Les marques de flagellation dans la région des épaules ont été étalées et en partie effacées par deux grandes zones d'abrasion. Cela indique qu'un objet lourd, grossièrement équarri, a écorché la peau déjà entamée (9). Cela concorderait avec le fait, connu, que les victimes d'une crucifixion, Jésus parmi elles, étaient forcées de porter la barre horizontale de la croix jusqu'au lieu de supplice. Il n'était pas courant que le même condamné subisse à la fois la flagellation et la crucifixion, mais c'est ce qui est arrivé à Jésus.

La flagellation reçue par l'homme du Suaire était extrêmement sévère. Elle peut avoir causé sa mort, ou tout au moins la précipiter. Anthony Sava, un pathologiste américain, expert légiste, dit que l'impact violent d'une flagellation brutale, répétée, dans la région thoracique peut avoir provoqué une hémorragie interne. La cavité thoracique se serait alors remplie de sang, exerçant ainsi une pression sur les poumons et provoquant ou hâtant la mort par asphyxie (10). Selon les Écritures, Jésus est mort plus vite que la plupart des victimes de crucifixion. Sa terrible flagellation pourrait l'expliquer.

Ce sang qui aurait rempli la cage thoracique à cause des coups de fouet, se serait séparé en deux couches, les cellules sanguines plus lourdes en bas et le sérum léger au-dessus. Si le thorax était percé, le liquide se serait écoulé sous deux formes, d'abord le sang puis le sérum plus léger. L'image du Suaire montre que l'homme a été blessé au côté et qu'un liquide en a coulé, surtout sur l'image dorsale, séparé en ces deux composants (11). Est-ce le flot de sang et d'eau que rapporte saint Jean (19, 34) ? La blessure du flanc est de forme ovale et mesure environ 4,5 cm sur 1,5 ; elle se trouve sur le côté droit du corps, entre la cinquième et la sixième côte. La forme correspond exactement à celle d'une autre arme romaine, la lance.

Plus bas sur l'image, les genoux montrent des coupures et des ecchymoses, dont une particulièrement importante au genou gauche, une indication que l'homme est tombé. Selon la tradition, Jésus est tombé en montant au Golgotha et c'est pourquoi Simon de Cyrène fut recruté pour porter la croix. (*Matthieu* 27, 32 ; *Marc* 15, 21 ; *Luc* 23, 26).

Trois seulement des blessures de la crucifixion elle-même sont nettement visibles sur le Suaire, le poignet gauche percé sur l'image frontale et les deux pieds percés sur la dorsale. (Le poignet droit est recouvert par la main gauche, mais l'épanchement de sang est visible malgré tout). Les pieds se chevauchaient et un seul clou fut planté dans les deux à la fois. Cela fait reposer le poids en un seul point, en permettant quand même aux jambes de soutenir le corps. Les mains étaient clouées à la traverse de façon à permettre au corps deux positions sur la croix. Dans la première, le poids repose sur les bras et le corps s'affaisse ; les muscles du thorax compressent les poumons, rendant la respiration difficile. L'homme du Suaire avait un épanchement sanguin dans la cavité pleurale, rendant la respiration encore plus pénible. Dans la seconde position, les jambes soulèvent le corps afin de soulager la pression sur les poumons et de permettre de respirer.

L'image montre le sang coulant du poignet dans deux directions, correspondant aux deux positions sur la croix. Le poignet est le seul endroit, dans la région de la main, capable de soutenir le poids du corps et ses déplacements. La tradition chrétienne veut que Jésus ait eu les mains percées au creux de la paume et presque à l'unanimité les artistes le représentent ainsi. Mais anatomiquement, ce que ne pouvaient savoir les artistes médiévaux, les mains se seraient déchirées et le corps serait tombé de la croix.

En réalité, la Bible ne dit pas que Jésus a été cloué au creux des mains. Le mot hébreu *yad*, employé dans la prophétie messianique du Psaume 22, verset 16 (« ils ont percé mes mains et mes pieds ») avait de nombreuses acceptions, comprenant même les aisselles (12). La marge est donc bien suffisante pour inclure les poignets. Le grec du Nouveau Testament n'est pas plus précis. Jésus a pu être cloué n'importe où dans la région de la main et du poignet, et du début de l'avant-bras.

Un clou ne peut être enfoncé dans le poignet sans briser les os qu'en un seul point minuscule entre trois os, appelé l'« espace de Destot ». Cette ouverture n'a été décrite par les anatomistes qu'au XIXe siècle, mais elle semble avoir été connue des bourreaux des temps anciens. Le clou planté dans cette ouverture l'élargit et passe sans rien briser. Entouré d'os, il peut soutenir le poids du corps sur la croix (13).

Ce même clou, dans l'espace de Destot, tranche ou endommage le nerf médian permettant la flexion du pouce, ce qui ramène le pouce tout contre la main (14). Les pouces ne sont pas visibles sur l'image du Suaire. Des recherches récentes sur des photographies analysées par l'ordinateur indiquent que les pouces sont présents sur l'image mais serrés contre la main. Quel faussaire aurait pu connaître l'espace de Destot, à moins d'être un bourreau du Ier siècle ou un anatomiste du XIXe ? Comment aurait-il su qu'un clou planté là trancherait le nerf médian et rabattrait le pouce contre la main ? Beaucoup d'anatomistes qui ont étudié le Suaire considèrent ce détail comme une preuve concluante de son authenticité.

L'image révèle encore beaucoup de choses sur la mort de l'homme. Tout le monde est d'accord sur la crucifixion, qui était essentiellement une forme lente d'asphyxie : l'agonie de la victime était rendue publique pour servir de dissuasion et fournir un spectacle des plus macabres. Comme les condamnés pouvaient survivre assez longtemps s'ils étaient en bonne condition physique, les bourreaux provoquaient la mort d'une manière particulièrement brutale. Quand le signal était donné, ils administraient le *crucifragium*, un coup, assené avec un lourd maillet destiné à briser les jambes. La victime n'avait donc plus la possibilité de raidir les genoux pour soutenir son corps ; l'asphyxie survenait en quelques minutes. L'homme du Suaire, comme Jésus, n'a pas eu les jambes brisées. C'était inutile, il était déjà mort. Son abdomen enflé en est une nette indication (15). La plupart des peintures ou sculptures de la crucifixion montrent Jésus avec un ventre creusé. Les artistes ne savaient pas que l'abdomen d'un crucifié enflait.

En remontant vers la figure de l'homme du Suaire, nous voyons encore de multiples ecchymoses et enflures. La plus remarquable est celle qui ferme presque l'œil droit, ainsi qu'une abrasion s'accompagnant d'une fracture possible du cartilage nasal. La première indique que l'homme a été frappé à la face, alors que l'autre a pu être causée par une chute sur le nez aggravée par le poids de la croix. Il y a même des traces d'épilation de la barbe car on distingue plusieurs plaques. Ce châtiment n'est pas rapporté dans les Évangiles mais les Juifs l'infligeaient pour le seul crime de blasphème, une accusation portée contre le Christ. Il est spécifiquement prophétisé concernant le Messie : « J'ai livré mon dos à ceux qui me frappaient et mes joues à ceux qui m'arrachaient la barbe ; je n'ai pas dérobé mon visage aux outrages ou aux crachats » (*Isaïe* 50, 6).

Pour beaucoup de ceux qui ont examiné l'image, les principales blessures permettant d'identifier l'homme avec Jésus-Christ sont les nombreuses traces de piqûres profondes sur tout le cuir chevelu. Dans l'art chrétien traditionnel, la couronne d'épines est représentée comme un bandeau ou une guirlande. Quelques artistes ont dépeint une couronne couvrant toute la tête mais ce style se rencontre très rarement, antérieurement à une époque où le Suaire était déjà connu. Or Mgr Guilio Ricci signale que le couronnement d'épines est pratiquement unique dans l'histoire (16).

Le châtiment infligé à l'homme du Suaire est identique à la description par les évangélistes de la passion et de la mort de Jésus, à un degré de précision anatomique et pathologique extraordinaire. Vignon a pu écrire : « Aucun peintre, dans son travail le plus minutieux, n'est jamais parvenu à une telle exactitude » (17).

Un artiste a-t-il peint l'image ? Considérons ce qu'aurait exigé de ce génie du XIVe siècle un tel luxe de détails. L'artiste aurait dû être un des plus grands de tous les temps, capable de peindre une image dans ses plus infimes détails sous forme de *négatif*. Il aurait dû aussi connaître plusieurs siècles avant qu'elles soient décrites par des anatomistes et des pathologistes, ces réalités médicales : une violente flagellation au thorax peut provoquer une hémorragie dans la cavité pleurale ; ce sang se séparerait en deux couches, le sang lourd et le sérum léger ; une ponction entre la cinquième et la sixième côte drainerait la cavité ; l'abdomen d'un crucifié enfle ; le poids du corps ne peut être soutenu sur la croix que si les bras sont cloués au poignet dans l'espace de Destot ; le clou tranche le nerf médian et rabat fortement le pouce contre la main. Cet artiste hypothétique aurait dû être assez audacieux pour s'écarter de l'art chrétien traditionnel en représentant Jésus tout nu, cloué aux poignets, portant un bonnet d'épines recouvrant toute la tête, couvert d'environ 120 marques de flagellation et avec des cheveux nattés. Cet artiste aurait dû aussi avoir à sa disposition une lance et un *flagrum* romains pour dessiner des blessures correspondant exactement à ces armes anciennes. Nous étudierons la question de la fraude avec plus de détail au chapitre 7.

Il n'est pas surprenant qu'Yves Delage ait misé sa réputation professionnelle sur la conclusion que l'homme du Suaire était Jésus. Il était convaincu par la corrélation des détails. Les preuves sont indirectes, bien entendu, mais Vignon, Barbet, Sava, Bucklin et bien d'autres experts médicaux, croyants ou incroyants, ont tous abouti à la même conclusion. En attendant, la masse de preuves continue de grandir. Un de nos amis, un savant, a déclaré : « Ce serait un bien plus grand miracle si le Suaire s'avérait faux, plutôt qu'authentique. »

4.

Le Nouveau Testament et le Suaire

L'image du Suaire contient beaucoup de renseignements sur la façon dont l'homme en question est mort et a été enseveli. Comment se comparent-ils avec ce que nous disent les Évangiles à propos de la crucifixion et de la mise au tombeau de Jésus ? La question est importante pour des raisons tant scientifiques que religieuses. Les Évangiles se sont révélés des sources dignes de foi ; ils nous expliquent beaucoup de ce que l'on sait aujourd'hui sur les méthodes de crucifixion romaines et les coutumes de funérailles juives. Si, comme l'indique l'empreinte, l'homme du Suaire est un juif crucifié par des Romains, les circonstances de sa mort et de sa mise au tombeau devraient correspondre avec ce que nous en disent les Évangiles.

Les raisons religieuses de ces comparaisons sont évidentes. Si le Suaire est réellement le linceul de Jésus, alors il doit concorder avec les textes sacrés. C'est une condition qui doit absolument être remplie avant que l'on puisse identifier la toile comme le linceul du Christ.

La crucifixion

Nous avons déjà mentionné certains parallèles entre l'homme du Suaire et les méthodes de crucifixion romaines. Un examen attentif de ces parallèles révèle une corrélation remarquable. Comparons les textes du Nouveau Testament avec des détails de l'image du Suaire.

Alors Pilate prit Jésus et le fit battre de verges. (*Jean* 19, 1 ; voir aussi *Matthieu* 27, 26 et *Marc* 15, 15.)

On observe environ 120 marques de flagellation sur le corps de l'homme du Suaire, vraisemblablement infligées par le *flagrum* romain, un fouet à plusieurs mèches conçu pour arracher des lambeaux de chair à chaque coup. La flagellation fut si sévère qu'elle fut la première cause de la mort, ou du moins qu'elle l'a hâtée.

Ils lui frappaient la tête avec un roseau, ils crachaient sur lui... (*Mars* 15, 19, et aussi *Matthieu* 27, 29 et *Jean* 19, 22.)

Le visage de l'homme du Suaire est défiguré par des ecchymoses et des enflures. L'œil droit est presque fermé et le nez enflé. L'homme a certainement été frappé à la face.

Puis ils tressèrent une couronne d'épines, ils la lui mirent sur la tête... (*Matthieu* 27, 29, et aussi *Marc* 15, 17-20 et *Jean* 19, 2.)

La tête de l'homme du Suaire a saigné abondamment de nombreuses piqûres sur le cuir chevelu. Elles ont pu être causées par un bonnet d'épines recouvrant le sommet et les côtés du crâne.

Jésus, portant sa croix, arriva hors de la ville... (*Jean* 19, 17.)

Les meurtrissures aux épaules indiquent que l'homme du Suaire a porté un objet lourd. Cela se passait *après* la flagellation parce que le frottement de l'épaule a légèrement altéré les blessures des verges.

Comme ils l'emmenaient, ils prirent un homme de Cyrène, nommé Simon, qui revenait des champs ; et ils le chargèrent de la croix, pour qu'il la portât derrière

Jésus. (*Luc* 23, 26, et aussi *Matthieu* 27, 32 et *Marc* 15, 21.)

Ce que laisse entendre l'Évangile est que Jésus, affaibli par les coups, n'était plus capable de porter la traverse de la croix au lieu de l'exécution, comme les condamnés y étaient forcés. Il est fort possible que Jésus tomba avant que ses bourreaux prennent Simon pour lui porter sa croix. L'image du Suaire montre des coupures aux deux genoux, surtout le gauche, indiquant une mauvaise chute sur une surface dure.

Si je ne vois pas la marque des clous dans ses mains, et si je ne mets pas mon doigt dans la marque des clous, si je ne mets ma main dans son côté, je ne croirai pas. (*Jean* 20, 25, et aussi *Luc* 24, 39.)

Les mots de l'apôtre Thomas révèlent que Jésus avait été cloué à la croix. L'image du Suaire montre de même que l'homme a eu les poignets percés à la base de la main. Elle indique aussi qu'il a eu les pieds cloués. Les experts médicaux ne doutent absolument pas que l'homme du Suaire a été crucifié, comme Jésus.

Mais Jésus, ayant jeté un grand cri, expira. (Mars 15, 37, et aussi *Matthieu* 27, 50 ; *Luc* 23, 46 et *Jean* 19, 30.)

L'abdomen enflé de l'homme du Suaire indique qu'il est mort par asphyxie, comme les victimes d'une crucifixion.

Quand ils (les soldats) *vinrent à Jésus, voyant qu'il était déjà mort, ils ne lui rompirent pas les jambes ; mais l'un des soldats lui perça le côté avec une lance et aussitôt il en sortit du sang et de l'eau.* (*Jean* 19, 33-34.)

Les jambes de l'homme du Suaire ne sont pas brisées. L'image porte aussi une blessure au côté et il en sort un mélange de sang et d'eau.

L'homme du Suaire a été crucifié de la même

manière que Jésus. Le Nouveau Testament et l'image du Suaire correspondent point par point.

La mise au tombeau

La comparaison de l'image du Suaire avec l'enterrement de Jésus est tout à fait fascinante. Les Évangiles contiennent plus de renseignements sur la mort de Jésus que sur sa mise au tombeau. La même chose est vraie de l'image du Suaire. La comparaison nécessite des recherches attentives ainsi qu'une connaissance de la signification des mots clefs du Nouveau Testament grec.

Le premier point de comparaison est le linge lui-même. Les Évangiles parlent d'un linceul ; or le Suaire de Turin est bien un linceul dont les experts médicaux disent qu'il a contenu jadis un mort. L'image révèle un homme gisant sur le dos les pieds joints, les coudes écartés et les mains croisées sur le bassin. Nous pouvons supposer que le linceul a été placé en longueur, sur le devant et le dos du cadavre.

Coutumes de sépulture juives

Ce genre d'ensevelissement est-il compatible avec les récits du Nouveau Testament ? Il semble bien l'être avec les coutumes juives que nous connaissons de sources extra-bibliques. Des fouilles archéologiques récentes au site de Qumran ont permis de découvrir que les Esséniens enterraient leurs morts de la manière représentée par le Suaire. Plusieurs squelettes ont été trouvés couchés sur le dos, les coudes écartés et les mains croisées sur le pubis (1). Les coudes écartés indiquent que l'embaumement à la manière des Égyptiens était fort improbable aussi dans le cas de Jésus.

Le *Code de la Loi hébraïque* est très instructif aussi et nous apprend que pour toute personne exécutée par le gouvernement, un seul drap était utilisé pour la sépulture (2). C'est un nouveau parallèle avec le Suaire.

La description dans le Nouveau Testament d'une sépulture juive typique au Ier siècle n'est pas très détaillée mais elle donne une idée d'ensemble. Le corps était lavé (*Actes* 9, 37) et les mains et les pieds liés avec des bandelettes (*Jean* 11, 44). Un suaire (en grec *sudarion*) était placé « autour » ou « sur » le visage (*Jean,* 11, 44 ; 20. 7). Le corps était ensuite enveloppé dans un linceul, souvent imprégné d'aromates (*Jean* 19, 19-40) et déposé dans le tombeau. Le *Code de la Loi hébraïque* ajoute qu'en général les Juifs rasaient complètement la tête et la barbe et coupaient les ongles avant la sépulture (3).

Mais les Évangiles nous disent aussi que l'enterrement de Jésus ne fut pas terminé. La préparation du Sabbat devant commencer, il fut déposé de la croix et porté assez précipitamment dans un tombeau. C'est pourquoi les femmes retournèrent à la tombe le dimanche matin. Elles avaient préparé des épices et des aromates pour le corps de Jésus et elles allèrent au tombeau pour les appliquer (*Luc* 23, 54-56). Elles ne s'attendaient certainement pas à la résurrection de Jésus (*Luc* 24, 3-4 et *Jean* 20, 12-15) et se demandaient qui leur roulerait la pierre fermant le tombeau, afin d'achever la tâche commencée avant le Sabbat (*Marc* 16, 3).

Les Évangiles ne précisent pas dans quelle mesure l'ensevelissement avait été laissé inachevé. Saint Jean dit simplement que le corps de Jésus avait été enveloppé de linges avec des aromates et un voile posé sur sa figure selon les coutumes des Juifs (*Jean* 19, 40). Les évangélistes ne disent pas ce qui restait à faire ni si le corps avait été lavé.

Bien que Juif, apparemment, l'homme du Suaire n'a pas été enseveli conformément au rite complet de la sépulture juive. Il a été déposé dans un linceul, comme l'étaient les juifs mais son corps n'était pas lavé. Des traînées de sang sont visibles sur l'image du corps et sur le linge lui-même. Ses cheveux n'avaient pas été coupés non plus. Malgré ce qui semble avoir été un ensevelissement hâtif, le corps était enveloppé dans un linceul de toile solide. Mais l'enveloppement dans un linge était conforme à la coutume juive du 1er siècle.

L'enveloppement

Il est très difficile de déterminer d'après les Évangiles la méthode précise pour envelopper le corps de Jésus dans le linceul. Les quatre évangélistes emploient plusieurs verbes grecs différents pour décrire le procédé. Marc (15, 46) rapporte que Jésus fut enveloppé *(eneilesen)* dans un linceul, Matthieu (27, 59) et Luc (23, 53) qu'il fut enveloppé ou plié *(enetylixen)* dans le linceul blanc. Jean (19, 40) dit que Jésus fut lié *(edesan)* dans des linges. Les mots grecs sont similaires mais ne révèlent pas la méthode exacte (4).

McDowell et quelques autres détectent un problème dans le verbe qu'emploie Jean, pour décrire comment le corps fut « lié » (5). Ils supposent que le corps de Jésus a été serré dans des bandelettes comme une momie égyptienne, une procédure qui n'aurait pu causer une empreinte comme celle du Suaire. Cette idée de momie repose en grande partie sur diverses leçons des manuscrits existants de l'Évangile selon saint Jean. Un anuscrit tardif utilise en 19, 40 un verbe suggérant une ligature serrée du corps. Mais le verbe correct est *edesan* qui signifie envelopper ou replier, ce qui est très compatible avec les verbes des synoptiques. Mais c'est incompatible avec la description que fait Jean de Lazare sortant du tombeau quand Jésus le ressuscite (*Jean* 11, 44). Lazare, enseveli selon la coutume Juive, bien qu'il fut gêné et qu'il dût être détaché put sortir de lui-même, car il n'avait que les pieds et les mains liés par des bandelettes, selon la coutume il n'était pas complètement enveloppé ni serré (6).

Autrement dit, le type d'enveloppement dépeint par le Suaire est compatible avec la technique de sépulture juive, en particulier celle que révèle le cimetière essénien et décrite dans le *Code de la Loi hébraïque*, plaidant en faveur du Suaire. Avec le récit de la résurrection de Lazare, ces sources nous persuadent que le genre d'enveloppement exigé par le Suaire pratiqué en Israël au temps de Jésus, était peut-être même le plus courant. En aucun cas on ne peut affirmer que Jésus a du être enterré comme une momie.

Les linges

Une autre question concerne les mots utilisés par les évangélistes pour décrire les linges dans lesquels Jésus était enveloppé (7). Les Évangiles synoptiques parlent d'un *sindon*, un mot grec désignant un drap de toile qui pouvait servir à tout, y compris la sépulture. Jean, lui, dit que Jésus était enveloppé dans des *othonia*, un pluriel grec de signification imprécise. Dans une traduction anglaise de la Bible, *othonia* est interprété comme des « bandes de toile », ce qui serait compatible avec un linceul de près de 4,50 m recouvrant le devant et le dos du corps. Il est plus probable qu'*othonia* désigne *tous* les linges employés pour la sépulture, le grand *sindon* (linceul) ainsi que les bandelettes liant la mâchoire, les mains et les pieds. Cette interprétation est confirmée par l'usage que fait Luc du mot. Il dit (23, 3) que Jésus fut enveloppé dans un *sindon* mais plus loin (24, 12) que Pierre vit les *othonia* restés dans le tombeau après la résurrection. Dans l'esprit de Luc, au moins, *othonia* était un pluriel désignant tous les linges, y compris le *sindon*.

L'idée que les *othonia* de Jean signifient des « bandes de toile » n'est pas conforme aux coutumes juives de sépulture. Les Juifs n'entouraient pas leurs morts de bandelettes, comme des momies, mais les déposaient dans un linceul, comme l'indiquent l'Évangile selon saint Jean, les procédures esséniennes et le *Code de la Loi hébraïque*. Jean lui-même affirme que dans le cas de Jésus les coutumes juives furent observées (19, 40). Ainsi, les textes sacrés apportent bien la preuve que Jésus fut déposé dans le tombeau enveloppé d'un linceul.

Mais font-ils allusion à un seul linge ou à plusieurs ? C'est difficile à dire. Quand il est question d'un seul linge, il est évident qu'il s'agit du linceul. Cependant puisque Luc (ou la tradition la plus ancienne) n'a pas de mal à employer le pluriel (24, 22) pour décrire ce qui était précédemment au singulier (23, 53) le terme « linges » peut tout de même s'appliquer à une seule pièce d'étoffe. D'autre part, s'il est fait allusion à plusieurs pièces, il pourrait s'agir à la fois du linceul et des bandelettes serrées autour de la tête, des poignets et des pieds, comme l'indique Jean (11, 44 et 19, 40). Il est intéressant de noter que le Suaire semble garder des traces de ces bandelettes. Quoi qu'il en soit, on peut conclure raisonnablement qu'au moins un grand drap de toile est évoqué dans les Évangiles.

La description des linges que les disciples ont vus dans la tombe au matin de Pâques pose un autre problème. Luc et Jean les décrivent tous deux. Luc dit que Pierre entra dans le tombeau et vit les *othonia*, un terme générique désignant tous les linges : le linceul et aussi les bandes employées pour maintenir la mâchoire, les mains et les pieds. Jean donne une autre version de ce que Pierre et lui ont vu, et il introduit un nouveau terme : en entrant dans le tombeau, ils virent les *othonia* par terre mais aussi le *sudarion* roulé à part. Jean ajoute que le *sudarion* avait « recouvert la tête » de Jésus.

Sudarion signifie serviette ou « linge pour suer ». C'est en tout cas un linge relativement petit. S'il a été placé sur la figure de Jésus dans le tombeau, cela démentirait l'authenticité du Suaire. Certains chrétiens ont même pris ce passage comme une preuve que le Suaire est incompatible avec les écritures.

D'autre part, beaucoup d'exégètes pensent que le *sudarion* n'était pas une serviette ou un linge placé sur la figure de Jésus. Par exemple, le *Code de la Loi hébraïque* ordonne de lier le menton (8). La serviette de Lazare était attachée « autour » de sa figure (en grec *perideo*), ce qui est plus conforme au maintien de la mâchoire. De plus Jean (20, 7) dit que la serviette de Jésus fut trouvée « roulée » (en grec *entulisso*) dans le tombeau vide, ce qui correspond mieux à une bande utilisée pour serrer la mâchoire (9). John A.T. Robinson, un exégète britannique du Nouveau Testament, donne l'explication la plus plausible du *sudarion :* probablement une mentonnière, une longue bande de toile enroulée, disposée sous le menton, autour de la figure et attachée au sommet de la tête. Sa fonction était de maintenir la mâchoire fermée avant que s'établisse la rigidité cadavérique. Non seulement le Nouveau Testament ne déclare pas que le linge fut placé sur la figure pour la couvrir mais l'association de « enveloppé » et « autour de la tête » (*Jean* 20, 7 et 11, 44) convient à la position dépeinte sur le Suaire.

Les mentonnières sont toujours employées dans ce but et tout porte à croire qu'elles l'étaient au Ier siècle en Palestine. On trouve la preuve de l'existence de cette mentonnière dans l'image tridimensionnelle de l'homme du Suaire. Ses cheveux semblent séparés des joues ; ceux de gauche retombent par-dessus le bord d'un objet, probablement la bandelette (10).

Pourquoi Jean donne-t-il ce détail sur le *sudarion ?* Il semble y attacher une grande importance. Il décrit ce qu'il a vu de ses propres yeux dans le tombeau. Il a vu les linges par terre et le *sudarion* roulé, à part. Il ajoute qu'« il a vu et il a cru ».

Il n'est pas facile de dire exactement, à partir du texte grec, ce qu'il y avait de particulier dans la disposition des linges qui a provoqué la foi (*Jean* 20, 9) mais Robinson a une explication plausible. On nous dit que les disciples entrèrent dans le tombeau et virent le linceul et les autres linges gisant aplatis. Mais le *sudarion* devait conserver sa forme ovale enroulée, comme il l'était quand il entourait la tête de Jésus pour maintenir la mâchoire fermée. Quelque chose dans cette scène dut les convaincre que des pilleurs de tombes n'avaient pas pu voler le corps, comme Marie-Madeleine l'avait rapporté après avoir découvert que la pierre avait été repoussée de l'ouverture du tombeau. Jusqu'à ce moment, explique l'Évangile, les disciples n'avaient pas compris que Jésus allait ressusciter. Mais, en regardant les linges de la sépulture, ils crurent.

Le corps non lavé

Le corps non lavé de Jésus est une autre question, dans la corrélation Suaire-Nouveau Testament. Comme il est indiscutable que l'empreinte du Suaire est celle d'un corps non lavé, nous devons savoir si les Évangiles expliquent ce détail crucial. Les Juifs lavaient le corps des morts avant la sépulture, comme cela se fait dans pratiquement toutes les cultures. Quoiqu'il en soit les textes sacrés ne précisent pas que le corps de Jésus a été lavé, nous avons de bonnes raisons de penser qu'il ne l'a pas été.

Les Évangiles nous apprennent que l'approche du Sabbat abrigea le rituel de la sépulture de Jésus (*Luc* 23, 54-56). La Mishnah autorise l'embaumement et le lavage d'un cadavre le jour du Sabbat, à condition qu'aucune partie du corps ne soit déplacé (*Shab* 23, 5). Autrement dit, le corps aurait pu être lavé mais pas enveloppé dans un linceul et déposé dans le tombeau. Par conséquent, c'était une raison suffisante pour ne pas laver le corps si, tout le rituel n'avait pu être achevé avant le commencement du Sabbat. N'oublions pas que les femmes sont revenues pour oindre le corps avec les aromates qu'elles avaient préparées (*Luc* 24, 1 et *Marc* 16, 1). Comme les Évangiles ne parlent pas du lavage, on peut supposer qu'il n'avait pas été fait mais laissé aux femmes, après le Sabbat (11).

Encore une fois, le *Code de la Loi hébraïque* vient à notre aide. Selon cette loi la procédure normale, dans la sépulture juive, était de laver le corps et de couper les cheveux et les ongles, mais cela ne devait pas être accompli sur les personnes exécutées par le gouvernement ou mortes de mort violente (12). Comme Jésus avait été exécuté et était mort de mort violente, nous avons là une double interdiction, s'opposant au lavage du corps et à la coupe des cheveux.

Nous avons encore une bonne preuve que le corps de Jésus n'a pas été lavé. Jean nous dit que son cadavre a été entouré d'environ 100 livres de myrrhe et d'aloès avant sa mise au tombeau (19,

39-40). Comme les Évangiles synoptiques rapportent que les femmes retournaient au tombeau le dimanche matin pour oindre le corps d'aromates, il faudrait déterminer la différence entre la première onction et la seconde.

L'explication la plus vraisemblable est que les 100 livres d'aromates ont été tassées autour du corps avant la sépulture précisément parce qu'il n'avait pas été lavé. Cette grande quantité d'aromates, probablement secs, devait servir de désinfectant pour arrêter la décomposition en attendant que les femmes puissent oindre le corps comme il convenait, après le Sabbat. Les aromates qu'elles apportaient le matin de Pâques étaient sous une forme liquide et elles les auraient appliqués selon les rites après avoir lavé le corps. Mais comme il n'était plus là, l'enveloppement juste avant la mise au tombeau fut la seule onction de Jésus.

De nouveau le N.T. n'indique pas avec précision comment les aromates furent disposées. En fait, il n'y a pas de contradiction entre les Évangiles et le Suaire sur aucun point.

La dernière question sera brève. D'après les Évangiles, les mains de Jésus furent clouées sur la croix (*Luc* 24, 39 ; *Jean* 20, 20 et 25, 27) alors que le Suaire révèle que les clous ont été plantés dans les poignets. Il n'y a là aucune contradiction, pour deux raisons. Premièrement, le mot « main » en grec comprend aussi le poignet. Deuxièmement, l'homme du Suaire a été cloué à la base de la paume, ce qui signifie que le même mot peut désigner toute la région. Or on sait depuis longtemps, même sans le Suaire, que les victimes d'une crucifixion étaient clouées à la croix par le poignet, puisque la main n'aurait pu soutenir tout le poids du corps.

Conclusion

Que peut-on conclure de cette comparaison entre le Suaire et le Nouveau Testament ? La première conclusion est historique. La sépulture de l'homme du Suaire est compatible avec les coutumes juives du Ier siècle, telles que nous les connaissons par le Nouveau Testament, le *Code de la Loi hébraïque* et les découvertes archéologiques esséniennes. Toutes ces sources indiquent que chez les Juifs, à l'époque, les morts n'étaient pas entourés de bandelettes comme les momies mais déposés dans un tombeau, enveloppés d'un linceul. C'est ainsi que fut enterré l'homme du Suaire. Ce sont des conclusions très générales. Nous ne pouvons pas affirmer avec certitude que la sépulture de l'homme du Suaire était la coutume universelle en Palestine, au 1er siècle. Cependant, cette étude suggère que l'enveloppement dans un lincuel était une procédure vraissemblable. Le Mishnah et le *Code,* les coutumes esséniennes et surtout les textes du Nouveau Testament, tels que Jean 11, 44 et 20, 7 montrent que la méthode de sépulture employée dans le cas de l'homme du Suaire était à tout le moins, un choix possible, utilisé par les juifs au Ier siècle.

Deuxièmement nous pouvons conclure ensuite que la sépulture de l'homme du Suaire ressemble tout à fait à celle du Juif du Ier siècle que nous connaissons le mieux, Jésus-Christ. Certains des rites mortuaires prescrits par la loi juive n'ont pas été achevés dans son cas et les événements les ont empêchés de l'être après sa mise au tombeau. Comme ce qui fut probablement le cas pour Jésus, le corps de l'homme du Suaire n'a pas été lavé.

Nous pouvons tirer une troisième conclusion importante : rien, dans le Nouveau Testament ne s'oppose à la possibilité que l'homme soit bien Jésus-Christ. Le N.T. décrit les coutumes de sépulture juive courantes au 1er siècle mais pas les procédures exactes employées dans le cas de Jésus. L'exégèse ne peut pas prouver que l'homme est Jésus mais on ne pourrait conclure par l'affirmative si l'image du Suaire différait de manière significative de ce que le Nouveau Testament nous apprend sur la crucifixion et la mise au tombeau. Le Suaire répond à cette description. L'homme du Suaire a été crucifié comme Jésus l'a été et une étude approfondie des textes ne révèle aucune incompatibilité avec le récit de sa sépulture dans le N.T.

Il convient de préciser ici un autre point. Une image comme celle du Suaire de Turin n'est pas ce que l'on attendrait si un faussaire médiéval avait voulu, tout à fait normalement, se baser sur les descriptions faites dans les Évangiles de la mise au tombeau de Jésus. Il aurait probablement peint un linge servant à couvrir le visage, la signification la plus obvie du *sudarion* ambigu de Jean en 20, 7. Il aurait pu peindre un corps lavé, parce que les Actes des Apôtres 9, 37, notent que les chrétiens ont lavé le corps de Tabitha avant de la déposer. Il aurait pu peindre une momie. L'évêque John A.T. Robinson dit que sa tendance naturelle à douter du Suaire fut ébranlée précisément parce qu'il « ne pouvait pas du tout s'harmoniser avec le récit du Nouveau Testament sur les linges mortuaires » (13).

Néanmoins, la question de l'authenticité du Suaire doit être finalement réglée sur un autre terrain, celui des examens scientifiques. Comme on sait qu'il est compatible avec le Nouveau Testament, avec les textes juifs importants et les coutumes de l'époque, si des analyses scientifiques rigoureuses le valident nous aurons une preuve fortement concluante de l'authenticité du Suaire.

5.

La science et le suaire avant 1978

Quand le bruit courut que 40 savants du Projet de Recherches sur le Suaire de Turin étaient enfermés dans une salle avec le linceul, une caricature parut dans la presse. Elle représentait un groupe de savants en blouse blanche examinant, dans un laboratoire, le Suaire avec des instruments de l'ère spatiale ; la légende citait les Écritures : « Heureux ceux qui n'ont pas vu et qui ont cru » (*Jean* 20, 29). Le dessin n'était pas parfaitement équitable mais ne manquait pas de biquant. Beaucoup de gens, catholiques et protestants, considérèrent cette recherche comme une tentative présomptueuse de la science de sonder des mystères qu'il valait mieux laisser dans le domaine de la foi.

Cependant, le Suaire de Turin n'est pas en lui même un objet de la foi chrétienne, et les savants qui l'étudient ne cherchent pas à laisser entendre que la foi soit subordonnée à la raison. Quoi qu'ils puissent y découvrir, le Suaire aurait quand même une valeur religieuse. D'ailleurs, il y a plus de quatre-vingts ans qu'il fait l'objet d'études scientifiques. Malgré les études, les savants qui ont examiné l'image ont réussi dans la majorité des cas à bien séparer la science de leur foi.

Premières études : 1898 à 1969

Avant 1898, le Suaire de Turin était une relique assez obscure. En dépit de sa réputation de linceul du Rédempteur, peu de guérisons miraculeuses y étaient associées et il ne jouissait pas de la notoriété d'autres reliques célèbres. Il ne fut exposé publiquement que cinq fois au cours du XIXe siècle. C'est au cours de la dernière de ces expositions, organisée en 1898 , que la toute nouvelle science de la photographie mit spectaculairement fin à ce manque de notoriété du Suaire.

Vers la fin de l'exposition, en mai 1898, un avocat local nommé Secondo Pia reçut l'autorisation de prendre les premières photos du Suaire. Il échoua à sa première tentative mais parvint à prendre de bons clichés le 28 mai. Ce soir-là, dans la chambre noire de Pia, un des plus grands secrets du Suaire fut révélé pour la première fois. Quand il retira sa plaque du révélateur, il s'aperçut que son négatif était en réalité un positif, une « épreuve » infiniment plus nette que l'image vue à l'œil nu. Cela signifiait que l'empreinte du Suaire était un négatif. Au développement, les zones sombres devenaient claires et vice versa. Le résultat était une photo détaillée, avec de vifs contrastes, bien plus intéressante que l'image confuse et floue du Suaire lui-même (1).

Ces remarquables photographies rendirent le Suaire célèbre ; il devint pour la première fois l'objet d'une étude scientifique. Les photos révélaient le corps avec une grande netteté de détails. Les spécialistes de médecine légale et les autres experts médicaux qui les examinèrent purent apprendre énormément de choses sur les souffrances qui avaient causé la mort de l'homme. Les savants purent par exemple distinguer des écorchures au centre des « marques de flagellation » sur l'image dorsale, et affirmer que l'homme du Suaire avait été flagellé par deux hommes se tenant de chaque côté de son dos (voir au chapitre 3).

La plus importante implication scientifique de la découverte de Pia fut que le Suaire n'était pas un faux flagrant. Pourquoi un faussaire du XIVe siècle aurait-il peint une image en *négatif* ? Personne n'a jamais eu la moindre idée du négatif avant le XIXe et la photographie : une image, ressemblant au modèle, produite par la lumière projetée sur un papier sensible à travers une pellicule où les valeurs claires et foncées étaient inversées. Il paraît bien improbable que quelqu'un ait pu savoir cela au XIVe siècle et ce serait vraiment grotesque de suggérer qu'un peintre, représentant le corps de Jésus tel qu'il serait apparu dans son linceul, ait pu le faire avec un art qui n'allait être découvert que cinq siècles plus tard ! jusqu'à l'invention de la photographie.

Mais les savants qui réfléchirent aux implications des photos de Secondo Pia se heurtèrent vite à un problème essentiel : comment l'image s'était-elle formée ? Au début du siècle Paul Vignon, biologiste et artiste français, fit une suite d'expériences pour découvrir le procédé d'impression de l'image sur la toile. Elles le convainquirent que l'image ne pouvait être une peinture. Il utilisa de la peinture à l'huile et de l'aquarelle pour dessiner sur des morceaux de vieille toile mais une fois la toile roulée, comme le Suaire l'avait été, les pigments séchés s'effritaient. Vignon envisagea la possibilité d'une teinture très légère pour imprégner les fibres. Mais l'image n'aurait pas été soumise à un processus chimique au fil des ans, qui serait la seule façon d'expliquer pourquoi les valeurs claires et foncées s'étaient inversées pour produire un négatif.

Vignon eut alors une autre idée et pensa que le

corps avait en quelque sorte « projeté » son image sur la toile, et il échafauda une hypothèse : le Suaire aurait été traité avec un mélange de myrrhe et d'aloès — des aromates utilisés dans les sépultures juives — dans une solution d'huile d'olive. Si c'était le cas, le tissu brunirait sous l'influence des vapeurs alcalines. Le corps de Jésus (ou de tout autre crucifié) aurait pu dégager de telles vapeurs. La sueur de son agonie pouvait contenir un taux d'urée élevé. L'urée se transforme en carbonate d'ammoniac quand elle fermente, et ce carbonate aurait taché le Suaire traité aux aromates et à l'huile d'olive. Vignon ne parvint jamais à reproduire le procédé en laboratoire, mais sa « théorie vaporographique » devint une des principales hypothèses pour expliquer la formation de l'image (2).

En 1931, le Suaire fut de nouveau exposé et de meilleures photos prises par Giuseppe Enrie, le plus grand photographe d'Italie. Ces photos permirent des travaux scientifiques plus poussés. Certaines étaient des agrandissements détaillés et ne montraient aucune trace de pigments. En se fondant sur ces clichés, des experts du textile estimèrent que l'étoffe était d'un type probablement courant en Palestine au temps de Jésus, mais qui n'existait sans doute pas en Europe au XIVe siècle. Par conséquent, un faussaire, dans la France du XIVe, aurait dû se donner le mal d'obtenir une pièce de toile de Terre sainte pour son chef-d'œuvre. Les photos d'Enrie permirent aussi des études détaillées des souffrances et des blessures de l'homme au Suaire. La plus célèbre fut effectuée par le Dr Pierre Barbet, un éminent chirurgien français, auteur de plusieurs livres repris dans *La Passion de N.S.J.-C. selon les chirurgiens* (Issoudun 1950).

Les photos d'Enrie sont celles que tout le monde a vues ; leurs qualité est restée inégalée jusqu'à celles prises par le projet de Recherches sur le Suaire de Turin, en 1978.

De nouvelles données scientifiques sur le Suaire vinrent en 1968 d'une source inattendue. Des ouvriers creusant les fondations d'un immeuble à Jérusalem découvrirent les restes d'un Juif qui avait été crucifié par les Romains à la suite de la Grande Révolte de l'an 70. Les archéologues trouvèrent même le nom de l'homme sur sa tombe : Yohanan. Les travaux des archéologues israéliens qui étudièrent le squelette permirent aux chercheurs de conclure que l'homme du Suaire avait été exécuté conformément aux pratiques romaines de la crucifixion. Les études sur Yohanan sont résumées au chapitre 8.

La commission secrète de 1969

Après une exposition en 1933, le Suaire fut enfermé dans son reliquaire, pour trente-six ans. À part les six ans passés à l'abri dans les montagnes d'Italie méridionale pendant la Seconde Guerre mondiale, la relique fut conservée dans son caveau fermé à clef et gardé, dans une chapelle de la cathédrale de Turin, invisible aux yeux du public et des savants. Les autorités ecclésiastiques de Turin chargées de préserver la plus célèbre relique de la chrétienté, résistèrent longtemps aux pressions des savants qui voulaient analyser et examiner le linceul. Pour beaucoup de gens, l'attitude prudente et quelque peu évasive de l'Église semblait motivée par la peur que la science découvre une supercherie, un faux. C'est possible mais elle avait aussi d'autres raisons. Le Suaire est, après tout, un objet religieux, vénéré par des millions de fidèles. Même si c'est un faux, il a une valeur religieuse parce qu'il représente en détail les tortures infligées à Jésus et la mort qu'il a subie pour racheter les péchés du monde. Les savants et les journalistes ne pouvaient guère apprécier ce point de vue.

Certaines autorités religieuses semblaient indifférentes au Suaire et préoccupées par des questions pastorales plus pressantes. Le cardinal Michele Pellegrino, archevêque de Turin, ne prit même pas la peine de voir le Suaire avant 1969, bien des années après qu'il fut devenu son principal conservateur. Finalement, sous la pression de prêtres catholiques influents, la résistance de l'Église aux études scientifiques commença à faiblir. Le plus connu de ces hommes est le Père Peter Rinaldi, un prêtre d'origine italienne qui a passé de nombreuses années aux États-Unis. Lui et d'autres déclarèrent que si le Suaire était authentique l'Église catholique ne pouvait continuer de cacher un objet d'une aussi formidable importance. Il fallait courir le risque de déterminer une fois pour toutes son authenticité.

Ces arguments portèrent. En 1969, le cardinal Pellegrino nomma une commission de dix hommes et une femme, comprenant cinq savants, pour examiner le Suaire. Ils avaient l'ordre de faire des propositions pour une future étude scientifique et de déterminer si des mesures particulières devaient être prises pour préserver le Suaire de la détérioration, dans une ville industrielle moderne à la pollution atmosphérique croissante. La commission ne put accomplir beaucoup de travaux scientifiques au cours de l'inspection de 1969. Beaucoup de ses membres n'avaient jamais étudié le Suaire et en savaient peu de chose. Cependant, la commission constata que le Suaire était dans un excellent état de conservation. À part cela, elle ne semble guère avoir fait plus que le regarder et en parler. Elle travaillait dans le plus grand secret et son rapport ne fut publié qu'en 1976. À ce moment, une série d'études bien plus importantes avaient déjà été effectuées (3).

Les études de 1973

Le cardinal Pellegrino et le propriétaire du Suaire, le roi d'Italie en exil, approuvèrent une exposition télévisée du Suaire en 1973. Ils acceptèrent aussi les demandes de savants, de prélever quelques fibres du Suaire et de procéder à d'autres analyses scientifiques. L'équipe coordonnant ces expériences n'était pas bien organisée et ses conclusions furent assez décevantes. Néanmoins, elle fit quelques découvertes intéressantes et ouvrit la voie à l'étude beaucoup plus approfondie de 1978.

Une des conclusions les plus intéressantes de 1973 concernait la nature de l'image du Suaire. Les savants italiens ne découvrirent ni pigments ni teinture. Leur inspection de l'image au microscope révéla qu'elle était superficielle, c'est-à-dire qu'elle ne touchait que les fibres supérieures de la trame du Suaire. Ils déclarèrent que l'image était composée de « fibrilles jaunes ». La couleur jaune n'avait ni imprégné ni pénétré les fibres, comme l'aurait fait un pigment ou une teinture appliqué par un artiste. Cette observation semblait écarter aussi la théorie vaporographique de Vignon : la sueur à forte teneur d'ammoniac dégagée par le corps aurait pénétré l'étoffe tout comme un pigment ou une teinture.

En analysant ces observations Ray Rogers, un chimiste américain travaillant au Laboratoire scientifique de Los Alamos, pensa que l'incendie qui avait brûlé une partie du Suaire en 1532 pouvait être considéré comme une expérience toute faite, permettant d'évaluer les diverses hypothèses émises sur la formation de l'image. Il fit observer qu'il y avait eu une grande variation d'intensité de chaleur pendant l'incendie ; certaines parties du Suaire étaient noircies, roussies ou gravement décolorées alors que d'autres étaient restées pratiquement intactes. Il ajouta que si des molécules organiques, appliquées naturellement ou artificiellement, formaient l'image du Suaire, elles auraient changé de couleur ou brûlé différemment, pendant l'incendie, selon la distance des flammes. Une différence devrait être visible. Mais on ne put observer aucune variation de l'intensité de la couleur de l'image. Rogers constata même que les parties de l'image en contact avec les parties brûlées avaient apparemment « une valeur et une densité de couleur *identiques* aux parties de l'image se trouvant à la distance maximum des zones décolorées » (4). Cette observation rend hautement improbable l'emploi d'un pigment.

Rogers pensait aussi que les mêmes observations écartaient la possibilité que l'image ait été formée par un contact direct avec le corps. Une telle image aurait été produite par des molécules organiques, qui auraient changé de couleur et brûlé différemment selon leur distance des flammes. Les savants italiens n'avaient pas observé non plus de « capillarité », l'absorption de la substance de l'image dans les fibres au niveau microscopique. Cela semblerait éliminer un produit non organique, tel que de l'encre.

La commission italienne de 1973 ne trouva pas non plus de sang dans les « taches de sang ». Une analyse courante d'hémoglobine ne révéla rien. D'autres expériences destinées à détecter du sang se révélèrent également négatives. Certains adversaires du Suaire virent là une preuve du faux mais les experts italiens eux-mêmes, ainsi que d'autres savants qui examinèrent leurs travaux, considèrent que ces analyses ne sont pas concluantes. Les protéines du sang ont pu se décomposer en deux mille ans, elles ont pu être gravement détériorées par l'incendie de 1532 ; d'autres incidents au cours de la longue histoire du Suaire ont pu faire perdre au sang les caractéristiques permettant de l'identifier. Le professeur Giorgio Frache, un savant italien qui a étudié des fils des zones tachées de sang, dit que les analyses n'auraient été concluantes que si elles avaient détecté la présence de sang. Le fait qu'elles n'ont pas permis d'en trouver laisse la question en suspens (5).

Deux autres études effectuées en rapport avec les expériences de 1973 concernaient l'âge du Suaire ; toutes deux indiquent qu'il s'agit d'une étoffe ancienne, peut-être vieille de deux mille ans.

Le professeur Gilbert Raes, de l'Institut de Technologie textile de Gand, a étudié des fils prélevés sur le Suaire et a confirmé la conclusion, datant déjà de plusieurs années, selon laquelle le tissage et la toile étaient d'un type connu pour avoir existé au temps de Jésus. Mais le professeur Raes découvrit autre chose : des traces de coton parmi les fibres de lin. Il jugea que le Suaire avait été tissé sur un métier qui servait aussi pour du coton (6). Cette découverte tend à mieux localiser le lieu de fabrication du Suaire ; le coton ne pousse pas en Europe mais il se trouve en abondance au Moyen-Orient.

L'autre étude est due à Max Frei, un botaniste et criminologiste suisse. Son investigation microscopique des grains de pollen du Suaire lui a permis d'identifier des plantes qui ne poussent qu'en Palestine et en Turquie (7). Cela indique que le Suaire s'est trouvé dans ses régions au cours de son existence (voir les travaux de Frei au chapitre 2).

Le résultat le plus important de l'enquête italienne de 1973 fut d'intéresser de grands savants au problème. Il restait un immense travail scientifique sérieux à accomplir. Dans son dernier rapport, la commission italienne évitait de tirer des conclusions formelles et éludait certaines des questions les plus intéressantes. Par exemple, elle ne tira pas avantage de sa découverte, selon laquelle l'image était superficielle. Ses membres ne cherchèrent même pas à examiner l'envers de l'étoffe pour voir si l'image était vraiment aussi superficielle qu'elle le paraissait sur les échantillons de fibres. Les savants italiens ne pensaient pas pouvoir trouver de sang sur le Suaire mais ils ne cherchèrent pas à déterminer la nature de ces taches brunâtres qui ressemblent tant à du sang. Ces lacunes venaient de l'organisation même de la commission ; ses membres, tous compétents dans leur domaine, n'avaient jamais étudié le Suaire, jamais travaillé ensemble. Leur découverte la plus évidente fut sans doute que le Suaire était infiniment plus complexe qu'on l'avait cru et qu'il ne livrerait pas aisément ses secrets.

Le Projet de Recherches sur le Suaire de Turin

La série suivante de découvertes importantes est due à un groupe de savants qui, en 1977, formèrent le Projet de Recherches sur le Suaire de Turin. Travaillant d'après les photos d'Enrie et les observations de la commission italienne de 1973, ces savants firent des découvertes qui d'une part rendirent encore plus profond le mystère du Suaire, et d'autre part posèrent les assises théoriques pour de futures et définitives expériences.

La plus surprenante de ces découvertes fut que l'image du Suaire contenait des données tridimensionnelles. Cette découverte, par bien des côtés la plus ahurissante et la plus inexplicable des nombreux mystères, est due à John Jackson et Eric

Jumper, deux officiers de l'US Air Force, physiciens, qui étudiaient le Suaire à leurs moments de loisir, alors qu'ils servaient au Laboratoire des Armes de l'armée de l'Air à Albuquerque, au Nouveau-Mexique. Avec Bill Mottern, un collègue du laboratoire, ils s'aperçurent que la luminosité de l'image du Suaire avait un rapport mathématique avec la distance entre le corps et le tissu. L'image était plus brillante là où le corps touchait l'étoffe, par exemple le nez, le front et les sourcils. Elle était moins intense dans les zones où il n'y avait pas de contact direct, les creux des joues et des orbites. Cela indiquait que l'empreinte du Suaire avait été faite par un objet tri-dimensionnel et aussi que l'image n'avait pu se former par contact, comme si l'on avait placé la toile sur un corps ou une statue préalablement traité avec des pigments. Le mystère, c'était que les parties du corps ne touchant pas l'étoffe apparaissaient aussi sur l'image et que la luminosité de ces zones *variait selon leur distance de la toile* (8).

Puisque le rapport entre le corps et le linceul pouvait être décrit mathématiquement, avec précision, Jackson et Jumper purent reconstituer une réplique tridimensionnelle de l'homme du Suaire. Les savants sont capables de faire quelque chose de semblable avec des photos d'étoiles ou de planètes, quand l'objet est assez loin de la lentille de l'astronome pour que sa distance affecte de manière mesurable l'intensité de l'image lumineuse reçue. Mais une réplique tri-dimensionnelle ne peut être créée à partir d'une photo ordinaire, en négatif ou positif. Les objectifs, pellicules et papiers photographiques modernes ne sont pas assez sensibles pour reproduire sur une image bi-dimensionnelle les infimes variations de l'intensité lumineuse émise de différents points d'un objet tridimensionnel. Les photos analysées de la même manière que l'image du Suaire ne purent d'ailleurs pas donner d'information tridimensionnelle. Les yeux protubérants, le nez enfoncé et autres déformations témoignent graphiquement de l'aspect unique de l'image du Suaire.

Jackson et Jumper produisirent leur réplique tridimensionnelle en employant un analyseur VP-8, un instrument scientifique mis au point pour la photographie astronomique. Le fait même qu'ils aient pu créer une image tridimensionnelle à partir d'une photo bi-dimensionnelle était un tour de force technologique et une curiosité. Cette image tridimensionnelle permettait un nouveau type d'examen scientifique. Elle suggirait que les cheveux sur le côté gauche de la figure semblaient retomber sur le bord d'un objet invisible. La longue barbe de l'homme paraissait divisée par quelque chose. Jackson et Jumper supposèrent que cet objet était une mentonnière, une bandelette placée sous le menton et attachée au sommet de la tête, afin de maintenir la mâchoire fermée. Si c'en était une, cela concordait avec les coutumes de sépulture juives et le récit de la mise au tombeau de Jésus dans les Évangiles.

L'image tridimensionnelle de la tête de l'homme du Suaire réserva une autre surprise : il apparaissait que de petits objets en forme de boutons avaient été posés sur les yeux du mort. Jackson et Jumper pensèrent à des pièces de monnaie. On a trouvé des pièces dans des crânes de cimetières juifs du Ier siècle (9). Il est tout à fait possible qu'il ait été d'usage à l'époque de Jésus de placer des pièces sur les yeux d'un mort pour qu'ils restent fermés. Francis L. Files, professeur de théologie à l'université Loyola de Chicago, pensa pouvoir les identifier. D'après lui, celle recouvrant l'œil droit de l'homme du Suaire serait une pièce frappée au temps de Ponce Pilate (10). Tandis que d'autres chercheurs attendent de nouveaux résultats l'existence d'objets sur les yeux de l'homme du Suaire est un indice de plus qu'il a été enseveli comme les Juifs ensevelissaient leurs morts il y a deux mille ans.

Une autre étude effectuée au moyen de la technologie de l'ère spatiale réduisit encore la probabilité que l'image avait été peinte. Jean J. Lorre et Donald J. Lynn, des savants du Jet Propulsion Laboratory de Pasadena, analysèrent l'image du Suaire par certaines des techniques avec assistance de l'ordinateur, qu'ils avaient employées pour examiner les images transmises de la surface de Mars par la sonde Viking en 1976. Lorre et Lynn ne purent détecter aucune « directionnalité » de l'image, ce qui démontrait qu'elle avait été appliquée à la surface de la toile d'une manière hasardeuse et sans direction (11). Toute application à la main de peinture ou de teinture par un faussaire aurait présenté un schéma caractéristique, en dépit de tous les efforts de l'artiste pour déguiser son travail.

Les implications de ces découvertes par le Projet de Recherches sur le Suaire de Turin frappèrent de stupeur les savants curieux et les chercheurs du Suaire. L'image n'était pas seulement un négatif mais elle était aussi imprimé sur une surface et contenait des données tridimensionnelles. Il était extrêmement improbable qu'elle soit peinte. Finalement, il parut que le procédé qui avait formé l'image ne pouvait avoir une origine organique ou naturelle, puisqu'il avait opéré sur des monnaies non organiques aussi bien que sur les chairs mortes. Les savants ne pouvaient imaginer comment une telle image avait été produite, au XIVe ou au XXe siècle.

En septembre 1977, huit membres du groupe qui allait devenir le Projet se rendirent à Turin et proposèrent une étude détaillée du linceul. Cette étude comprenait une série d'analyses non destructrices par divers moyens électromagnétiques, allant des rayons infrarouges rapprochés aux rayons-X. Walter McCrone et Associés, de Chicago, soumirent une proposition distincte, pour la datation au carbone-14. Les propositions étaient destinées à répondre à trois questions majeures : 1) De quoi se compose l'image du Suaire ? 2) Comment l'image s'est-elle formée ? 3) Y a-t-il du sang sur le Suaire ? Les Américains apportaient les copies des minutes d'une conférence de recherches qu'ils avaient organisée en 1977 à Albuquerque, au Nouveau-Mexique. Ils apportaient aussi une réplique tridimensionnelle de l'homme du Suaire qui, s'ajoutant au travail scientifique sérieux contenu dans les minutes, convainquit les autorités italiennes que les propositions américaines promettaient beaucoup.

Pour se préparer à la nouvelle étude, l'équipe du Projet de Recherches sur le Suaire de Turin (STRP : Shroud of Turin Research Project) analysa avec soin tout ce que l'on savait déjà du Suaire. Comme tous les savants travaillant à un problème difficile, ils s'appuyèrent sur les précédentes recherches : les photos de Secondo Pia et de Giuseppe Enrie, les observations de la commission secrète de 1969 (dont le rapport avait fini par être publié en 1976), les analyses et conclusions tirées par les membres du groupe italien de 1973 et leurs propres travaux.

Les analystes du STRP s'attaquèrent d'abord au problème posé par la formation même de l'image. Ce devait être le principal sujet d'étude, si l'on voulait faire approuver de nouvelles analyses du Suaire. Ils énumérèrent les caractéristiques connues en demandant si les nombreuses hypothèses sur la formation pouvaient s'y appliquer. Antérieurement à l'enquête de 1978, les principales caractéristiques de l'image du Suaire pouvaient se résumer ainsi :

Superficialité. L'image semblait avoir été formé

par la décoloration des fibres à la surface même de la toile. Elle ne paraissait pas avoir pénétré, mais l'envers de la toile n'avait pas été examiné depuis des siècles.

Détail. L'image était extraordinairement détaillée. Les savants pouvaient compter par exemple le nombre de traces de coups de fouet sur le dos de l'homme, et même distinguer de minuscules écorchures à l'intérieur de ces marques.

Thermiquement stable. Ce qui a formé l'image du Suaire était insensible à la chaleur. La partie de l'image la plus rapprochée des brûlures de l'incendie de 1532 est d'une couleur identique à celle des parties les plus éloignées.

Pas de pigment. Il semblait qu'aucun pigment n'avait formé l'image. Elle aurait été créée d'une autre manière.

Tridimensionnelle. Cette caractéristique était sans doute la plus surprenante et la plus mystérieuse. La netteté de l'image variait selon la distance entre le corps et la toile. Le rapport mathématique était si précis que des savants purent reconstituer une réplique tridimensionnelle de l'homme du Suaire.

Négatif. L'image était un négatif, c'est-à-dire plus détaillée et reconnaissable une fois « développée ».

Sans direction. Le procédé qui a formé l'image opérait au hasard. Elle n'a pas été provoquée selon un schéma directionnel, comme ce serait le cas pour un travail à la main.

Stabilité chimique. La couleur jaune composant l'image n'a pas pu être dissoute, décolorée ou changée par des agents chimiques courants.

Stabilité à l'eau. Le Suaire a été inondé pour éteindre le feu en 1532 mais l'image ne semble pas en avoir souffert. Elle est restée stable à la chaleur, aux produits chimiques et à l'eau.

Ces caractéristiques connues furent ensuite

comparées aux diverses hypothèses sur le procédé de formation. Pour faciliter cette comparaison, nous pouvons aligner les unes et les autres sous forme de tableau :

Comparaison des hypothèses sur la formation de l'image avec les caractères de l'image

HYPOTHÈSES :	Peinture teinture poudre	Contact direct	Vapeurs	Contact di-rect etVapeurs-	Chaleur lumière
Caractéristiques :					
Superficiel	Non	Non	Non	Non	Oui
Détails	Non	Non	Non	Possible	Possible
Stabilité thermique	Non	Possible	Non	Possible	Oui
Pas de Pigment	Non	Possible	Oui	Oui	Oui
3/Dimensions	Non	Non	Non	Non	Oui
Négatif	Oui	Possible	Possible	Possible	Oui
Pas de Direction	Possible	Possible	Oui	Oui	Oui
Stabilité chimique	Possible	Possible	Non	Non	Oui
Stabilité H^2O	Possible	Possible	Non	Non	Oui

Il faut souligner que les savants qui ont porté ces jugements sur la formation de l'image n'avaient pas examiné eux-mêmes le Suaire. Ils faisaient des déductions basées sur des photos et les observations d'autres savants, surtout ceux de la commission italienne de 1973. Toutes ces déductions devaient être mises à l'épreuve ; elles n'étaient que des hypothèses échafaudées dans une grande mesure pour préparer les études approfondies de 1978.

Il est évident, d'après ce tableau, que la *peinture* paraît être l'explication la moins vraisemblable. Un artiste aurait pu peindre un négatif, il est possible qu'il ait employé des matériaux gardant leur stabilité pendant des siècles et sous l'eau. Bien que ce soit fort improbable, il aurait pu appliquer la peinture ou la teinture à coups de pinceau si délicats que l'analyse de l'ordinateur n'aurait pu détecter la direction des mouvements de sa main. Mais sur tous les autres points, l'hypothèse du faux s'effondre. Des pigments auraient pénétré au-delà des fibres superficielles, un artiste n'aurait pu représenter autant de détails, la peinture aurait souffert visiblement de l'incendie de 1532 et un peintre n'aurait pu inclure des données tridimensionnelles dans son œuvre. La plupart des peintures ne resteraient pas stables à la chaleur, à l'eau et aux solvants chimiques.

L'hypothèse du *contact direct* avec le corps ne concorde pas non plus avec les observations scientifiques. On a avancé que l'image aurait pu être causée par une réaction chimique entre la toile et un véritable cadavre dans une vraie tombe ou par un habile faussaire qui aurait déployé un linceul sur un cadavre ou une statue préalablement traitée. Une image produite par contact direct aurait pu être sans direction, stable dans l'eau, sans pigment (si elle n'était pas fabriquée) et peut-être sous forme de négatif, mais elle aurait été terriblement déformée.

Vous pourrez le vérifier en vous barbouillant la figure de charbon de bois et en appliquant un linge dessus. L'image qui en résultera ne ressemblera même pas à un visage et ne contiendra certainement pas de données tridimensionnelles. Une image par contact ne contiendrait pas toutes les informations qu'on trouve dans le Suaire et elle ne serait pas superficielle. Elle peut aussi être éliminée pour les mêmes raisons chimiques et thermiques que la peinture ou la teinture. Les molécules organiques composant une telle image auraient été affectées par l'incendie. Toutes les tentatives, pour créer une image acceptable par contact direct avec un corps ou une statue ont échoué. Il semble impossible de produire une impression acceptable d'un objet tridimensionnel sur une surface bi-dimensionnelle.

L'hypothèse *vaporographique* de Paul Vignon présente les mêmes faiblesses que le faux et le contact direct. Vignon, nous l'avons vu, suggérait que le corps avait projeté son image sur le Suaire par une réaction chimique entre l'ammonic de la sueur et un linceul traité avec un mélange d'aloès et d'huile d'olive. Mais une telle image aurait réagi visiblement au feu et à l'eau de 1532. Elle ne pourrait pas, non plus, être superficielle, détaillée et tri-dimensionnelle.

Une *combinaison des effets,* par exemple le contact direct et des vapeurs, ne pourrait non plus expliquer l'image. Eric Jumper a procédé à des expériences pour tester cette hypothèse et les résultats furent inacceptables (12). Le procédé contact-direct vapeur ne produisait pas la moindre image nette. Jumper s'est aperçu aussi que la tache provoquée par ses expériences imprégnait tout le tissu, donc que l'image n'était pas superficielle. Il y a aussi la question des objets qui paraissent posés sur les yeux de l'homme du Suaire. Si l'image était produite par des vapeurs, comment celle des pièces de monnaie se serait-elle formée ? Pareille combinaison ne donnerait pas non plus d'image tridimensionnelle.

Toutes ces hypothèses sur la formation posent ces problèmes, problèmes qui tournent autour de la nature même de l'image.

Quelques autres ont été avancées mais promptement rejetées, comme celle de l'« effet kirilien », théorie fort contestée selon laquelle les corps vivants contiennent de mystérieuses « auras » qui peuvent être photographiées dans certaines circonstances. Peu de savants y croient et ce ne serait pas une explication plausible de l'image du Suaire. D'autres se sont intéressés aux effets des explosions thermonucléaires ; on sait que la bombe d'Hiroshima a projeté sur des murs les ombres de victimes, mais ce ne sont que des ombres, des silhouettes, pas des images détaillées. Et une explosion nucléaire aurait détruit le Suaire et la région environnante.

L'*hypothèse du roussi* entre alors en scène. Elle fut proposée pour la première fois en 1966 par Geoffrey Ashe, un écrivain britannique qui produisit une image ressemblant à celle du Suaire en exposant un linge de toile à une chaleur irradiante (13). À l'œil nu, le roussi expérimental évoque la couleur de l'image du Suaire qui est d'une teinte sépia, précisément la couleur du linge quand il commence à brûler.

John Jackson, le physicien de l'US Air Force, comprit qu'on avait sous la main une application toute faite de l'hypothèse du roussi. Le Suaire avait été brûlé lors de l'incendie de 1532. Si la couleur de l'image rappelait celle des zones roussies, cela indiquerait qu'elle aurait pu se produire ainsi. C'est bien ce que Jackson découvrit quand il analysa une photo en couleurs du Suaire avec un microdensiomètre, un instrument qui mesure la densité d'une image sur une pellicule ou une plaque photographique. L'instrument n'a détecté aucune différence entre la couleur de l'image et celle des parties roussies. Mais Jackson fit observer qu'il avait employé une photographie, pas le Suaire lui-même, et que cette photo n'avait pas été prise dans un but scientifique. Ces découvertes devaient donc rester hypothétiques en attendant des études scientifiques plus poussées (14).

Néanmoins, cette hypothèse du roussi devint la plus vraisemblable, pour expliquer la formation de l'image. Au cours d'une conférence scientifique, en 1977, Ray Rogers résuma les arguments en sa faveur. Il nota l'expérience de Jackson, indiquant que la couleur de l'image ressemblait à celle des parties endommagées par le feu. Il fit remarquer que l'image paraît n'exister que sur une seule face de la toile. Il cita un autre facteur : la densité de l'image semble avoir un rapport avec la distance entre le corps et le linge, c'est le fameux effet tridimensionnel. Tout cela, conclut-il, suggère « un chauffage rapide ayant produit l'image ». Il déclara que si des analyses futures n'identifiaient aucun pigment sur l'étoffe et si personne ne trouvait de traînée organique qui aurait pu tacher naturellement la toile, alors l'hypothèse du roussi était la seule qui restait.

Eric Jumper, autre physicien de l'Air Force, pensait que si le Suaire avait été roussi, cela n'aurait pu se faire que sous l'effet d'une très brève décharge de radiation d'énergie très élevée. Jackson et lui se livrèrent à des expériences en brûlant des morceaux de toile au laser. Très vite, une image apparut sur l'envers, presque aussi foncée que sur l'endroit. Jumper estima que cela écartait toute possibilité d'un faussaire utilisant cette méthode. Sans doute aurait-il pu chauffer une statue de bronze et y jeter un drap dessus, mais alors l'image se verrait aussi à l'envers. Les expériences de Jumper et Jackson montrèrent que la décharge d'énergie devrait être extrêmement rapide et intense, afin de n'impressionner que la superficie des fibres de lin (15).

John Jackson découvrit un autre problème posé par les diverses hypothèses de formation de l'image. Utilisant une analyse mathématique sophistiquée, il démontra qu'aucun mécanisme physique normal ne pouvait provoquer une image à la fois tridimensionnelle et extrêmement détaillée. Pour obtenir la netteté, l'aspect tridimensionnel devait être sacrifié. À l'inverse, l'image tri-dimensionnelle ne pourrait être aussi détaillée que celle du Suaire. Ces découvertes rendaient improbable que l'image eût été formée par quelque procédé naturel comprenant un dégagement de produits chimiques. De plus, un simple « roussi » produit en exposant la toile à des radiations thermiques n'aurait pas pu produire non plus une image tridimensionnelle. Cependant, Jackson dit que cette hypothèse était encore la plus plausible parce que le roussi aurait pu être causé par autre chose que des radiations thermiques (16).

Ces études scientifiques antérieures à 1978 semblaient donc circonscrire le mystère. Si l'hypothèse du roussi semblait être la plus vraisemblable, alors l'image était unique et les savants étaient incapables de dire comment la toile aurait pu être brûlée de cette façon. Par conséquent, tout en étant apparemment la meilleure, cette hypothèse n'est pas sans problèmes. Le plus important est l'absence de tout procédé naturel de formation. Cependant, comme il y a encore de nombreuses formes d'énergie qui restent mal connues, la question reste en suspens. Néanmoins, une roussissure serait conforme à la majorité des caractéristiques connues de l'image du Suaire.

Où en restait donc à ce moment la question du

Suaire ? Le résultat sans doute le plus important de ces premières études fut qu'un groupe d'une quarantaine de savants éminents appartenant à diverses institutions se fascinèrent pour un « linceul » qui avait été longtemps pris pour un faux. Ces savants se livrèrent alors à des études détaillées du linge, d'eux-mêmes et avec leur propre argent. Finalement, ils s'engagèrent à préparer, développer, équiper et créer une suite d'expériences à Turin, sans la moindre garantie que cela deviendrait réalisable. Mieux encore, à mesure que chaque nouveau fait fut connu, ils élargirent le champs de leurs efforts pour s'assurer de couvrir toutes les facettes de la question. Dans la foulée, ils commencèrent à éveiller l'intérêt de leurs confrères et de leurs institutions et même à obtenir leur soutien.

Les deux années de préparation pour l'enquête de 1978 avaient nettement démontré que la foi n'avait rien à craindre de travaux scientifiques objectifs et francs. Aucun de ces savants n'afficha de prétentions excessives sur la valeur de ses découvertes. Et tous, en dépit de quelques trouvailles passionnantes, gardèrent bien séparées leurs croyances religieuses et leur science. Le Projet de Recherches sur le Suaire de Turin ne fit pas de communiqués sensationnels à la presse. La science limita son intérêt aux questions scientifiques et à un exposé précis des faits et des hypothèses. L'interprétation était laissée pour plus tard, à de futures études plus définitives et aux préférences individuelles.

Les recherches d'avant 1978 sur le Suaire furent utiles tant à la religion qu'à la science. La science et la religion ne s'alliaient pas, mais elles ne se déclaraient pas la guerre non plus.

6.

La Science et le Suaire : après 1978

À tous points de vue, l'arrivée des membres du Projet de Recherches sur le Suaire, en octobre 1978 à Turin, fut un événement extraordinaire. Jamais encore une relique n'avait été examinée si complètement par des savants. Jamais encore l'Église n'avait permis qu'un objet de piété fût inspecté avec les instruments neutre d'analyse de la science moderne. Le caractère disparate de cette situation n'échappait pas à la plupart des savants, qui déballaient un matériel ultra-sophistiqué, valant des millions de dollars, dans la somptueuse salle de réception Renaissance du palais royal de la Maison de Savoie. Peter Rinaldi, le prêtre d'origine italienne qui avait tant fait pour obtenir les autorisations de l'Église, trouvait fort bon que les princes de la science américaine se livrent à leurs travaux dans un décor aussi princier.

Les membres du Projet avaient cependant des soucis d'ordre plus pratique. Chacun voulait commencer le plus vite possible les expériences tant attendues. Des mois de négociations difficiles, à propos des projets de l'équipe, avaient précédé son arrivée à Turin. L'Église jugeait cette affaire d'analyse scientifique du Suaire si délicate qu'elle ne permettait même pas à l'équipe de confirmer ou de démentir que des essais allaient avoir lieu. L'arrivée des savants avait été précédée aussi par des difficultés douanières, la perte de matériel photographique et le harcèlement de la presse. Mgr Anastasio Ballestrero, archevêque de Turin, avait approuvé les travaux à condition d'être le premier à savoir si les savants considéraient l'image du Suaire comme un faux. Certains membres de l'équipe imaginaient déjà une délégation ayant à apprendre cette mauvaise nouvelle à l'archevêque et s'inquiétaient de ses conséquences sur les millions de fidèles autour du monde qui vénéraient la relique. La majorité des savants étaient convaincus que les examens révéleraient que le Suaire n'était pas authentique.

Mais, l'équipe ne détecta pas aucun faux. Tout comme les examens scientifiques précédents, les résultats de 1978 ne firent qu'approfondir le mystère du Suaire.

L'équipe tira peu de conclusions pendant les cinq jours de travaux en octobre 1978. Il fallut près de trois ans, à des dizaines de savants d'Europe et des États-Unis, pour étudier ces données dans leurs laboratoires et pour en tirer des conclusions. Ce chapitre évoque les résultats de ces examens et présente les conclusions.

Propriétés générales de l'image du Suaire

L'examen microscopique du Suaire, en 1978, fournit la première description technique complète de l'image. Ce qu'en voit l'œil nu n'est qu'une légère décoloration des fibres de lin formant la trame du Suaire. Dix à quinze de ces fibres sont entrelacées pour composer chaque fil. Les fils ont en moyenne 0,5 mm de diamètre. L'image est tout à fait superficielle, c'est-à-dire que seules les fibres supérieures de chaque fil sont décolorées dans les zones occupées par l'image. Elle ne pénètre pas dans les fils. Presque partout, la décoloration ne touche que deux ou trois fibres d'épaisseur. L'examen microscopique a révélé aussi que l'image est monochrome ; la décoloration jaune est la même partout. Ce que l'œil perçoit comme des différences de couleur est en réalité la différence de densité des fibres décolorées. Autrement dit, les parties « foncées » de l'image ne sont pas plus jaunes. Elles paraissent plus foncées parce qu'elles contiennent plus de fibres décolorées que les parties plus claires.

Cette différence de densité est en rapport avec la distance entre la toile et le corps qu'elle recouvre. C'est la fameuse propriété tridimensionnelle de l'image. Par exemple, le front est plus foncé que les orbites. Cet aspect fut pleinement confirmé par les microphotographies prises en 1978. On avait soupçonné que cette propriété était une particularité des photos en noir et blanc prises par Giuseppe Enrie en 1931 (1). Verne Miller, le photographe de l'équipe, appartenant à l'Institut de Photographie Brooks de Santa Barbara, en Californie, prit en 1978 des photos de haute définition dans des conditions contrôlées. L'analyse de ces clichés par l'analyseur d'images VP-8 montra les mêmes variations de densité en rapport avec la distance entre le corps et la toile qu'avaient découvertes plusieurs années auparavant Eric Jumper et John Jackson en travaillant sur les photos de 1931.

Les savants notèrent aussi l'aspect flou de l'image ; elle est beaucoup plus facile à voir de loin que de près. En regardant le Suaire d'une distance de quelques centimètres, les savants distinguaient à peine la différence entre l'image et le fond. Mais à cinq ou six mètres ils discernaient presque tous les détails. Ce curieux phénomène est un produit de l'œil humain. L'image du Suaire n'a pas de contours précis alors que l'œil est conditionné pour percevoir les contrastes des bords. Le terme technique de cette propriété de l'œil est « inhibition neurale latérale » (2). L'œil peut voir les bords d'une image floue quand elle est comprimée dans une petite partie du champ de vision total, comme lorsqu'on se tient éloigné du Suaire. Mais de près, la même image devient indistincte.

Ces observations sur les propriétés générales de l'image ont plusieurs implications évidentes, pour l'étude du procédé de formation. Ce procédé ne devait changer que les fibres tout à fait supérieures des fils ; il devait varier la densité des fibres jaunes plutôt que l'intensité de leur couleur ; il devait aussi créer une image même là où le linge ne touchait pas le corps. Finalement, le fait que l'image soit à peine visible de près signifie qu'il serait très difficile à un artiste essayant de la peindre de vérifier la progression de son travail.

Les savants du Projet de Recherches sur le Suaire, à leur arrivée à Turin, cherchaient surtout des réponses à trois questions : 1) De quoi se compose l'image ? 2) Quel procédé l'a formée ? 3) Quelle est la composition des « taches de sang » ? L'examen microscopique répondit à la première question : l'image est tout simplement une décoloration jaune des minuscules fibres de lin composant les fils du Suaire. La composition des « taches de sang » posait un petit problème à part et nous allons examiner les découvertes de l'équipe dans ce domaine avant d'aborder le procédé de formation.

Les taches de sang

Les parties « ensanglantées » du Suaire ont attiré une attention considérable depuis que les premières photos en couleur ont été publiées. Il apparaissait que le sang s'était écoulé des pieds, des poignets et du côté de l'homme. Les traînées brun-rougeâtre semblaient anatomiquement correctes, ce que l'on attendrait d'un homme perdant son sang après avoir eu le flanc percé et des clous plantés dans les poignets et les pieds. Les bords de ces traînées étaient bien définis. Et si le Suaire recouvrait réellement un vrai cadavre, on peut se demander comment il a pu être ôté sans étaler et arracher les bords du sang coagulé.

En arrivant à Turin en 1978, les savants n'étaient pas sûrs que les taches soient bien des taches de sang. La commission italienne de 1973 avait prélevé de petits brins de fils des régions ensanglantées et procédé à une analyse pour détecter la présence d'hémoglobine, la protéine contenant du fer qui donne au sang sa couleur rouge. Ces analyses furent négatives mais les Italiens jugèrent que les résultats n'étaient pas concluants (3). Bien des choses auraient pu se passer en deux mille ans pour décomposer la structure du sang ; si les traînées étaient du sang, l'hémoglobine pouvait y figurer en si petite quantité qu'elle échappait à l'analyse. De plus, l'incendie de 1532 avait certainement pu détériorer l'hémoglobine qui s'altère à la chaleur.

L'équipe de 1978 espérait régler une fois pour toutes la question du sang en examinant les parties tachées au moyen de toute une batterie d'instruments optiques et d'expériences à travers le spectre électromagnétique. (Voir tableau 1, appendice C.) Le travail le plus important et le plus concluant fut effectué par John Heller et Alan Adler dans leur laboratoire, au New England Institute (4). Heller et Adler examinèrent plusieurs échantillons de « papier collant » contenant des brins de fibrilles tachées de « sang ». Ils regardèrent au microscope le spectre de lumière visible reflété par ces échantillons, une expérience appelée microspectrophotométrie. Les résultats indiquèrent que l'hémoglobine était un composant de la couleur. Pour analyser plus loin la possibilité, ils éliminèrent le fer des échantillons et tentèrent d'isoler la porphyrine, un composant du sang qui devient d'un rouge fluorescent à la lumière ultraviolette. La substance isolée par les chimistes réagit bien de cette façon, ce qui confirma que c'était bien de la porphyrine et que par conséquent il y avait de fortes chances pour que les taches soient des taches de sang.

Une nouvelle indication de la présence du sang sur le Suaire fut apportée par les photos de fluorescence aux ultraviolets prises par Vernon Miller et Samuel Pellicori. Le sang lui-même n'est pas fluorescent. Mais quand les photographes examinèrent leurs clichés, ils constatèrent une légère bordure fluorescente autour de plusieurs parties ensanglantées. Ces régions étaient celles de la blessure au flanc, du clou dans le poignet et l'écoulement sanguin du pied droit sur l'image dorsale.

L'explication probable de cette découverte inattendue, c'est que la marge fluorescente était du sérum sanguin, le liquide incolore faisant partie du sang. Miller et Pellicori démontrèrent en laboratoire que le sérum sanguin sur de la toile est effectivement un peu fluorescent. Il est donc vraisemblable que ces marges soient formées par le sérum qui s'est séparé du sang avant ou après la mort de l'homme.

Plusieurs autres analyses confirmèrent la présence de sang sur le Suaire. Des protéines, un composant du sang, furent détectées dans les parties ensanglantées, alors qu'on n'en trouva nulle part ailleurs. L'examen de la fluorescence aux rayons X permit de découvrir que le fer, autre composant du sang, était présent dans les taches. L'équipe conclut que les parties tachées l'avaient été par du véritable sang (5).

La formation de l'image

La question de loin la plus intéressante et la plus complexe était le problème de la formation de l'image. Comment s'était-elle imprimée sur l'étoffe ? Qu'est-ce qui avait pu créer une image aux propriétés aussi insolites ?

Les savants divisèrent les diverses hypothèses en deux groupes : 1) celles qui prétendaient que l'image avait été artificiellement produite ; 2) celles qui évoquaient un processus naturel. Ils se heurtèrent tout de suite à plusieurs difficultés. Comme personne ne savait comment l'image était apparue sur la toile, une division initiale entre les hypothèses image artificielle et image naturelle semblait arbitraire ou tout au moins prématurée. Celle qui fut considérée le plus sérieusement par l'équipe — un matériau sensibilisant avait causé l'image — devait être envisagée dans les deux catégories parce qu'il pouvait aussi bien s'agir d'un processus naturel que d'un outil de faussaire. Le résultat le plus sujet à controverse de cette division fut que l'équipe classa l'hypothèse du roussi dans le groupe des images artificielles, partant du principe que si c'était le cas, cela ne pouvait que s'être produit artificiellement. Si le roussi était naturel, les savants devraient expliquer comment un cadavre aurait pu dégager assez de chaleur ou de lumière pour roussir de la toile : ils en étaient bien incapables.

Ainsi, cette division en ces deux catégories impliquait que l'équipe écartait d'emblée la possibilité d'une explication surnaturelle, ou du moins qui ne pouvait être comprise par la science à son stade de développement actuel. Sans doute les savants ne pouvaient-ils agir autrement, mais ce point de départ a pu contribuer à l'hésitation des conclusions finales. Il n'apparut pas, à la fin, que l'image soit artificielle ou naturelle. Mais avant d'aboutir à des conclusions, les savants examinèrent avec application toutes les possibilités.

Hypothèse : L'image est une peinture

On a cru pendant des siècles — du moins certains ont cru — que l'image d'un mort sur le Suaire de Turin avait été peinte par quelque habile artiste du XIVe siècle. Cette accusation fut portée par Pierre d'Arcis en 1389 et reprise par des intellectuels catholiques au XIXe et au début du XXe siècle. L'hypothèse de la peinture faiblit de plus en plus à mesure que les savants en découvraient davantage sur les propriétés de l'image, et l'équipe du Projet espérait déterminer en définitive si cette hypothèse avait quelque validité. Ils y parvinrent et les savants aboutirent sur ce point à leurs conclusions les plus positives : l'image, indiscutablement, n'est pas formée par une quelconque substance étrangère appliquée sur la toile.

L'hypothèse de la peinture fut écartée par toute une série d'examens microscopiques et optiques (voir tableau 1, appendice C). Le plus important fut l'observation microscopique directe. Parmi les autres expériences, citons la fluorescence sous les rayons X pour mesurer la composition des éléments du Suaire et la radiographie pour observer les changements de densité. Pour rechercher des substances étrangères, on eut recours à la spectrophotométrie photo-électrique, à la fluorescence photo-électrique et photographique et à l'observation directe du Suaire sous une lumière visible.

L'examen microscopique direct ne révéla aucune trace de peinture. On ne trouva aucune particule de pigment sous l'agrandissement 50 X. La couleur jaunâtre des fibres n'imprégnait pas le tissu, même dans les parties les plus foncées. Nulle part les fibres n'étaient collées, comme le provoquerait un pigment. Il n'y avait aucune trace de capillarité, c'est-à-dire d'écoulement de liquides à travers le tissu à un niveau microscopique.

Les savants examinèrent aussi 32 échantillons de « papier collant » prélevés partout sur le Suaire. Ces bandes adhésives étaient pressées sur l'étoffe, aussi bien dans les régions de l'image qu'ailleurs et arrachées avec les petites particules qui y adhéraient. Au microscope, on découvrit que le Suaire avait récolté pas mal de corps étrangers au cours des siècles ; fragments d'insectes, pollen, cire, laine, soie rouge, fibres synthétiques modernes et plusieurs types de particules rouges et noires. Surtout, les bandes adhésives prélevèrent des fragments de fibres, certaines jaunies venant des régions de l'image, d'autres non.

Ces bandes, avec leurs particules collées, furent soumises à des analyses microscopiques plus poussées qu'il n'était possible sur le Suaire lui-même. Les savants purent observer en détail la structure des fibres de lin. Elles étaient composées de cellules de plantes jointes bout à bout, ressemblant un peu à des tiges de bambou au microscope. Les joints étaient très nets et bien définis, ne portant pas la moindre trace de peinture ou de toute autre substance étrangère.

John Heller et Alan Adler, les chimistes du New England Institute, procédèrent à une série d'expériences sur les fibres de l'image, pour en apprendre davantage sur la nature chimique de la décoloration jaune (6). Ils effectuèrent cinq analyses différentes pour rechercher la présence de protéines ; toutes furent négatives, à l'exception des échantillons des parties « ensanglantées ». D'autres analyses destinées à détecter des composés non-organiques révélèrent du fer et du calcium, mais pas suffisamment pour expliquer le jaunissement des fibres de lin. Les analyses pour chercher la présence de teintures et de taches organiques furent négatives aussi. Heller et Adler furent incapables de supprimer la couleur jaune avec des acides, des décolorants ou des solvants organiques, pas plus qu'ils ne purent les blanchir avec des oxydants puissants.

Ils conclurent que l'image n'était pas causée par l'application d'un pigment ou de toute autre substance étrangère mais résultait de la dégradation de la cellulose, le matériau végétal des fibres de lin. Les fibres de cellulose dans la région de l'image s'étaient déshydratées, contrastant avec les fibres entièrement hydratées du fond. Les premières reflétaient légèrement la lumière dans la région visible du spectre et c'était ce qui provoquait l'image visible.

L'examen des échantillons des bandes adhésives donna lieu à une intéressante controverse. Walter McCrone, un chercheur qui ne faisait pas partie de l'équipe, en obtint quelques-uns d'un de ses membres. Il nota à l'examen la présence d'une petite quantité d'oxyde de fer, une substance rouge, sur certains échantillons, et pensa qu'un artiste aurait pu se servir d'oxyde de fer pour rehausser l'image. Comme il n'en existait qu'en très petite quantité dans tout le Suaire, McCrone supposa que le « pigment rouge » avait pu être appliqué en solution très diluée. Et il alla encore plus loin : les pigments sont toujours appliqués dans un mélange, par exemple avec de la cire ou de l'huile. L'affirmation la plus controversée de McCrone était que la décoloration des fibres avait pu être causée, avec le temps, par le jaunissement de la substance mélangée à la peinture (7).

L'examen des échantillons et d'autres observations de l'équipe du Projet ne révélèrent rien pour étayer l'hypothèse de McCrone. Au cours de leur série exhaustive d'analyses chimiques, Heller et Adler ne découvrirent aucune trace d'un mélange qu'un artiste médiéval aurait pu employer (8). Au microscope, on ne distinguait pas la moindre trace d'un liquide d'aucune sorte appliqué sur les fibres. L'hypothèse de McCrone fut enfin définitivement écartée par les examens du Suaire aux rayons X, aux infrarouges et à la lumière visible. Ces examens prouvèrent qu'il n'y avait pas assez d'oxyde de fer, et de loin, pour expliquer ne serait-ce qu'un rehaussement de l'image (9). Et, comme toutes les autres hypothèses supposant la fraude, celle de McCrone fut totalement réfutée par la nature tridimensionnelle, superficielle et sans direction de l'image du Suaire, ainsi que par l'absence de plateaux ou points de saturation. On doit aussi faire observer que l'oxyde de fer submicron n'est disponible que depuis deux siècles environ, ce qui exclut son emploi par un peintre médiéval (voir appendice A).

Le résumé des recherches de l'équipe concluait que les traces d'oxyde de fer étaient « sans rapport avec le problème de la formation de l'image » (10). L'équipe donna tort à McCrone. L'oxyde de fer n'explique *pas* l'image.

Le physicien John Jackson proposa une explication plausible à la présence de petites quantités d'oxyde de fer. Il remarqua qu'elles étaient surtout présentes sur les parties « ensanglantées », ce qui n'a rien de surprenant puisque le fer entre dans la composition du sang. Jackson pensa que de petites quantités d'oxyde de fer auraient pu être distribuées sur tout le Suaire si la toile avait été simplement pliée et dépliée plusieurs fois. Cela doit s'être produit car, nous savons que le Suaire était plié dans son reliquaire au moment de l'incendie de 1532. (Aujourd'hui il est roulé et protégé par une doublure de soie rouge.)

Les autres examens confirmèrent qu'il n'y avait pas de substances étrangères dans le Suaire, en quantité suffisante pour expliquer l'image. Le test de fluorescence aux rayons X aurait détecté des pigments inorganiques contenant du fer, de l'arsenic, du plomb ou autres métaux lourds ; il n'en trouva aucun (11). La radiographie à basse tension aurait décelé des variations dans l'épaisseur de l'étoffe, telles qu'un pigment aurait pu les causer ; cet examen permit de découvrir des différences de densité, mais aucune ne correspondant à l'image. Ces différences de densité étaient de légères variations dans l'épaisseur de la toile elle-même (12). Deux instruments différents projetèrent des rayons ultraviolets sur le Suaire et mesurèrent comment les diverses parties de la toile réfléchissaient la lumière dans la bande ultraviolette du spectre. Les teintures, colorants et pigments réfléchissent la lumière d'une manière caractéristique mais on n'en trouva aucune trace sur le Suaire (13). Deux autres tests mesurèrent les propriétés fluorescentes de l'étoffe. Divers matériaux peuvent être parfois identifiés par leur fluorescence particulière mais aucune matière, sur le
Suaire, n'en émettait d'autre que l'étoffe elle-même (14). En fait, l'image semblait réduire les propriétés fluorescentes de la toile, ce qui se passerait si la couche supérieure des fibres était déshydratée.

D'autres observations vinrent s'opposer à l'hypothèse de la peinture. Avant l'arrivée de l'équipe du Projet à Turin, Ray Rogers avait fait observer que si l'image du Suaire était une peinture, la chaleur de l'incendie de 1532 et l'eau qui avait servi à l'éteindre auraient visiblement endommagé l'image. Comme il ne constatait aucun effet de chaleur ou d'eau sur les photos, il jugea improbable la thèse de la peinture (15). L'examen de la toile à Turin donna raison à Rogers. Il n'y avait aucune différence de densité de couleur entre les parties de l'image proches des brûlures et les plus éloignées. L'eau n'avait pas non plus altéré l'image. Les savants ne purent découvrir aucune marque de pinceau ni traces de direction, deux conclusions qui avaient déjà été émises sur la base des photos. (Voir appendice A).

L'hypothèse de la fraude est finalement réfutée par la nature tridimensionnelle, superficielle et sans direction de l'image du Suaire, plus l'absence de plateaux ou points de saturation. La fraude ne peut surtout pas expliquer les propriétés tridimensionnelles. Un procédé artificiel n'aurait pu créer une image dans les parties de la toile sans aucun contact avec le corps.

Le Projet de Recherches sur le Suaire de Turin prouve donc que Pierre d'Arcis avait tort : l'image du Suaire n'est pas une peinture. Le sommaire des recherches déclare que « nous n'avons rien découvert permettant de penser que l'image visible résulte d'un pigment sur la toile. Sur ce point, toutes les observations concordent parfaitement » (16).

Hypothèse : Le Suaire a été modifié par des produits chimiques.

L'équipe considéra d'autres hypothèses sur le jaunissement de la cellulose des fibres de lin sans emploi de pigment. Selon plusieurs d'entre elles, la composition chimique de la cellulose avait été modifiée par un produit chimique qui fut plus tard lavé ou enlevé autrement. Le problème, avec ces hypothèses, c'est que l'examen microscopique et électromagnétique du Suaire n'a révélé la présence d'aucun produit chimique en quantité appréciable. Ainsi, elles étaient toutes quelque peu gratuites et nécessitaient un travail de laboratoire imaginatif pour les mettre à l'épreuve.

Une possibilité, fortement théorique, était qu'on avait peint l'image avec un acide. L'acide sulfurique concentré jaunit bien la cellulose, mais uniquement s'il est rapidement neutralisé afin d'éviter d'endommager l'étoffe. Il paraît virtuellement impossible de peindre de cette façon. Les savants qui ont expérimenté cette technique ont eu énormément de mal à reproduire la superficialité de l'image et l'absence de saturation. Ils ne pouvaient contrôler la pénétration de l'acide. De plus, la peinture à l'acide produit des densités tout autres que celle de la coloration jaune observée sur le Suaire. La peinture à l'acide ne pouvait pas non plus reproduire l'effet tridimensionnel. Les savants trouvèrent toutes ces tentatives « assez décevantes » (17).

Samuel Pellicori, un savant du Centre de Recherches de Santa Barbara, proposa une hypothèse plus complexe comportant des produits chimiques (18). Il procéda à des expériences en pensant qu'un catalyseur avait sensibilisé le Suaire pour produire une image « latente ». Cette image se serait « développée » plus tard sous l'action de la chaleur ou du vieillissement de la toile, formant ainsi l'image visible.

Dans son laboratoire, il mit dans un four chauffé à 150° des échantillons de toile, pendant sept heures et demie, pour simuler le vieillissement. La toile jaunit un peu, en présentant des caractéristiques de réflexion et de fluorescence ressemblant aux parties non impressionnées du Suaire. Pellicori appliqua ensuite de fines couches de sécrétions dermiques, de myrrhe et d'huile d'olive sur diverses parties de ses échantillons et les remit au four pendant trois heures et demie. Les zones traitées devinrent plus jaunes que le fond décoloré. Un corps humain avait-il pu « sensibiliser » le Suaire avec les sécrétions de sa peau et cette image avait-elle pu se « développer » progressivement au cours de plusieurs siècles de vieillissement ? Un artiste aurait-il employé cette technique ?

L'expérience de Pellicori expliquait certaines des caractéristiques observées. Entre toutes les hypothèses émises sur une formation chimique de l'image, seule la sienne montrait comment certaines substances appliquées pouvaient jaunir des fibres de cellulose d'une manière ressemblant à l'image du Suaire. Son idée suscita donc beaucoup d'intérêt et quelques ingénieux développements. Cependant, l'expérience de Pellicori était plus séduisante en laboratoire que comme une technique de faussaire ou le moyen par lequel un véritable cadavre aurait pu laisser son empreinte sur un linge de toile. Premièrement, l'examen du Suaire ne révélait aucune trace d'agents sensibilisants qui auraient pu foncer la région de l'image. Comme l'hypothèse de l'image « latente » exigeait l'application de ces produits, leur absence est une lacune importante. Un autre problème se posa, même au laboratoire. Il était très difficile d'appliquer les agents sensibilisants en couche assez mince pour qu'ils n'imprègnent que les fibres supérieures des fils (19). Il est extrêmement improbable qu'un artiste ait pu étaler aussi finement la substance, ou qu'un cadavre n'ait sensibilisé que la couche superficielle d'un Suaire qui le recouvrait de face et de dos. La superficialité est donc un problème pour l'hypothèse de l'image « latente ».

Un autre se posa, plus grave, quand les savants se demandèrent comment les agents sensibilisants proposés par Pellicori étaient appliqués sur l'étoffe. La difficulté, une fois de plus, était la différence de densité des fibres jaunes selon la distance entre le linceul et les parties du corps : la propriété tridimensionnelle. Les agents sensibilisants ne pouvaient être appliqués que par contact direct. Dans ce cas, comment la décoloration qu'ils causaient aurait-elle pu indiquer un rapport de distance entre la toile et le corps, là où le linceul n'était pas en contact ? Pellicori lui-même reconnaît que la tridimension est un obstacle majeur à son hypothèse.

John German, un savant appartenant au Laboratoire d'Armement de l'US Air Force et membre de l'équipe, a proposé une variante ingénieuse à l'idée de l'image latente (20). Il imagina que le Suaire était très raide quand on en avait enveloppé le corps mais s'était ramolli et affaissé dans l'atmosphère humide du tombeau. Éventuellement, toutes les parties de la toile où l'image est observée touchaient des parties du corps correspondantes. Comme les parties saillantes du corps auraient été plus longtemps en contact avec la toile, l'huile ou tout autre agent sensibilisant sur les saillies serait resté plus longtemps en contact avec le tissu. German suggère que les parties saillantes ont jauni la toile avec plus de densité que les autres, selon la durée du contact.

Mais l'idée de German n'explique pas non plus les variations de densité de l'image. La figure de l'homme du Suaire est un bon exemple des limites de cette hypothèse. Toute la face apparaît extrêmement détaillée, et pourtant les divers plans et contours d'un visage humain sont très variés. Pour expliquer l'image faciale selon l'hypothèse de German, l'étoffe aurait dû toucher toutes les parties de la figure. Pour cela, la toile aurait dû être extraordinairement souple, beaucoup plus que le Suaire. Cette hypothèse exige aussi un agent sensibilisant d'une sensibilité exceptionnelle à l'écoulement du temps. Le Suaire présente des détails très délicats, des ombres fines. Un agent sensibilisant, appliqué à un linceul raide qui s'affaisserait à l'humidité, pourrait-il travailler avec une telle précision ? Cela paraît improbable. L'hypothèse Pellicori-German n'explique pas non plus les cheveux sur l'image du Suaire. Et les objets sur les yeux ? Si l'agent sensibilisant était la sueur ou des sécrétions grasses, comment des pièces de monnaie ou des fragments de poterie pourraient-ils être visibles ?

À vrai dire, il semble invraisemblable que l'image du Suaire ait été provoquée par un quelconque contact direct. Le problème fondamental peut être démontré par la simple expérience que nous avons déjà mentionnée. Barbouillez-vous de charbon de bois, appliquez un linge blanc sur tout votre visage et ôtez-le. L'image qu'il conservera sera grossièrement déformée. Il est impossible de reproduire par contact direct un objet tridimensionnel sur une surface bi-dimensionnelle.

L'hypothèse Pellicori-German tente de surmonter cet obstacle en postulant un contact direct au cours du temps, laissant entendre que de très petites différences de pression peuvent reproduire des détails et des ombres en imprégnant l'étoffe de quantités infimes de substance sensibilisante. Autrement dit, l'hypothèse repose sur la pression, le temps de contact entre la toile et les parties du corps.

Mais la pression n'a pas pu jouer un rôle majeur pour l'image du Suaire. Elle représente de la même façon le dos et le devant. L'image dorsale est légèrement plus distincte (surtout sous la fluorescente ultra violette) mais la différence n'est pas importante. Pourtant, les différences de pression sur la toile l'étaient beaucoup plus.

L'homme enseveli dans le linceul gisait sur le dos, avec tout son poids pressant sur la toile. La seule pression sur le devant était celle du poids de l'étoffe elle-même. Le procédé qui a produit l'image a pu être affecté par la pression, dans une certaine mesure, mais devait plutôt en être indépendant. Un mécanisme autre que le simple contact a donc provoqué l'image.

Comme l'hypothèse de Pellicori dépend des différences de pression, il ne paraît guère probable qu'elle puisse expliquer l'image. Il proposait un moyen par lequel le Suaire aurait pu être jauni, mais il n'y en a aucun de plausible, par lequel l'image latente pouvait être créée, que ce soit par un faussaire ou un véritable cadavre. Comme l'a déclaré John Jackson, le contact direct « n'a pas pu être responsable de l'image du Suaire » (21).

Hypothèse : L'image est une « vaporographie »

L'équipe scientifique s'intéressa alors à une idée plus ancienne, sur la formation chimique de l'image, la plus ancienne d'ailleurs, la première à être proposée par un savant sérieux, une fois qu'il devint évident que le Suaire ne pouvait être une peinture. C'est l'hypothèse vaporographique de Paul Vignon (22). Artiste et biologiste français, il suggérait que l'image avait été créée par une réaction chimique entre l'ammoniac du corps et le mélange d'aloès et d'huile d'olive sur la toile. Le crucifié enseveli dans le linceul aurait sécrété une sueur d'agonie contenant de l'urée qui aurait fermenté en oxyde de carbone et ammoniac. Vignon supposait que l'ammoniac dégagé par le cadavre avait imprégné la toile et par réaction avec l'aloès et l'huile d'olive, aurait produit une coloration. Il présenta cette hypothèse dans les premières décennies du XXe siècle et elle fut généralement adoptée par ceux qui pensaient que le Suaire était authentique.

Mais cette théorie pose de graves problèmes aux savants. Il semblait n'y avoir aucune façon d'expliquer la haute définition des détails de l'image. Des vapeurs diffusées dans l'espace ne peuvent être aussi précises. Elles ne s'élèvent pas en lignes droites ou parallèles mais se disséminent dans l'air. Les chimistes pensent également que la sueur d'agonie n'aurait pu produire assez d'ammoniac pour provoquer une réaction. Et même si la quantité avait été suffisante, cette réaction chimique aurait imprégné l'épaisseur de la toile. Comme nous l'avons déjà noté plusieurs fois, l'image est superficielle, sans aucune trace de saturation. La couleur jaunâtre ne traverse pas et n'atteint pas de plateaux. De plus, pour que la réaction de Vignon se produise, l'étoffe aurait dû être humide ; elle aurait donc collé au corps en beaucoup d'endroits et l'image en aurait été grossièrement déformée.

De plus, l'hypothèse vaporographique est réfutée par les propriétés de l'image du Suaire, en particulier sa nature tridimensionnelle, ses ombres et sa stabilité à la chaleur et à l'eau. L'enquête scientifique n'a permis de trouver aucune substance étrangère provenant de réactions chimiques, aucune diffusion gazeuse ni aucune capillarité, telles qu'une vaporographie pourrait en produire.

Les chimistes ont étudié d'autres réactions chimiques comportant des produits naturels capables de causer une coloration sur de la toile. Toutes avaient les mêmes limites que celle de Vignon. Presque toutes auraient été affectées par la chaleur et l'eau lors de l'incendie de 1532. Elles auraient imprégné l'étoffe et aucune ne reproduisait la netteté de définition et les propriétés tridimensionnelles de l'image. De même, aucune ne créait une image nette et elles sont réfutées, en outre, par l'absence des produits chimiques nécessaires, ainsi que le manque de diffusion ou de capillarité. Le sommaire des recherches conclut donc : « Nous considérons les preuves assez concluantes pour écarter l'hypothèse vaporographique de Vignon pour expliquer la formation de l'image » (23). Jumper et Rogers ajoutèrent que « la diffusion gazeuse dans le procédé de formation de l'image n'est pas possible » (24), écartant ainsi définitivement cette hypothèse et d'autres du même type (voir appendice A2).

Hypothèse : L'image est une brûlure

L'équipe scientifique arriva à Turin en 1978 en soupçonnant déjà que l'image était une sorte de brûlure. L'hypothèse du roussi était devenue la plus acceptable, en partie parce que d'autres paraissaient improbables et aussi parce que l'image ressemblait à une légère brûlure d'après les photos dont on disposait avant 1978. La cellulose jaunit aux premiers stades de la brûlure. Si la chaleur et le temps d'exposition sont soigneusement contrôlés, une roussissure expérimentale peut jaunir des fibres de cellulose de la même manière que l'ont été celles du Suaire.

De plus, une brûlure connue — celle de l'incendie — était présente sur la toile et l'image y ressemblait. L'analyse des photos en couleur d'avant 1978 indiquait que l'image et les brûlures par le feu possédaient les mêmes propriétés optiques, ainsi que d'autres que l'image possédait aussi. En 1532, elle n'avait pas été affectée par la chaleur ni par l'eau jetée pour éteindre le feu. Ni la chaleur ni l'eau ne peuvent modifier un tissu roussi (25).

Les observations de 1978 confirmèrent en grande partie ces hypothèses antérieures. Les tests de réflexion aux ultraviolets et à la lumière visible montrèrent que l'image et les roussissures par le feu réfléchissaient la lumière de la même façon (26). Le tableau 2 de l'appendice C compare les propriétés de réflexion de l'image et des brûlures par le feu ; les deux courbes concordent, dans les marges de l'erreur expérimentale. L'image et les régions brûlées réduisaient également la fluorescence du fond à un taux similaire (27).

Cependant, les propriétés optiques de l'image et des brûlures ne sont pas identiques. Les roussissures par le feu sont nettement plus rouges que l'image du corps et la fluorescence de ces deux régions diffère légèrement sous les rayons ultra-violets (28). L'équipe en vint à penser que ces différences doivent exister si les brûlures se sont produites dans des conditions différentes. En 1532, le Suaire fut brûlé alors qu'il était scellé dans un reliquaire de métal. Ce genre de brûlures, survenant dans un milieu substantiellement privé d'oxygène, doivent être visiblement plus rouges et posséder des propriétés fluorescentes différentes de la roussissure en présence d'oxygène. Verne Miller et Samuel Pellicori le démontrèrent d'ailleurs expérimentalement. Ils brûlèrent de la cellulose en milieu sans oxygène et le résultat produisit une fluorescence assez semblable à celles des parties du Suaire endommagées par l'incendie. Il parut donc probable à de nombreux savants de l'équipe que l'image du Suaire était une brûlure, un peu différente de celles qu'avait provoquées le feu mais une brûlure quand même (29).

Dans ce cas, comment s'était-elle produite ? La réponse à cette question se révéla bien difficile à trouver, en termes scientifiques. Le problème consistait à découvrir ce que le sommaire de Schwalbe et Rogers appelait un « mécanisme de transfert d'image technologiquement crédible » (30). C'était la principale objection, avant 1978, à l'hypothèse du roussi, et cela le demeura après les tests et les analyses. Les savants n'étaient pas tous d'accord sur cette thèse et beaucoup de membres de l'équipe ne purent imaginer qu'un cadavre émette assez de chaleur et de lumière pour roussir un linceul. Le sommaire des recherches classa même l'hypothèse dans la catégorie de l'image artificielle. Autrement dit, le principal problème pour certains était de considérer l'image en termes strictement naturels. Comme nous allons le voir aux chapitres 11 et 12, cela paraît difficilement possible.

Avant 1978 Ray Rogers, chimiste du laboratoire national de Los Alamos, avait suggéré que le Suaire aurait pu être roussi par un chauffage rapide (31). Après étude, les savants estimèrent qu'un bref et intense flamboiement de lumière ou de chaleur — l'hypothèse de la « photolyse éclair » — était difficile à soutenir. Ils ne purent reproduire en laboratoire un roussi acceptable avec des lampes flash, des rayons ultraviolets, de la lumière visible ou des lasers infrarouges. De très brefs jaillissements d'énergie roussissaient bien la toile, superficiellement, mais le résultat ne ressemblait en rien à l'image du Suaire. Ces expériences éclair étaient également difficiles à contrôler et endommageaient l'étoffe d'une manière que l'on ne constate pas sur le Suaire.

Les savants pensèrent que l'hypothèse serait plus vraisemblable s'il s'agissait d'une légère brûlure à température modérée. Si l'image en était une, tout portait à croire qu'elle s'était produite relativement lentement (32).

Une des plus grandes faiblesses de cette hypothèse reste à résoudre. Avant l'enquête de 1978, John Jackson s'était livré à des travaux théoriques aboutissant à un dilemme : comment un objet tridimensionnel sous le Suaire de Turin aurait-il pu produire l'image par brûlure (33) ? Jackson démontra mathématiquement qu'une simple radiation émise par un tel objet n'aurait pas pu produire la densité des ombres et de la définition observée sur l'image. Il pensait qu'elle aurait été possible si la source de radiation variait d'intensité ou si quelque chose, entre le linge et le corps, causait des variations de chaleur ou de lumière. Mais alors une telle variation aurait déformé l'image. En d'autres termes, un processus qui aurait produit des ombres et une définition acceptables, aurait déformé l'image. Un processus qui aurait produit une image nette n'aurait pas donné les ombres et la resolution correctes. Cependant, Jackson fait observer que ce dilemme n'est pas nécessairement insoluble car, dit-il, « l'idée que l'image est le résultat d'une roussissure n'est pas forcément incompatible avec ce résultat parce que des mécanismes autres que la radiation thermique isotropique ont pu roussir la toile » (34).

Conclusions sur la formation de l'image

Les conclusions du Projet de Recherches sur le Suaire de Turin, au sujet du procédé qui a formé l'image, sont plutôt hésitantes. La conclusion la plus catégorique est négative : l'image ne résulte pas de l'application d'un pigment. Les analyses n'ont révélé aucune substance étrangère pouvant l'expliquer. Du côté positif, l'équipe a donné de l'image une description chimique excluant le pigment, la teinture, les colorants, la poudre ou l'encre. L'image est formée par des fibres de cellulose jaunies, jaunissement causé par quelque processus de déshydratation.

Les savants n'ont pu se mettre d'accord sur la raison de cette déshydratation. Les deux hypothèses les plus sérieusement envisagées furent le roussi et une réaction chimique d'une substance sensibilisante appliquée à l'étoffe par contact direct. Toutes deux furent soigneusement étudiées. Celle du roussi présente relativement moins de problèmes que celle de la sensibilisation ou « image latente ». L'hypothèse du roussi ne concorde pas très bien avec la définition et les ombres de l'image, bien que Jackson dise que cette difficulté peut ne pas se présenter dans tous les procédés de brûlure. Les obstacles sont plus nombreux en ce qui concerne l'image latente. Mis à part la définition et les ombres, aucune substance sensibilisante n'a été détectée sur le Suaire. Il est difficile d'imaginer comment elle aurait pu être appliquée d'une manière permettant d'expliquer la superficialité de l'image, l'absence de points de saturation, sa clarté, sa netteté. De plus, l'application de l'huile ou de la transpiration nécessaires pour sensibiliser la toile dépend d'une haute précision de variations de pression, mais les propriétés observées sur le Suaire semblent indépendantes de toute pression. Finalement, l'hypothèse de l'image latente ne peut expliquer l'aspect tridimensionnel de l'image.

Jusqu'ici, une explication totalement naturelle de l'image de l'homme du Suaire a échappé aux savants. Le grand problème que posent toutes les hypothèses est ce qu'ils appellent « un mécanisme de transfert d'image ». Ils sont raisonnablement certains de comprendre ce qu'est l'image du Suaire mais trouver une explication complètement physique est une autre affaire. Comme nous le verrons aux chapitres 11 et 12, il se peut qu'elle ne soit pas explicable en termes purement naturels.

Néanmoins, l'hypothèse du roussi nous paraît plus probable que celle de l'image latente. Les caractéristiques de l'image sont celles d'un roussie. Les observations de Gilbert et Gilbert l'indiquent. Dans leur laboratoire, Heller et Adler ont vérifié la probabilité de l'image causée par de la chaleur (35). Une toile de lin roussie à température modérée (moins de 280°) se déshydrate et il se produit une conjugaison. Or la déshydratation et la conjugaison, ainsi que l'oxydation, sont les principales caractéristiques des fibres de cellulose de l'image du Suaire. Ainsi les observations scientifiques et l'étude des caractéristiques s'allient pour suggérer que l'image a probablement été formée par un roussie léeèe.

On doit conclure que les travaux des savants rendent le faux virtuellement impossible. En écartant la peinture, l'équipe a dépouillé le faussaire hypothétique des outils qu'il aurait eus sous la main au XIVe siècle, pigments, teintures, poudres et encres. L'hypothèse de l'image latente l'obligerait à travailler avec des huiles ou des produits chimiques presque invisibles, sans parler de tous les autres problèmes. Il n'est pas davantage techniquement croyable qu'un faussaire ait pu roussir la toile.

L'équipe du Projet de Recherches a évité la question de l'identité de l'homme du Suaire. Elle n'est même pas évoquée dans son rapport. Les données historiques n'étaient considérées que lorsqu'elles touchaient à des questions techniques, comme l'incendie de 1532. On n'a pas tenu compte non plus des preuves archéologiques ou évangéliques. C'est assez compréhensible puisque la physique, la chimie et la médecine ne sont pas faites pour s'occuper de ces questions.

Pour ceux d'entre nous qui s'intéressent à l'identité de l'homme, il est important de souligner que les recherches de 1978 apportent bien assez de preuves que l'image du Suaire a été formée par un vrai cadavre dans une vraie tombe. Les savants ne peuvent dire comment cela s'est produit d'une manière « techniquement croyable » mais le fait que cela se soit produit est l'inévitable conclusion de leurs travaux. L'image n'a pas pu être peinte par un faussaire. L'hypothèse du roussi est plus probable que celle de l'image latente. Quoi qu'il en soit, l'homme enseveli dans le Suaire a bien existé, c'était un Juif du Ier siècle crucifié de la même façon que Jésus-Christ l'a été par les Romains, selon les Évangiles.

DEUXIÈME PARTIE

Conclusions d'après les faits

7.

La fraude et le Suaire

Depuis le commencement de son histoire documentée, beaucoup de gens ont douté de l'authenticité du Suaire. Parce que l'image que porte l'étoffe est si remarquable, la question dela fraude se pose inévitablement. Herbert Thurston, un jésuite britannique qui doutait du Suaire au début du siècle, a posé le problème avec simplicité : « Si ce n'est pas l'empreinte du Christ, elle a été conçue pour contrefaire cette empreinte. Chez aucune autre personne depuis la naissance du monde on ne pourrait vérifier ces détails (1). »

Cette remarquable image pourrait-elle être un faux ? Bien des ecclésiastiques du XIVe siècle le pensaient. Il paraissait vraiment trop improbable de croire que le linceul de Jésus avait survécu, pour ne pas parler de l'idée incroyable que l'image de son corps crucifié s'y était imprimée. Ce n'est qu'au XXe siècle, avec l'invention d'instruments scientifiques et de techniques analytiques, que des personnes réfléchies ont commencé à songer sérieusement à l'authenticité possible du Suaire.

Comme nous l'avons vu jusqu'ici dans cet ouvrage, il est difficile d'imaginer qu'un artiste habile, quels que soient ses dons, ait peint le Suaire au XIVe siècle. Si l'image est une peinture, elle s'écarte radicalement des traditions de l'art chrétien médiéval. Plus important encore, elle révèle des connaissances anatomiques et médicales que personne ne possédait à l'époque. Le Nouveau Testament plaide aussi en faveur de l'authenticité : l'image du Suaire est conforme aux récits de la mort et de la mise au tombeau de Jésus par les évangélistes. Ce que l'on sait des pratiques de crucifixion romaines et des coutumes de sépulture des Juifs concorde aussi. Et puis il y a la nature remarquable de l'image elle-même. Elle est unique. C'est un négatif, plus facile à voir sur une épreuve photographique, de plus elle présente des propriétés tridimensionnelles et d'autres caractéristiques scientifiques insolites.

L'image du Suaire paraît si incroyable que l'on pourrait dire que c'est aux partisans du faux d'apporter des preuves de la fraude. Cependant, le fait que le stupéfiant mystère de ce linge de toile n'a pas d'explication scientifique ni historique exige que nous considérions explicitement cette question de la fraude.

Cette accusation provient de trois sources. Premièrement, l'histoire enregistre une sérieuse accusation de fraude portée devant le pape, en 1389, affirmant que c'était une peinture. Deuxièmement, une ambiguïté possible persiste dans les découvertes de la science. Troisièmement, certaines personnes ont prétendu pouvoir reproduire l'image. Nous traiterons de ces trois questions ici et une quatrième — celle de la fraude spirituelle — sera abordée au chapitre 13.

Histoire : Le Mémorandum d'Arcis

Au tout début de son histoire documentée, le Suaire est pris pour un faux. Quand il est exposé pour la première fois à Lirey en 1357, Henri de

Poitiers, évêque de Troyes, interdit cette exposition de la relique. L'histoire ne nous dit pas pourquoi mais certainement l'évêque ne pouvait croire que Geoffroy de Charny, un chevalier aux moyens modestes, ait pu acquérir l'authentique linceul de Notre-Seigneur.

Ce n'était qu'un prélude à la « célèbre cause » ecclésiastique qui éclata trente-deux ans plus tard. Quand l'exposition reprit en 1389, le successeur d'Henri de Poitiers, l'évêque de Troyes Pierre d'Arcis, écrivit une lettre courroucée au pape Clément VII, réclamant l'interdiction de cette exposition et portant une grave accusation : il affirmait que l'évêque Henri de Poitiers avait enquêté sur le Suaire lors de la première exposition en 1357 et avait déterminé que c'était un faux. Il avait même trouvé l'artiste qui avouait l'avoir peint.

Pendant des siècles, les érudits ont considéré ce que l'on appelle le « Mémorandum d'Arcis » comme la preuve que le Suaire était une peinture. Pourquoi le linceul de Jésus-Christ apparaîtrait-il dans un village d'une province française au bout de mille trois cent cinquante ans ? La copie et la fabrication de reliques étaient courantes au Moyen Âge et leur négoce donnait lieu à de grands abus, comme le savent tous ceux qui connaissent tant soit peu l'histoire de l'Église chrétienne. Les historiens estimaient que le Mémorandum d'Arcis apportait la preuve que le Suaire de Turin n'était qu'une de ces fausses reliques. En 1902 même, après la publication des sensationnelles photos de Secondo Pia, l'érudit jésuite anglais Herbert Thurston régla son compte au Suaire dans un article de la *Catholic Encyclopedia* (2). L'opinion de Thurston coïncidait avec celle d'Ulysse Chevalier, un éminent médiéviste français, qui récusa le Suaire dans une suite d'études entre 1899 et 1903. Le document sur lequel tous deux se fondaient était la lettre de Pierre d'Arcis au pape Clément VII en 1389.

Il est donc impératif d'examiner le Mémorandum d'Arcis. Pourquoi a-t-il dit ce qu'il a dit ?

Le climat historique de l'époque y est pour beaucoup (3). Après que l'évêque Henri de Poitiers eut interdit la première exposition du Suaire en 1357, Jeanne de Vergy, veuve de Geoffroy de Charny, attendit une trentaine d'années avant de tenter de montrer de nouveau le Suaire. Elle s'était remariée et son mari était l'oncle de Clément VII. Le pape Clément, qui régnait à Avignon au moment du schisme, était bien placé pour venir en aide à Jeanne, sa tante par alliance. Peut-être y eut-il un « arrangement » entre elle et lui, pour lui permettre d'exposer de nouveau le Suaire et établir son authenticité.

Est-ce cela qui est arrivé ? Deux faits historiques sur la deuxième exposition sont incontestables. Jeanne et Geoffroy II de Charny, fils du premier propriétaire connu du Suaire, se préparèrent discrètement à la seconde exposition. Ensuite, ils obtinrent directement l'autorisation du pape, sans s'adresser à Pierre d'Arcis, évêque du diocèse où était situé Lirey.

L'inauguration de cette exposition en avril 1389 provoqua un tollé auquel furent finalement mêlés le pape et le roi de France. L'évêque d'Arcis, vexé par ce défi à son autorité et peut-être choqué par la foule considérable qui affluait pour voir ce que l'on n'appelait encore qu'une « représentation » du Suaire, ordonna immédiatement l'arrêt de l'exposition. Le clergé de Lirey fit appel au pape Clément VII et n'arrêta rien. Le pape confirma son autorisation et imposa un « silence éternel » à l'évêque au sujet du Suaire.

Pierre d'Arcis ne garda pas le silence. Il alla se plaindre au roi Charles VI, qui avait déjà donné son accord à l'exposition. Le roi retira son autorisation et envoya à Lirey un bailli pour prendre possession du Suaire au nom de la couronne. Le clergé et les villageois refusèrent de remettre la relique. À ce moment, l'évêque d'Arcis écrivit son fameux Mémorandum au pape, incluant la circonstance aggravante que l'évêque Henri de Poitiers avait déterminé que le Suaire était un faux. Il portait son accusation dans le passage suivant :

« Le Seigneur Henri de Poitiers, de pieuse mémoire, alors évêque de Troyes, connaissant cela et pressé par de nombreuses personnes pieuses de prendre des mesures, comme c'était certes de son devoir dans l'exercice de sa juridiction ordinaire, se mit ardemment au travail pour rechercher la vérité de cette affaire. Car beaucoup de théologiens et autres personnes sages déclaraient que ce ne pouvait être le véritable Suaire de Notre-Seigneur, portant la ressemblance du Sauveur ainsi empreinte dessus, puisque les Saintes Écritures ne font pas mention d'une telle empreinte alors que, si c'était vrai, il est fort improbable que les saints Évangélistes auraient omis de le rapporter, ou que cela soit resté caché jusqu'au moment présent. Enfin, après une enquête diligente et après examen, il décela la fraude et comment ledit linge avait été habilement peint, la vérité étant attestée par l'artiste qui l'a peint ; à savoir, que c'était une œuvre de l'art humain et non pas miraculeusement faite ou conçue. En conséquence, après avoir pris mûrement conseil de sages théologiens et d'hommes de loi, voyant qu'il ne devait et ne pouvait laisser se poursuivre telle affaire, il entama les procédures d'usage contre ledit Doyen et ses complices afin de déraciner cette fausse persuasion. Eux, voyant leur vilenie découverte, cachèrent ledit linge si bien que l'Ordinaire ne put le trouver, et ils le gardèrent caché par la suite pendant trente-quatre ans ou à peu près, jusqu'à l'année présente (1389) (4). »

L'accusation de l'évêque d'Arcis, disant que le Suaire avait été « habilement peint » devrait être prise au sérieux mais il y a de bonnes raisons d'être sceptique. Quand il écrivit cette lettre au pape, il était outré. La famille de Charny et le clergé de Lirey défiaient son autorité dans le diocèse. Pire, leur défi avait réussi. Ils avaient obtenu du pape en personne l'autorisation d'exposer le Suaire, passant outre aux ordres de l'évêque d'Arcis, et ils avaient même réussi à défier le roi de France. Sans doute y avait-il eu des abus, à propos de l'exposition de la relique. Après tout, officiellement le Suaire n'était que la « représentation » du véritable linceul de Jésus ; mais les paysans fidèles le vénéraient comme le Suaire authentique. L'évêque avait de bonnes raisons d'être en colère.

Il y a des faiblesses dans ses accusations. La plus grave est qu'il n'apporte aucune preuve que le Suaire soit peint. Il n'y a aucune trace d'une enquête effectuée par l'évêque Henri de Poitiers sur l'authenticité du Suaire. Arcis lui-même n'en donne aucune preuve dans sa lettre au pape. Il ne précise pas quand cette enquête a eu lieu, qui s'en est chargé, pas plus qu'il ne donne le nom du faussaire qui l'aurait peint. Le successeur d'Arcis à Troyes, l'évêque Louis Raguier, affirma que le Suaire était authentique. De plus Henri de Poitiers, celui qui était censé avoir déterminé qu'il s'agissait d'un faux, semble avoir été un ami de la famille de Charny. La réponse du pape Clément à la lettre d'Arcis permet aussi de douter de l'accusation de faux. On peut imaginer que le pape aurait promptement enquêté, à la suite d'une telle accusation portée par un évêque respecté. Pourtant, il a ordonné le silence à Arcis, sous peine d'excommunication, et il a

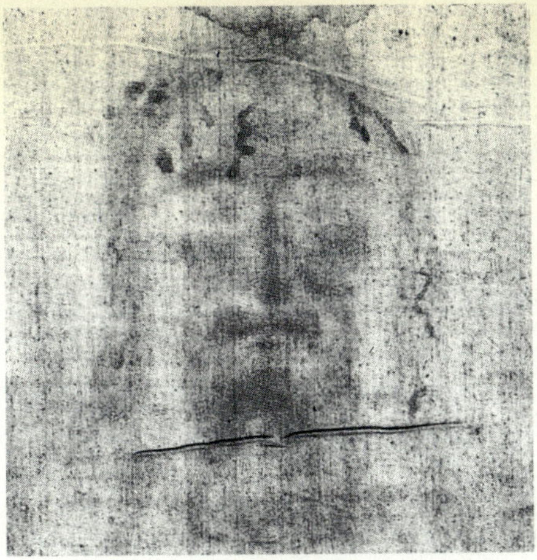
1

2

3

Où était le Suaire avant le milieu du XIVe siècle ? Des indices nous sont fournis par l'art byzantin. Avant le VIe siècle, le visage du Christ était peint de diverses manières, puis les artistes commencèrent à le représenter d'une manière ressemblant à la figure de l'homme du Suaire. Entre le Suaire et la mosaïque du Christ Pantocrator (ci-dessus) de Daphni, en Grèce, il y a de remarquables similitudes : le "V" au sommet du nez, les yeux très accentués, un trait en travers du front, une zone imberbe entre la lèvre inférieure et la barbe, les cheveux comme la barbe partagés au milieu. Ces mêmes caractéristiques sont visibles sur une copie du Mandylion (à gauche) vénéré à Byzance jusqu'à sa disparition au cours du sac de Constantinople en 1204. Certains historiens pensent que le Mandylion et le Suaire ne font qu'un. Le linceul aurait été apporté en Europe par les Templiers. Cette hypothèse serait vérifiée par la découverte en 1951 en Angleterre d'une image du Christ provenant des Templiers (en bas à gauche).

4

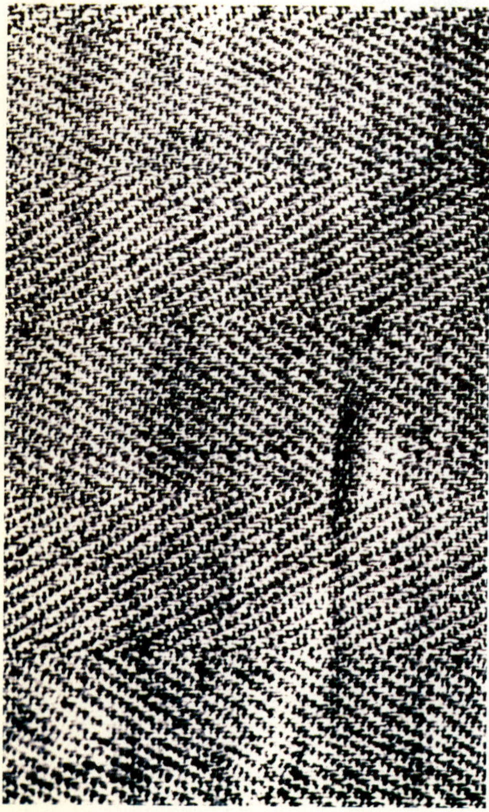
5

Le duc Louis de Savoie, un prince pieux et ambitieux, acquit le Suaire en 1453 à sa propriétaire, la veuve d'un nobliau français. Son actuel possesseur est le descendant du duc Louis, le roi d'Italie en exil Umberto II. Les princes de Savoie apportèrent le Suaire à Turin en 1578 quand ils firent de la ville leur capitale, et en 1694 ils lui donnèrent un abri définitif dans la chapelle royale de Turin (ci-dessus). Pour des raisons de sécurité, le Suaire est rarement exposé, environ une fois par génération.

Des experts du textile disent que le tissage à chevrons (à gauche) est d'une fabrication coûteuse. On découvre ce style dans d'autres tissages du premier siècle mais il n'était pas courant. En 1976, un savant belge a trouvé des traces de coton parmi les fils de lin, indiquant que le Suaire a été tissé sur un métier servant aussi à du coton. Comme le coton ne pousse pas en Europe, le Suaire a probablement été tissé au Moyen Orient.

L'homme du Suaire semble avoir été enseveli avec des pièces de monnaie sur les yeux, coutume juive au Ier siècle. François L. Filas, de l'Université Loyola de Chicago, croit pouvoir dater le Suaire en comparant une pièce antique avec la forme et le détail de ces objets. Cette pièce est un lepton (ci-dessus), frappé par Ponce Pilate en Palestine en 31 ou 32 de notre ère. La photo ci-dessous compare un autre lepton avec un agrandissement de la région de l'œil droit. Cet agrandissement présente le contour flou d'une crosse, des caractères grecs en haut à gauche et l'angle de la tranche de la pièce en haut à droite. Si les objets sur les yeux de l'homme sont des leptons, cela date non seulement le Suaire au Ier siècle mais suggère aussi que le processus qui a formé l'image agissait aussi sur les objets inanimés.

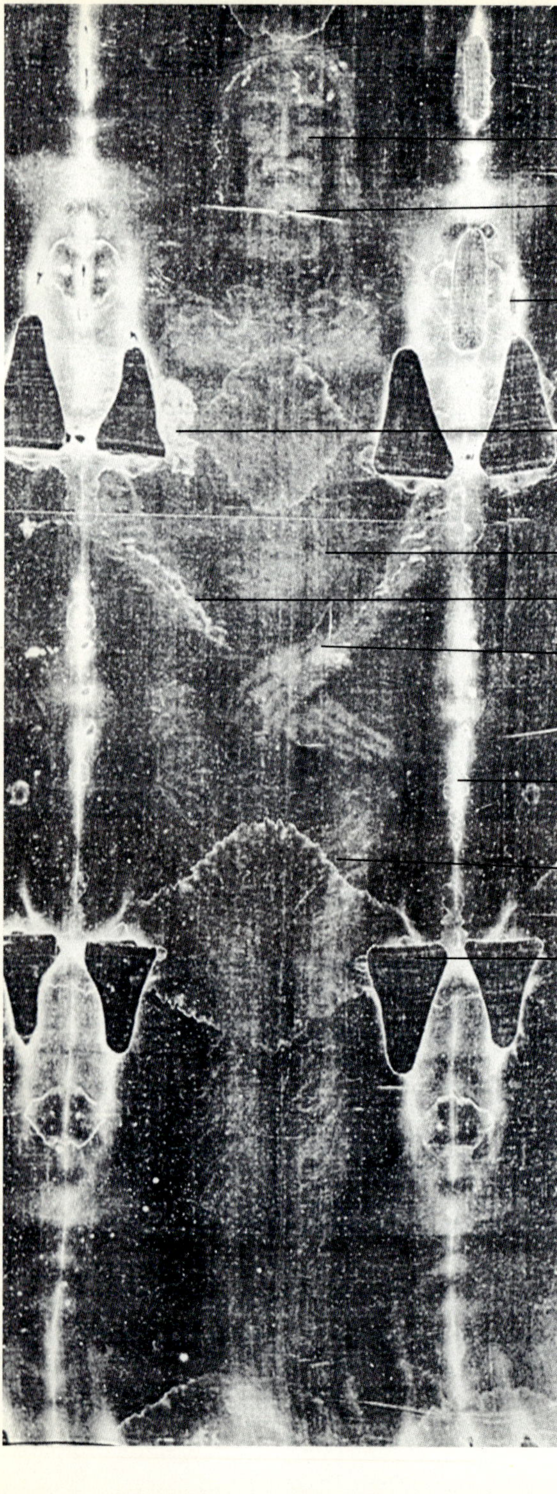
Joue enflée
Pli
Traces de roussis de l'incendie de 1532
Blessure au côté
Abdomen distendu
Coulée de sang sur le bras
Plaie du clou au poignet
Marques de plis de la toile
Tache d'eau
Pièces pour réparer les dégâts du feu

8

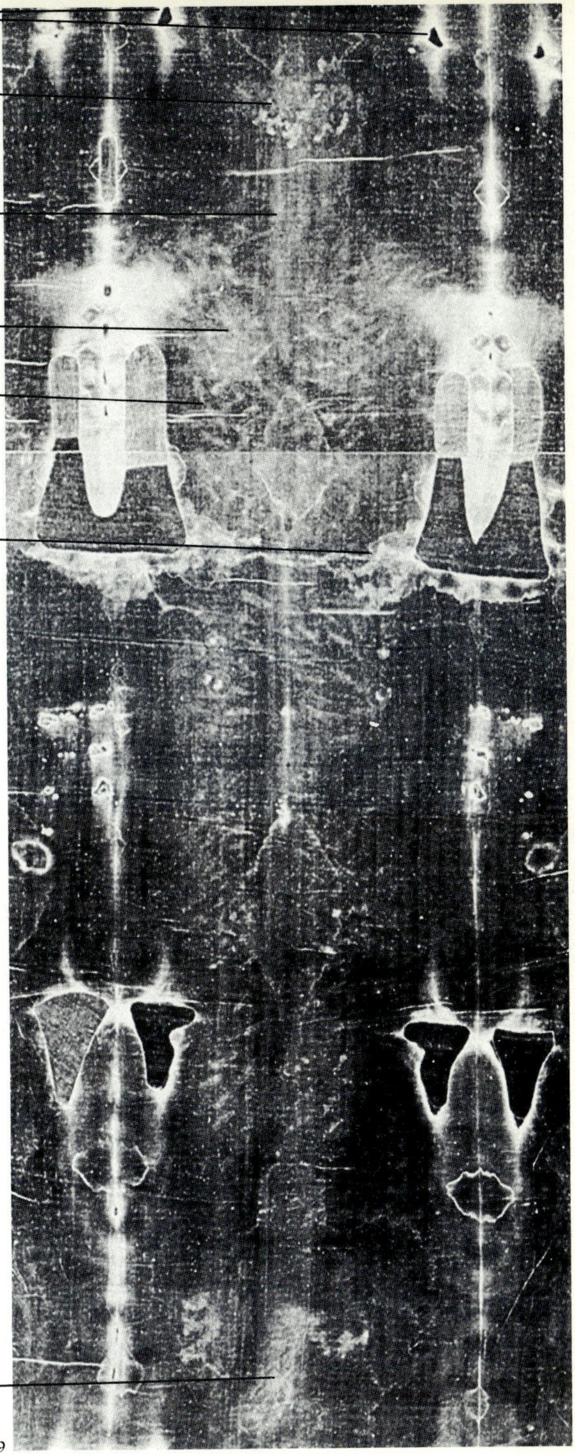

Ces négatifs photographiques rehaussés, pris en 1978, montrent clairement les détails de l'image du Suaire. Les plaies des clous, dans le poignet et les pieds, indiquent que l'homme a été crucifié et la distension de l'abdomen a probablement été causée par l'asphyxie, la cause de la mort lors de la crucifixion. Les piqûres du cuir chevelu, les marques de la flagellation, l'écorchure de l'épaule et la blessure au côté — toutes visibles sur l'image — sont conformes aux châtiments supplémentaires infligés à Jésus de Nazareth. Le Suaire a été endommagé par deux incendies, mais l'image est resté virtuellement intacte. Elle est marquée aussi par les plis et tachée par l'eau ayant servi à éteindre un des incendies.

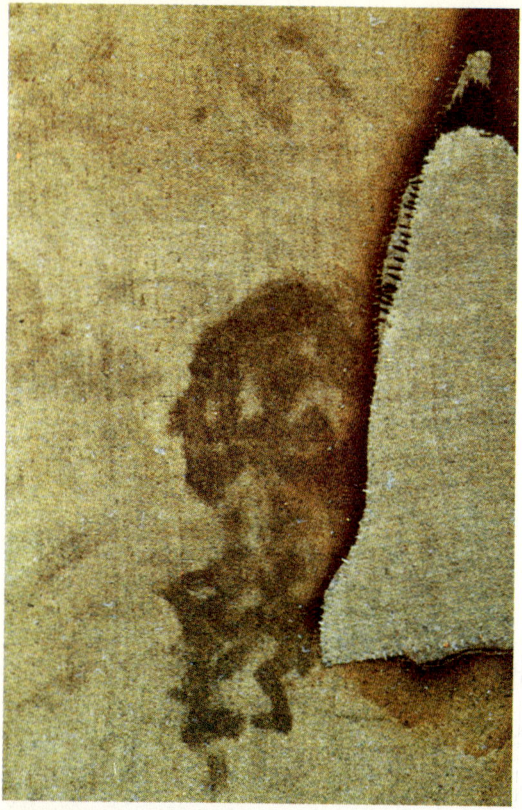

10

Les taches de sang sur le Suaire sont réellement du sang, comme l'a démontré l'étude de 1978. Une photo de la blessure au côté prise à la lumière ultra-violette (à gauche) montre une fine marge fluorescente autour de la plaie. Le sang entier séché n'est pas fluorescent mais le sérum sanguin l'est. La marge fluorescente est probablement du sérum, une substance incolore qui se sépare du sang entier quand il se coagule. D'autres études ont permis de découvrir que les régions ensanglantées contiennent de la porphyrine, un composant du sang. Une photo en couleur de la plaie du poignet (ci-dessous) montre que l'homme du Suaire a été cloué par les poignets. L'absence de pouces sur l'image s'explique par un détail anatomique peu connu : un clou planté dans le poignet à l'endroit indiqué par l'image toucherait ou sectionnerait le nerf médian, rabattant ainsi les pouces fortement contre les mains.

11

12 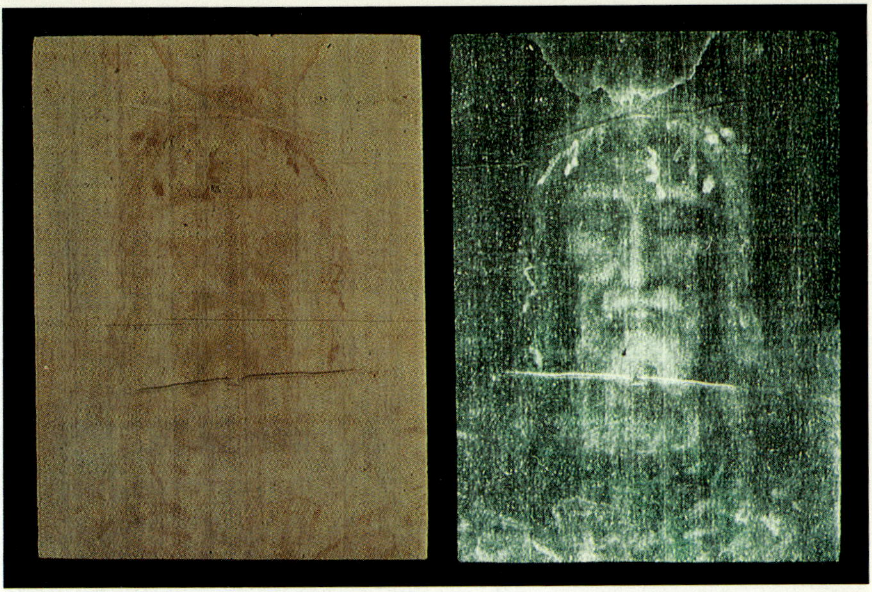

Des traces de coups violents sont visibles sur le visage de l'homme du Suaire. Les arcades sourcilières et les joues sont enflées, le nez a pu être cassé et du sang coule des piqûres du cuir chevelu. Le sang est facilement visible sur la photo en couleur du Suaire tel qu'il se présente (à gauche). D'autres détails sont plus distincts sur le négatif en noir et blanc de la face (à droite).

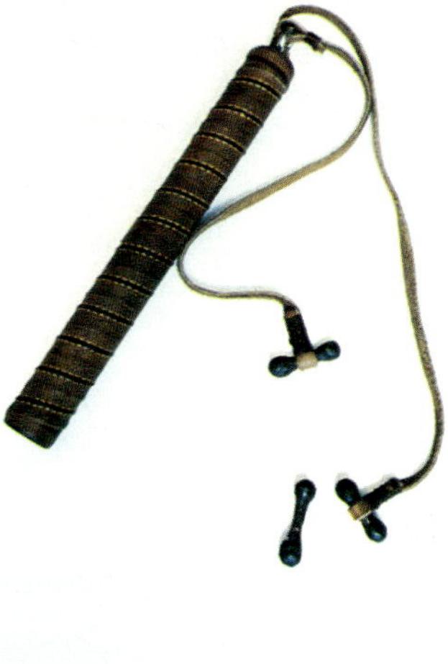

13

Avant la crucifixion, les Romains ont flagellé l'homme du Suaire avec un flagrum dont les morceaux de plomb arrachaient des lambeaux de chair.

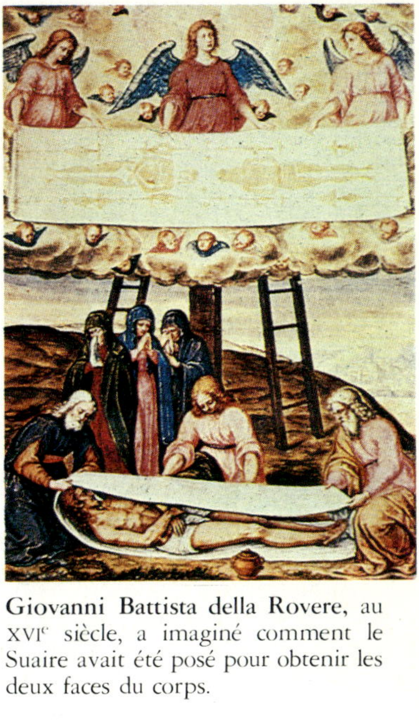

14

Giovanni Battista della Rovere, au XVIe siècle, a imaginé comment le Suaire avait été posé pour obtenir les deux faces du corps.

15

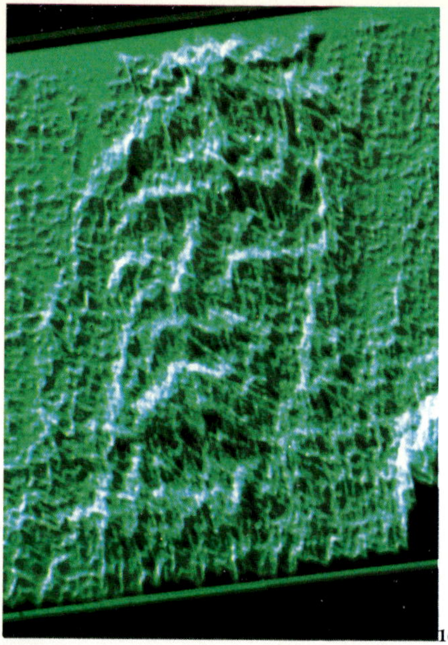

16

17

La technologie de l'ère spatiale a divulgué les secrets du Suaire dans les années 1970. Des savants ont découvert que la densité de l'image varie suivant la distance entre la toile et les parties du corps qu'elle recouvre. Comme ce rapport peut être décrit mathématiquement avec précision, ils ont pu reconstituer une image tri-dimensionnelle de l'homme. L'image du visage (en haut à droite) montre les objets sur les yeux. La barbe est retroussée, indiquant qu'une mentonnière devait être attachée autour de la tête pour maintenir la mâchoire fermée. L'image frontale tri-dimensionnelle (ci-dessus à gauche) montre l'abdomen enflé, signe de l'asphyxie, qui causa la mort.

Les objets sur les yeux ressortent bien sur une photo scientifique (à gauche) produite par un procédé récent appelé l'isodensité. Ce procédé rehausse les détails subtils en faisant ressortir les différences de densité de l'image.

18

Une photo codée par ordinateur révèle des détails invisibles à l'œil ou à la photographie ordinaire. Le procédé de codage, développé pour interpréter des photographies planétaires et stellaires, emploie un microdensiomètre pour convertir les différences d'intensité de l'image en chiffres. Un ordinateur "lit" alors ces chiffres et ré-assemble la photo, en rehaussant les détails intéressants au moyen d'une attribution arbitraire de couleur à chacun. La photo ci-dessus fait ressortir les tâches de sang. Tous les détails en rouge présentent les mêmes aspects spectraux que la blessure au côté.

19

20

Des bleus subtils et des jaunes vifs sur la photo rehaussée par ordinateur (à droite) rendent l'image du corps plus réaliste. Les savants ont utilisé un ordinateur analogique pour éliminer de nombreux détails non corporels. Le jaune indique les zones de plus grande intensité, les parties du corps qui touchaient la toile ou sont restées le plus longtemps en contact. Les nuances de bleu représentent les zones de moindre intensité. Les photomicrographies (en haut) sont parmi les plus importantes prises au cours de l'enquête de 1978. Celle du haut, un gros plan de la région de l'image, montre qu'elle est composée de minuscules fibrilles de toile colorées de jaune, contrastant avec les fils plus blancs du Suaire. La photo du bas représente une partie portant à la fois l'image et des taches de sang. Ces clichés montrent que l'image est superficielle, c'est-à-dire que les fibrilles jaunes se trouvent sur les couches superficielles de la toile. Le sang a suinté entre les fibres alors que nulle part l'image n'a traversé l'étoffe. Les examens microscopiques n'ont décelé aucun pigment sur la toile. Les savants en ont conclu que l'image du Suaire n'est pas une peinture.

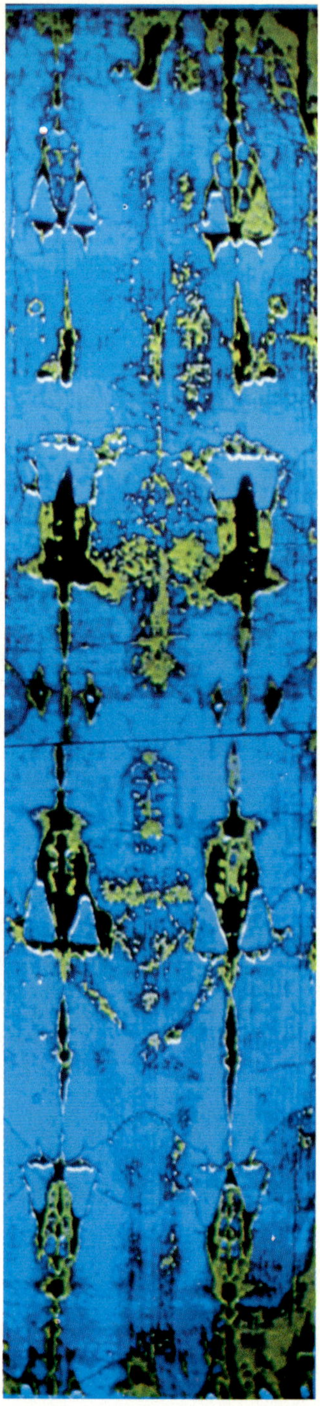

21

22

Les savants sont intrigués par la nature mystérieuse et unique de l'image du Suaire. Sa qualité tri-dimensionnelle très précise a permis de construire une statue de l'homme du Suaire (à gauche). En 1976, des savants du Jet Propulsion Laboratory ont utilisé un ordinateur pour rechercher sur la région du visage des signes qui seraient d'un artiste. L'image qu'ils ont obtenue (en bas à gauche) montre qu'elle est sans direction, c'est-à-dire qu'elle a été produite par le corps qu'elle couvrait et non par un pinceau. Un examen attentif révèle qu'elle n'est altérée ni par la chaleur ni par l'eau. Dans la région du thorax (ci-dessous) les brûlures de l'incendie, les tâches d'eau et l'image sont rapprochées. Pourtant, le feu n'a pas brûlé l'image et l'eau ne l'a pas fait déteindre.

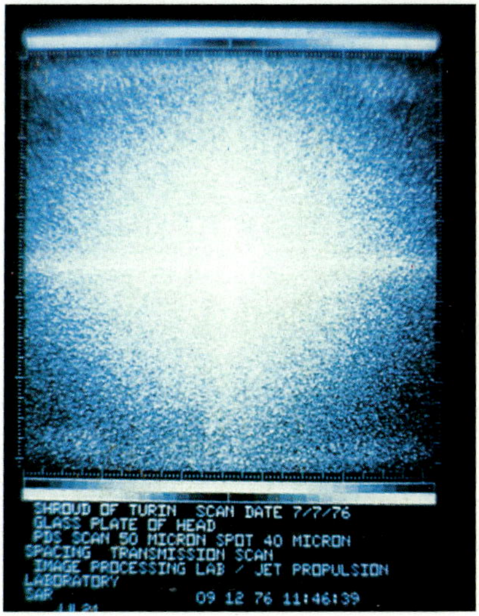

23

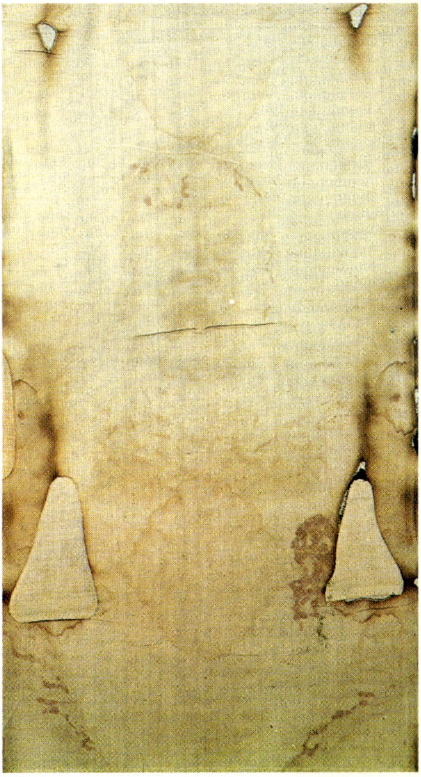

24

25

26

Les photos à l'ultra-violet révèlent des détails sur les taches de sang. Celle des blessures des pieds (ci-dessus à gauche) suggère que deux clous ont pu être plantés dans les pieds de l'homme. La photo montre une plaie dans l'éminence métatarsienne du pied gauche, une autre dans le talon. Les blessures de la tête et du dos (ci-dessus à droite) indiquent que l'homme a été flagellé et que son cuir chevelu a été percé sans doute par une couronne d'épines. Jusqu'à ces derniers temps, on pensait que les écorchures visibles sur les épaules provenaient du frottement d'un objet lourd tel que la poutre transversale d'une croix. Selon une nouvelle hypothèse, elles pourraient avoir été causées par la pression du corps sur la dalle dure de la tombe. Samuel Pellicori (ci-dessous), un savant de l'Institut de recherches de Santa Barbara, examine le Suaire au cours de l'enquête de 1978.

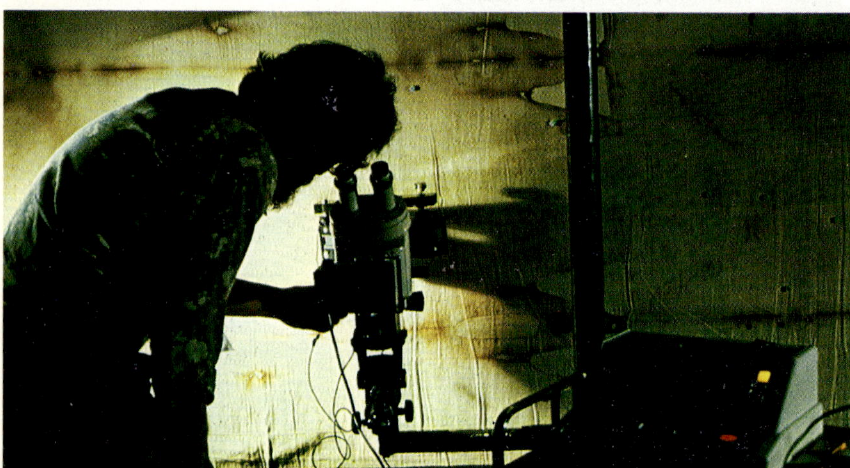

27

28

Un chargement d'instruments scientifiques arrive au palais Renaissance des Savoie, à Turin, quelques jours avant que commencent les examens, le 8 octobre 1978. Les savants ont expédié des États-Unis 72 caisses de matériel.

29

John Jackson, physicien de l'US Air Force et directeur du Projet de Recherches sur le Suaire de Turin, en réunion avec son équipe. Derrière lui a été dressée une table spécialement construite pour maintenir le Suaire sans risques, aux fins d'analyses. Une partie de leurs frais à Turin étaient couverts par des dons privés.

30

John Heller, du New England Institute, et John Janney, du National Scientific Laboratory de Los Alamos, examinent des lamelles contenant des fibres du Suaire, pendant un examen chimique du linceul.

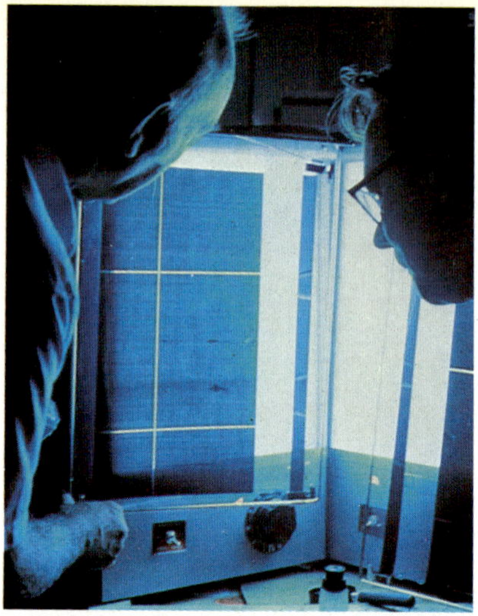

31

Robert W. Mottern, à gauche, et Ronald London étudient une radiographie du Suaire. Les rayons-X auraient détecté la présence de pigments sur la toile mais rien n'a été découvert.

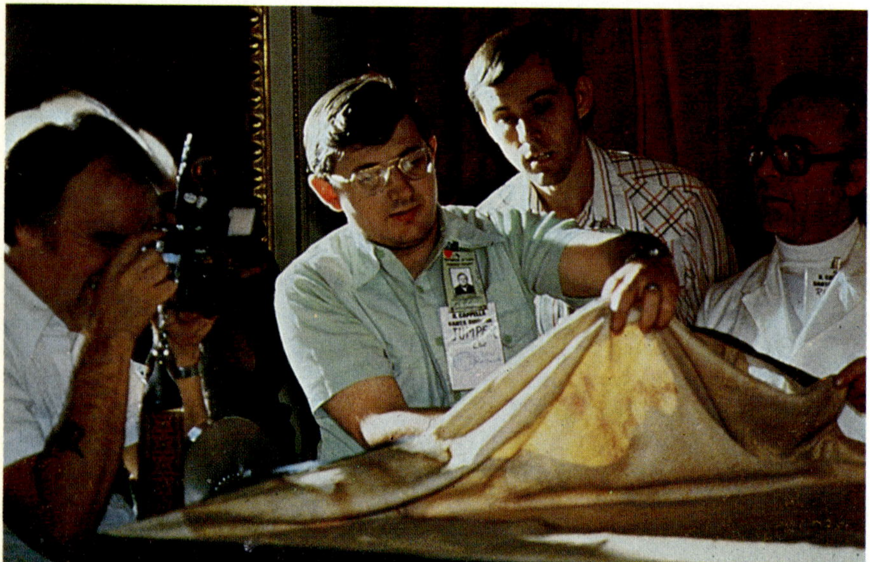

32

L'envers du Suaire est examiné pour la première fois depuis 400 ans. les savants n'ont pu y voir aucune trace de l'image, ce qui confirme qu'elle ne pénètre pas au-delà des fils supérieurs. De droite à gauche : Vernon Miller, Brooks Institute of Photography, Eric Jumper et John Jackson, et Giovanni Riggi de Turin.

33

Au cours des cinq jours d'enquête, les savants ont examiné le Suaire sur tout le spectre électromagnétique, au moyen d'infra-rouges, de lumière visible, d'ultra-violets et de radiations de rayons-X.

34

Robert W. Mottern, des Laboratoires Sandia, mesure la hauteur d'une source de rayons-X. Mottern est un de ceux qui découvrirent les propriétés tri-dimensionnelles de l'image.

35

Vernon Miller, du Brooks Institute of Photography, réunit des données pour une analyse spectographique. Miller et ses assistants ont pris des centaines de photos de la toile.

36

Un portrait de Jésus d'après le visage du Suaire de Turin, peint en 1935 par l'artiste arménien Aggeman.

permis à l'exposition de Lirey de se poursuivre (5).

Dans sa rage, Pierre d'Arcis a pu s'écarter de la vérité littérale. L'accusation de faux était très probablement une fiction, mais que l'évêque croyait vraie, qui aurait pu être vraie. Il l'a répétée au pape. Mais il n'existe aucune preuve d'une enquête de l'évêque Henri de Poitiers, dont parle Arcis.

Ian Wilson propose une explication plus charitable. Pierre d'Arcis, dit-il, pouvait faire allusion à une copie du Suaire de Charny. Beaucoup de faux linceuls circulaient en Europe à l'époque. Les historiens comptent plus de quarante « vrais suaires » au cours du Moyen Âge. Certains existent encore et sont manifestement des copies du Suaire de Lirey. Il est indiscutable que des artistes l'ont copié. Les questions d'authenticité ne venaient pas alors à l'esprit des populations pieuses et simples, comme au nôtre aujourd'hui. Les croyants du XIVe siècle n'allaient guère douter de l'authenticité d'une relique dont l'exposition était sanctionnée par le pape. C'est d'ailleurs le fond des accusations de Pierre d'Arcis. Il déclara au pape que des hommes vénaux et sans scrupules l'avaient abusé pour qu'il accorde sa sanction à l'exposition d'une relique frauduleuse. Il est donc extrêmement significatif que Clément VII n'ait pas enquêté sur l'affaire, mais ait réduit Arcis au silence et permis que l'on continue à exposer le Suaire.

À première vue, le Mémorandum d'Arcis paraît impressionnant. Sous le poids des faits, il commence à s'effondrer. La réfutation décisive de ses accusations est apportée par la science moderne. Si le Suaire a été peint, le travail du faussaire ne peut même pas être détecté par des sceptiques employant la technologie analytique la plus sophistiquée du XXe siècle !

Les données scientifique

En envisageant la possibilité d'une contrefaçon, dans l'acception classique du mot, la science peut enquêter dans plusieurs domaines. Tout d'abord y a-t-il des traces de pigments, teintures, poudres, acides et autres colorants naturels ou artificiels, sur la toile ? Ensuite, y a-t-il une preuve d'un mélange employé pour appliquer lesdits pigments ? Troisièmement, y a-t-il des signes de la main d'un artiste, tels que des traces de pinceau, d'impression ou de doigts ? Enfin, peut-on faire une reproduction présentant *toutes* les caractéristiques du Suaire tout en respectant les facultés technologiques d'un faussaire vivant entre le Ier et le XIVe siècle ?

Nous avons déjà évoqué les découvertes scientifiques de 1978. Revoyons maintenant les conclusions de l'équipe du Projet sur le faux.

La réponse aux deux premières questions — présence de pigment et de mélange — est négative. Des analyses méticuleuses n'ont permis de découvrir aucune trace de pigment, poudre, teinture, acides ou tout autre colorant connu, ni de substance à laquelle ils auraient été mélangés. L'image se compose de fibrilles de toile jaunies. Aucun colorant connu au XIVe siècle ou de nos jours ne peut expliquer les fibrilles. La quantité de jaune n'augmente pas sur les parties plus foncées de l'image, comme ce serait le cas si elle était peinte. C'est la *densité* de l'image qui augmente : il y a simplement plus de fibrilles jaunes dans les parties plus foncées. Cette caractéristique explique pourquoi l'image est si floue et indistincte, surtout vue de près.

Les savants ont envisagé — et rejeté — d'autres hypothèses de peinture. Si un pigment avait été appliqué sur la toile et s'était effrité par la suite, son résidu serait détectable. Aucun résidu n'a été trouvé, pas plus que la trace d'une substance de mélange. Il est d'ailleurs difficile de concevoir comment une huile quelconque aurait pu servir. L'image ne se trouve qu'à la surface des fibres (à une profondeur calculée en microns) et ne les sature absolument pas. Cela élimine tout pigment dans une substance liquide ; un liquide aurait pénétré et coulé le long des fibres, donc sa présence serait détectée.

Walter McCrone, un chercheur qui n'a pas examiné le Suaire en 1978 mais qui a obtenu des échantillons de toile, sur « papier collant », d'un des membres de l'équipe du Projet, a détecté la présence d'oxyde de fer. Il suppose qu'un artiste aurait pu en appliquer une très petite quantité sur l'étoffe pour retoucher une image déjà existante ou peut-être pour la dessiner. L'équipe de recherches juge cela impossible. Elle fait observer que la quantité d'oxyde de fer sur le Suaire est infime. L'examen de 1978 n'a permis de découvrir aucune concentration de fer assez importante pour former l'image. De plus, l'oxyde de fer n'est pas de la bonne couleur ; les fibrilles de l'image sont jaunes alors que l'oxyde de fer est rouge.

L'explication la plus vraisemblable de sa présence est qu'il se trouvait à l'origine dans les régions rougeâtres des « traces de sang », et se serait communiqué à d'autres parties de la toile quand elle a été pliée et dépliée au cours des siècles. Les petites accumulations d'oxyde de fer sur certains fils ont pu être provoquées par le lavage et le brossage rituel du Suaire quand il était retiré de son reliquaire. Même alors, ces fils contenant une plus grande concentration de fer ne sont pas caractéristiques de ceux de l'image.

Les savants ont étudié spécifiquement la thèse de McCrone avec des moyens microchimiques très sophistiqués et ils ont découvert que l'oxyde de fer ne peut pas expliquer l'image. De plus, cet oxyde submicron n'est disponible que depuis deux cents ans et ne pouvait pas être utilisé pour l'image du Suaire. Il n'est donc pas surprenant que la recherche de McCrone n'ait pas été confirmée.

Une analyse par ordinateur, au Jet Propulsion Laboratory de Pasadena, en Californie, s'oppose aussi aux thèses de la peinture. Elle n'a pu détecter aucune direction dans les régions de l'image, autre que les lignes de la trame et de la chaîne, ce qui signifie qu'il n'a pas de traces de coups de pinceau, de doigts ou de tout autre moyen artificiel d'application. Même quand l'ordinateur a supprimé de la photographie les lignes verticales et horizontales du tissage, l'image est restée intacte. Bref, rien ne vient étayer la thèse d'un faussaire, de ses méthodes, mélanges ou pigments.

L'histoire même du Suaire récuse toute peinture. L'incendie de 1532 aurait décoloré une peinture en brûlant le pigment par endroits. L'eau jetée pour éteindre le feu aurait fait « couler » l'image. Rien de tel ne s'est produit.

Cependant, les faits qui réfutent le mieux les hypothèses de la fraude (y compris celle de McCrone) sont la nature tridimensionnelle et superficielle de l'image, ainsi que l'absence de tout plateau ou point de saturation. L'analyse scientifique a apporté la preuve que l'image du Suaire n'est une peinture d'aucune sorte.

Tentatives modernes de contrefaçon

Il reste donc aux sceptiques de démontrer comment le Suaire a pu être fabriqué. Le plus célèbre de ceux qui prétendent pouvoir reproduire le Suaire est un prestidigitateur et détective amateur nommé Joe Nickell. Il s'est fait pas mal de publicité avec son hypothèse de la contrefaçon (6). Mais est-ce que l'hypothèse concorde avec la réalité ?

Nickell dit que l'image du Suaire a été formée par une composition de myrrhe et d'aloès en poudre brossée sur une toile étendue sur un bas-relief. Comme preuve, il soumet des photographies d'un frottage obtenu d'un bas-relief de Bing Crosby, montrant une image négative et positive mais extrêmement déformée.

La commission italienne de 1973 a rapporté la présence de « granules et globules » de substance sur le Suaire mais les Italiens n'ont pas identifié cette substance. Nickell prétend que c'est de la myrrhe et de l'aloès, comme le veut son hypothèse. Mais les Italiens l'ont nié et, de plus, ils ont rapporté qu'ils *n'avaient rien à voir avec l'image en elle-même* et n'étaient que des particules de matière. Comme la technique de Nickell exige l'accumulation de particules *dans la région de l'image,* et puisque l'examen microscopique n'en découvre aucune preuve, son hypothèse paraît impossible.

Elle s'effondre aussi sur le plan esthétique. Ses reproductions ne possèdent ni la clarté ni la définition de l'image de Turin. L'article de Nickell dans *Popular Photography* où il propose son hypothèse contient aussi une longue attaque contre les précédentes recherches et les travaux du Projet, qui fourmille d'erreurs. Il cite faussement ou hors de contexte des extraits des *Minutes de 1977,* pas moins de huit fois, se contredit et rapporte faussement qu'il n'y a aucune trace de sang (voir appendice A). Il prétend à tort que les savants et leurs prédécesseurs n'ont pas eu accès au Suaire et c'est pourquoi, prétend-il, ils n'ont trouvé aucun pigment sur la toile.

L'hypothèse Nickell s'effondre pour une autre raison. Le feu et l'eau de 1532 auraient modifié une image formée par des substances organiques. Les microphotographies révèlent qu'il est impossible qu'une image comme celle de Nickell soit superficielle. Son mélange de « myrrhe et d'aloès » apparaîtrait comme le ferait n'importe quel corps composé donc l'image ne serait pas superficielle. L'application de poudres aurait aussi une direction, mais l'image du Suaire n'est pas directionnelle. Et puis son hypothèse souffre d'autres problèmes difficiles quand on la compare aux faits historiques. Quel sculpteur aurait créé le magistral bas-relief nécessaire pour fabriquer le Suaire selon sa méthode ? Il n'existe pas de sculpture connue d'un tel réalisme anatomique, dans la France du XIVe siècle. De plus, la technique qu'il préconise n'a jamais été employée avant le XIXe siècle.

Les résultats des examens de son image par l'analyseur VP-8 démolissent plus encore sa thèse : elle n'est pas tridimensionnelle. Il n'a donc pas réussi à reproduire cet aspect crucial du Suaire.

L'essai de copie du Suaire par Nickell n'est qu'une des nombreuses tentatives manquées. Des peintres l'ont copié au Moyen Âge mais aucun de ces Suaires peints n'a jamais approché, même de loin, la qualité de l'original. Tous étaient reconnus pour des copies à l'époque.

Cela pose une question intéressante qui étaye plus encore la thèse contre le faux. Les reliques jouaient un rôle important dans la spiritualité populaire du Moyen Âge. Les pèlerins qui se pressaient pour les vénérer se souciaient moins que nous d'authenticité. Cette situation permettait la fabrication de faux évidents, encore que le mot employé dans ce temps-là soit « copies », et cette activité artistique n'était pas nécessairement frauduleuse. Un artiste assez bon pour créer une image aussi impressionnante que celle du Suaire en aurait sûrement fait de nombreuses copies. À ce niveau de qualité, ces copies auraient valu une rançon de roi. Où est la statue ou le bas-relief que l'artiste a utilisé ? Cette sculpture aurait fait l'orgueil d'une cathédrale et serait devenue légendaire. Et, au risque de nous répéter, cet artiste qui aurait fabriqué le faux n'aurait pu être apprécié que plusieurs siècles après sa mort, lors de l'invention de la photographie et des techniques analytiques modernes et pas avant.

La réalité fondamentale demeure : pas plus Nickell qu'un autre artiste ou faussaire n'a jamais pu créer une image présentant toutes les caractéristiques de celle de l'homme du Suaire. Aucune n'est tridimensionnelle, superficielle et sans direction.

Les photographes affirment qu'il est impossible de falsifier photographiquement une image aussi délicate. L'un d'eux, cité par Wilcox, a écrit : « J'ai participé à l'invention de nombreux processus compliqués, et je puis vous dire que personne n'a pu fabriquer cette image. Personne ne pourrait le faire aujourd'hui, avec toute la technologie dont nous disposons. C'est un négatif parfait. Il a une qualité photographique extrêmement précise (7). » Il y a quelques années, un artiste et photographe sceptique de Grande-Bretagne chercha à fabriquer une image du Suaire en employant les techniques photographiques les plus modernes. Il était convaincu, au départ, que le linceul de Turin était une mystification. Finalement, bien que ses résultats soient assez bons pour être utilisés dans un film, « The Silent Witness », son image est tout à fait inférieure à l'original. Il en conclut qu'il était virtuellement impossible qu'un être humain ait pu fabriquer l'image du Suaire. En fait, le Suaire n'a jamais pu être reproduit avec succès, même avec le secours de la technologie moderne, en dépit de bien des vaillantes tentatives.

Pour nous résumer, il est virtuellement impossible que l'image du Suaire soit un faux. Le seul témoignage en faveur de la fraude est le Mémorandum d'Arcis, mais cette lettre n'est qu'une accusation ; elle ne contient aucune preuve, et elle pourrait même faire allusion à une copie du Suaire de Turin. Les exigences techniques d'un tel faux dépassent de loin les capacités d'un artiste médiéval et les tentatives modernes de reproduction ont toutes échoué (voir appendice A).

Nous restons donc avec trois conclusions possibles sur l'origine de l'image de l'homme enseveli dans le Suaire de Turin :

1. C'est un phénomène unique du génie humain. Quelqu'un a fabriqué l'image au XIVe siècle. La science du XXe est incapable de découvrir comment il a fait. Il a travaillé d'une manière inconnue, avec des substances inconnues, sans aucune possibilité de vérifier son œuvre ou d'en connaître les résultats.

2. C'est un phénomène unique de la nature. Un processus chimique inconnu mais naturel a formé l'image de la victime d'une crucifixion dans un tombeau. Le mode d'application de la substance à la toile est inconnu aussi.

3. L'image est l'empreinte d'un homme connu — Jésus de Nazareth — à un moment connu de l'histoire. L'image peut être une brûlure légère. On ne sait pas aujourd'hui comment elle s'est produite et on ne le saura peut-être jamais, parce qu'elle suppose un acte de Dieu, en dehors des lois de la nature.

Nous pouvons écarter la première conclusion. Nous sommes certains que la science moderne est capable de détecter l'œuvre d'un faussaire. Le rapport du Projet de Recherches sur le Suaire de Turin n'a pas sérieusement envisagé la possibilité que la troisième conclusion soit la plus vraisemblable. Néanmoins, elle semble bien être la plus logique, et il n'est pas très scientifique de refuser de l'envisager, sous prétexte que le « mécanisme » d'une brûlure n'est pas « techniquement croyable ».

Cependant, même la deuxième conclusion — celle que préfèrent la plupart des savants — indique inévitablement que le Suaire est fort probablement authentique. C'est la question que nous allons aborder maintenant.

8.

L'authenticité du Suaire

Nous sommes maintenant en mesure d'essayer de rendre un verdict sur le Suaire. On dit que c'est le linceul de Jésus-Christ. Les preuves sont-elles assez persuasives ? Le Suaire est-il authentique ? Est-ce réellement le linceul de Jésus ? L'image de l'homme enseveli dans le Suaire est-elle celle du Christ ? Nous allons répondre à ces questions dans ce chapitre et le suivant.

Les données scientifiques et historiques présentées jusqu'ici dans cet ouvrage n'ont pas apporté la preuve concluante que l'homme du Suaire de Turin est Jésus ; mais notre étude de ces données atteste que le Suaire est au moins authentique, et non un faux.

L'art humain n'a pas créé cette image. Les savants sont convaincus que le linceul a jadis contenu un mort, qui a laissé son image, vraisemblablement par une sorte de procédé de brûlure. Les taches de sang sur le linge semblent être réellement du sang. Si l'histoire du linceul est incomplète et s'il n'a pas été scientifiquement daté et situé à l'époque de Jésus, des renseignements historiques tels que le type d'étoffe, les pièces sur les yeux et le pollen indiquent une origine probable du Ier siècle.

Cependant ces preuves scientifiques et historiques, toutes fascinantes et suggestives qu'elles soient, ne peuvent nous apprendre tout ce que nous voulons savoir sur le Suaire de Turin. Elles ne peuvent pas nous dire, par exemple, si l'homme du Suaire était Jésus-Christ. La conclusion la plus positive du Projet de Recherches est que le Suaire n'est pas une peinture ni un faux. L'image semble être une sorte de roussi mais les savants ne peuvent expliquer comment un cadavre a roussi un linceul, laissant une image détaillée aux propriétés optiques exceptionnelles. C'est pourquoi certains savants répugnent à en tirer des conclusions définitives. Ils veulent une solution totale du problème ; or une explication exhaustive *totalement scientifique* du Suaire et de son image n'existe pas.

Les limites de la science en cette affaire sont encore plus profondes. Même si les savants datent le Suaire avec précision et en découvrent davantage sur le procédé qui a produit l'image, jamais ils ne pourront définitivement et catégoriquement identifier le Suaire de Turin avec le linceul de Jésus-Christ. Les données scientifiques nécessaires sur Jésus n'existent pas, indépendamment du Suaire ; on ne possède pas la photo du Christ, son groupe sanguin, ses empreintes digitales et ainsi de suite. À défaut, la science ne pourra jamais logiquement forclore la possibilité qu'un autre homme à part Jésus a souffert comme lui et que son corps a laissé un mystérieux souvenir de ses souffrances sur son linceul.

Heureusement, il est quand même possible de rendre un verdict. La science physique n'est pas la seule source d'information. Il y a l'histoire et l'archéologie. Les Évangiles, d'anciens documents d'une véracité historique prouvée, parlent des souffrances, de la mort et de la mise au tombeau de Jésus de Nazareth. Les données archéologiques nous permettent aussi de vérifier la véracité historique des Écritures, des pratiques de crucifixion, des coutumes de sépulture et d'autres aspects du Suaire. Nous pouvons alors comparer le témoignage des Évangiles avec l'image du Suaire.

Nous tirerons nos conclusions en deux fois. La première question est de savoir si le Suaire est authentique. Est-il ce qu'il semble être : un ancien linceul portant l'image d'un homme mort de mort violente ? Nous traiterons dans ce chapitre de l'authenticité. La deuxième question est de savoir si l'homme était Jésus-Christ. Nous traiterons l'identité de l'homme du Suaire au chapitre suivant.

Archéologie et Écritures

L'homme du Suaire ne peut être identifié avec Jésus que grâce aux récits bibliques de la crucifixion, de la mort et de la mise au tombeau du Christ. Avant de comparer l'image du Suaire avec les Évangiles, nous avons besoin de nous demander si nous pouvons, historiquement, nous fier à eux. Les travaux des archéologues et autres érudits le suggèrent fortement.

Depuis longtemps, les archéologues affirment que l'enquête archéologique confirme l'historicité des Écritures. Nelson Glueck, un archéologue renommé qui a longtemps travaillé au Moyen-Orient, nous dit :

« On peut déclarer catégoriquement qu'aucune découverte archéologique n'a jamais contredit une référence biblique. Des dizaines de fouilles ont confirmé clairement ou par l'exactitude du détail des déclarations historiques de la Bible (1). »

Bien sûr, des questions sont posées par ces découvertes, mais Millar Burrows fait observer :

« Dans l'ensemble, cependant, les travaux archéologiques ont indiscutablement renforcé la confiance dans la véracité des Écritures. Plus d'un archéologue s'est aperçu que son respect de la Bible augmentait grâce à l'expérience des fouilles de Palestine (2). »

D'autres archéologues disent que leurs découvertes ont spécifiquement confirmé l'exactitude historique des textes bibliques. William F. Albright explique : « Il ne peut y avoir aucun doute que l'archéologie a confirmé l'historicité substantielle de la tradition de l'Ancien Testament (3). » Sir Frederick Kenyon est d'accord, en notant que cette science a servi à établir plus encore l'autorité de l'Ancien Testament, réfutant ainsi les prétentions des détracteurs de la Bible qui ont tenté de nier sa véracité (4).

Kenyon, un ancien directeur du British Museum, fait observer que la recherche archéologique moderne a renforcé la crédibilité des Écritures en éclaircissant des contradictions apparentes entre des récits bibliques et l'histoire ancienne. Un de ses exemples concerne l'histoire du roi de Babylone Balthazar. Daniel (5) dit que les Mèdes et les Perses tuèrent Balthazar quand ils s'emparèrent de l'empire babylonien. L'histoire ancienne profane ssemble contredire la Bible. D'autres documents disent que Nabonide était le dernier roi de Babylone et qu'il n'a pas été tué à la chute de l'empire. Comme on ne savait rien de Balthazar, en dehors de la mention biblique, avant le siècle dernier, c'était un exemple souvent cité de l'incertitude historique supposée des Écritures.

Mais l'archéologie a justifié la Bible. À la fin du XIXe siècle l'assyriologue Théophile Pinches a étudié un grand nombre de tablettes d'argile provenant de l'ancienne Babylone et découvertes au cours du siècle. Elles racontaient une histoire insolite. Non seulement ces tablettes mentionnaient Balthazar mais l'associaient à Nabonide et l'appelaient le fils du roi. Une tablette révélait que les serments étaient prêtés à la fois au nom de Nabonide et de Balthazar. La coutume babylonienne de l'époque était de prêter serment au nom du roi régnant. De plus amples recherches effectuées par l'assyriologue de Yale Raymond Dougherty ont révélé que Nabonide et Balthazar régnaient comme « co-rois ». À la fin de son règne, Nabonide passait une grande partie de son temps en Arabie, loin de Babylone ; il avait confié son trône de Babylone à son fils Balthazar. Les Mèdes et les Perses s'emparèrent du royaume, firent une pension à Nabonide et tuèrent Balthazar (5).

Les archéologues ont découvert que la Bible était si précise qu'ils s'en servent pour guider leurs travaux. L'exemple le plus connu est la découverte par Nelson Glueck de la ville portuaire de Salomon, Eziongeber. Glueck a fait des fouilles sur le site mentionné dans I Rois 9 : 26 et 10 : 22 et a découvert la ville, précisément là où l'indique le texte (6). Quand le site de l'antique Ninive a été creusé en 1849-1850 par Austen H. Layard, il s'est aperçu que la description biblique des splendeurs de la cité était historiquement exacte (7).

La recherche archéologique et historique a également confirmé l'historicité du Nouveau Testament. F.F. Bruce, l'éminent exégète britannique, donne une liste de beaucoup de ces confirmations indépendantes, dans son ouvrage *The New Testament Documents : Are They Reliable ?* (8). En voici quelques-uns. La fontaine de Bethesda, décrite dans l'évangile selon saint Jean, a été localisée dans le coin nord-est de la vieille ville de Jérusalem. Les fouilles ont permis de découvrir une piscine exactement semblable à la description de Jean. À la fin de son épître aux Romains, saint Paul ajoute le salut d'Éraste, le trésorier de la ville de Corinthe. En 1929, des archéologues ont trouvé dans les ruines de Corinthe une dalle portant le nom d'Éraste, trésorier de la ville. Saint Luc, l'auteur des Actes des Apôtres ainsi que de son évangile, écrivait consciencieusement, en historien. Des historiens modernes ont constaté qu'il était extraordinairement précis, jusque dans des détails relativement peu importants comme les titres exacts des diverses autorités civiles de Palestine et d'autres régions du Moyen-Orient évangélisées par Paul. Après avoir passé en revue de nombreux exemples de l'exactitude historique de Luc, Bruce conclut :

« Toutes ces preuves d'exactitude ne sont pas accidentelles. Un homme dont la véracité peut être démontrée pour des questions que nous pouvons vérifier est vraisemblablement précis même quand nous n'avons aucun moyen de confirmer ses écrits. L'exactitude est une tournure de l'esprit et nous savons par expérience, heureuse ou malheureuse, que certaines personnes ont l'habitude de dire vrai alors qu'on peut généralement douter de ce que d'autres disent. Luc peut être considéré comme un auteur habituellement véridique (9). »

Ce sont quelques exemples de l'exactitude du N.T. Comme Bruce le souligne, les manuscrits du N.T. que nous possédons sont bien plus proches de la date de l'œuvre originale que ceux de toute autre œuvre classique ancienne. Il y a également beaucoup plus de copies du N.T. que de toute autre œuvre ancienne. Ainsi l'exactitude des copies du N.T. est probablement plus grande. De plus, tandis que bien des clasiques comme les histoires de Tite Live et de Tacite sont maintenant perdues pour de larges portions, le N.T. est complet. A titre de source historique, le N.T. est exact, comme on le reconnaît (10).

Il est important de noter que l'archéologie confirme la véracité des déclarations historiques des Écritures. Elle est également confirmée par des manuscrits et des enquêtes historiques. Quand les

Évangiles racontent que Jésus a été crucifié et mis au tombeau d'une certaine façon, il n'y a aucune raison de douter de l'exactitude de ces détails, sous un prétexte purement historique, d'autant que l'archéologie et les sources de l'histoire ancienne confirment les récits évangéliques dans ces domaines, comme nous allons le démontrer.

L'archéologie et la crucifixion

L'archéologie a un rapport plus direct avec notre enquête sur l'authenticité du Suaire. Une importante découverte révèle bien des choses sur la nature de la crucifixion au Ier siècle. En juin 1968 un quartier de Jérusalem fut creusé en vue de la construction de nouveaux immeubles locatifs. Les ouvriers découvrirent un ancien cimetière juif, à environ quinze cents mètres de la Vieille Porte de Damas. L'archéologue Vassilius Tzaferis examina le site et trouva quinze ossuaires, des sarcophages de pierre servant à réinhumer les squelettes une fois les chairs putréfiées (10). Ils contenaient les restes de quelque 35 Juifs, morts au cours de la révolte contre Rome en l'an 70. Certains de ces Juifs étaient morts de mort violente : un enfant avait été tué par une flèche et deux personnes brûlées vives. Trois autres enfants étaient morts d'inanition et une vieille femme avait été battue à mort.

Un des squelettes était celui d'un homme crucifié. Son nom, écrit en araméen sur l'ossuaire, était Yohanan Ben Ha'galgol. Yohanan mesurait environ 1,70 m, était âgé de 24 à 28 ans et avait le palais fendu par un bec-de-lièvre. Un clou de 17 cm, encore intact, avait été planté à travers ses talons. Cela indiquait que ses pieds et ses jambes avaient été tordus de côté pour le clouer à la croix. Le clou avait transpercé d'abord une plaque ou cale en bois d'acacia, puis les talons et enfin le montant vertical de la croix. Des éclats de bois sur le clou révélèrent qu'elle était en bois d'olivier. L'extrémité du clou était tordue, soit volontairement soit à cause d'un nœud dans le bois.

Un pathologiste israélien, le Dr Nihu Haas, de l'université hébraïque de Jérusalem, examina le squelette de Yohanan (11). Il découvrit que les clous avaient été plantés juste au-dessus du poignet, entre le radius et l'ulna. À cet endroit, l'os du radius était non seulement éraflé mais usé, probablement par un frottement constant, alors que Yohanan se hissait continuellement pour respirer et retombait.

Le pathologiste remarqua aussi que les os des jambes étaient fracturés, plus précisément les deux tibias et les péronés. Ils semblent avoir été brisés par un seul coup violent : le *crurifragium* cité dans *Jean* 19, 31-32, administré aux deux larrons flanquant Jésus, pour hâter leur mort. Les jambes de Yohanan avaient apparemment été sciées plus tard, pour les détacher de la croix.

Le squelette de Yohanan est un autre exemple remarquable de la confirmation des Écritures par l'archéologie. Il permet de vérifier les détails de la crucifixion donnés dans les Évangiles. Les victimes étaient clouées à la croix par les pieds ou les talons et par les poignets. Les bourreaux brisaient les chevilles de ceux qui ne mouraient pas assez vite, comme ce fut le cas pour les deux larrons. L'historien romain Tacite donne aussi les mêmes détails sur la crucifixion, apportant une nouvelle confirmation (13). Ces exemples expliquent pourquoi nous pouvons nous fier aux récits évangéliques de la crucifixion et de l'ensevelissement de Jésus.

L'archéologie et le Suaire

Dans la première partie, nous avons posé diverses questions concernant l'authenticité du Suaire et y avons répondu. L'enquête scientifique, surtout depuis octobre 1978, a vérifié la nature authentique de cet objet. On peut prouver (voir chapitres 5 à 7) que l'image du Suaire n'est pas formée par de la peinture, de la teinture, des poudres ou autres substances appliquées sur la toile, pas plus qu'elle n'a été causée par contact direct avec une substance étrangère. Par conséquent, ce n'est pas le travail d'un faussaire. On a découvert aussi que, même si un processus naturel entrait en jeu, la diffusion de vapeurs n'était pas responsable non plus de la formation de l'image.

On peut donc en conclure que le Suaire est un authentique vestige archéologique. Il reste à déterminer s'il a enveloppé le corps de Jésus et s'il a un rapport avec sa mort et sa résurrection. Cependant, les savants qui l'ont examiné, même les sceptiques et les athées, sont tous d'accord pour conclure que c'est une authentique découverte archéologique. Une telle conclusion est plus que probable et elle est étayée par le poids de faits avérés.

Nous devons maintenant examiner le Suaire à la manière d'un archéologue. Est-ce que les données anthropologiques et archéologiques identifient l'homme du Suaire et aident à déterminer si le linceul est réellement authentique ?

Les experts assurent que les traits du visage permettent de reconnaître l'homme comme un Blanc. Carlton Coon, un éminent ethnologue, dit qu'il a le type juif ou arabe (14). La barbe et les cheveux longs avec la raie au milieu indiquent qu'il était juif. De plus, sur la nuque les cheveux sont coupés en forme de natte, une coiffure très courante chez les Juifs du Iᵉʳ siècle (15). On est donc à peu près certain que ce crucifié était un juif.

Ses bourreaux étaient probablement romains. Une étude approfondie des blessures infligées par la flagellation révèle que l'instrument employé avait plusieurs mèches, chacune terminée par un morceau de métal ou d'os en forme d'haltère. Chaque coup provoquerait donc plusieurs lacérations de la peau. Cet instrument, appelé *flagrum,* était utilisé par les Romains dans les premiers siècles de notre ère. Ce fouet redoutable portait au bout des lanières des morceaux de métal ou d'os pour arracher des lambeaux de chair de la victime. Il servait au martyre des chrétiens, dans tout l'empire romain. Le *flagrum* est représenté sur d'anciennes pièces de monnaie romaines et on en a même trouvé un spécimen dans les ruines d'Herculanum. Comme le *flagrum* était employé par les Romains mais pas par d'autres peuples de l'Antiquité, c'est une preuve archéologique que l'homme du Suaire a été flagellé par des Romains (16).

La violence et la durée de cette flagellation indiquent, de plus, que l'homme n'était pas un citoyen de Rome. Les citoyens romains n'étaient pas aussi sévèrement battus et jamais avec un *flagrum.*

Il y a encore d'autres indications que l'homme du Suaire a été exécuté par des Romains. Ils avaient souvent recours à la crucifixion, comme peine capitale (17). Le squelette de Yohanan identifie donc plus encore l'homme du Suaire avec une victime d'une crucifixion romaine. L'homme et Yohanan ont été tous deux cloués par les poignets. Tous deux ont été cloués à travers les pieds, l'homme du Suaire par le cou-de-pied et Yohanan de côté par les talons. Les chevilles de Yohanan ont été brisées pour hâter sa mort alors que les jambes de l'homme du Suaire ne l'ont pas été. Mais la blessure de la lance au côté avait le même objet, s'assurer que le condamné était vraiment mort et ne faisait pas semblant. C'est une nouvelle indication que les Romains étaient mêlés à son exécution. La blessure au flanc mesure 4,5 cm sur 1,5 cm environ. Cette plaie correspond exactement aux mesures d'une pointe de lance romaine, une arme au long fer mince en forme de feuille (18).

L'archéologie nous apporte des confirmations supplémentaires grâce à de nouvelles connaissances sur le mode de sépulture juive. Vers la fin des années 1970, des fouilles furent entreprises dans un ancien cimetière juif des collines entourant Jéricho. Cette grande nécropole fut utilisée depuis le Ier siècle avant J.-C. jusqu'à la destruction de Jéricho en l'an 68. Les archéologues y ont découvert de nombreux cercueils de bois et des ossuaires de pierre ; les noms des morts, comme celui de Yohanan, étaient parfois inscrits sur les sarcophages.

Le cimetière était formé de tombeaux creusés dans la roche, vaguement semi-circulaires, avec des caveaux horizontaux partant en étoile autour d'un vestibule central (19). Ces vestibules étaient d'une hauteur d'environ 1,80 m, ou un peu plus. Apparemment, cela devait suffire pour permettre à une personne de se tenir debout et nous renseigne approximativement sur la taille moyenne des Juifs du Ier siècle. C'est une confirmation générale indiquant que l'homme enseveli dans le Suaire, qui mesurait approximativement 1,77 m, pouvait être un Juif du Ier siècle.

Une confirmation plus spécifique nous est donnée par une autre source de ce cimetière. On a trouvé deux pièces de monnaie dans un des crânes ; ces pièces datant du règne d'Hérode Agrippa (41-44) avaient été indiscutablement placées sur les yeux du mort (20). Les photographies révèlent que l'homme du Suaire avait eu des pièces posées sur les yeux. Il semble que c'était la coutume d'alors en Palestine.

Conclusion

Cette revue des données archéologiques et anthropologiques indique fortement que le Suaire est authentique. Il n'y a aucune raison de douter que le linge soit un linceul ancien portant l'empreinte d'un cadavre réel. La documentation archéologique et historique ne fait pas que confirmer l'enquête scientifique sur l'authenticité du Suaire, elle nous fournit aussi des données positives pour nous aider à identifier le linceul et l'homme qui y a été enseveli. L'étude archéologique indique qu'il était un Juif, crucifié par des Romains et enseveli suivant les coutumes de sépulture juives.

Autre point important, ces données archéologiques démontrent que le Suaire est conforme aux pratiques du Ier siècle et corroborent son ancienneté précise. L'archéologie et l'enquête scientifique de 1978 apportent toutes deux la preuve que le Suaire n'est pas un faux mais un authentique vestige archéologique.

L'archéologie nous aide aussi à répondre à la question que nous posons au chapitre suivant : l'homme du Suaire était-il Jésus-Christ ? Elle confirme la véracité historique des Évangiles, qui donnent assez de détails sur la crucifixion d'un Juif au Ier siècle par des Romains.

9.

Est-ce Jésus ?

Jésus-Christ est-il l'homme enseveli dans le Suaire ? Nous allons essayer de répondre à cette question clef.

L'enquête scientifique a établi l'authenticité du Suaire. Les savants ont conclu que le Suaire est fort probablement un authentique vestige et non un faux. Cette conclusion a été confirmée par l'étude des données archéologiques sur les coutumes juives.

Le consensus des érudits est donc que le Suaire de Turin est un véritable linceul ayant enveloppé le corps d'un Juif crucifié par des Romains et enterré selon les pratiques juives. La documentation indique comme époque et lieu probables de l'exécution la Palestine du Ier siècle, datant ainsi le linceul.

Nous avons donc deux options : l'homme du Suaire était Jésus-Christ ou une autre victime de la crucifixion. C'est le choix inévitable que nous laisse la science.

Nous allons donc examiner les deux propositions pour déterminer si le Suaire de Turin est le linceul de Jésus. Tout d'abord, nous passerons en revue tout ce qui oriente vers l'identité de Jésus, puis nous étudierons la possibilité qu'il puisse s'agir d'un autre homme.

Jésus et le Suaire

La comparaison des blessures infligées à l'homme enseveli dans le Suaire et le témoignage du Nouveau Testament sur la procédure de crucifixion de Jésus sont révélateurs. La corrélation est tout simplement remarquable.

Avant d'être crucifié, Jésus fut soumis à divers outrages et châtiments. Les soldats romains le flagellèrent (*Matthieu* 27, 26 ; *Marc* 15-15 ; *Jean* 19-1). L'homme du Suaire a été très sévèrement battu. Ricci compte plus de 220 marques de flagellation sur son corps, localisées à peu près partout sauf sur la tête, les pieds et les bras (1). Wilson en dénombre un peu moins mais encore suffisamment pour constituer une très violente flagellation (2). Nous avons vu comment ces marques devaient avoir été infligées par le *flagrum* romain, un redoutable instrument de torture extrêmement douloureux, qui arrachait à chaque coup des lambeaux de chair.

Les Romains se moquèrent aussi de Jésus parce qu'il se disait le Fils de Dieu et le Messie. Les soldats le revêtirent d'un manteau d'écarlate et lui mirent un roseau dans la main pour le railler, en feignant de se prosterner devant lui en l'appelant roi, en fléchissant le genou par moquerie. Pour le ridiculiser plus encore, ils tressèrent une couronne d'épines et l'en coiffèrent avec soin (*Matthieu* 27, 29 ; *Marc* 15, 17-20, *Jean* 19, 2.

C'est un nouveau parallèle étroit entre Jésus et l'homme du Suaire. On observe de nombreuses piqûres sur le cuir chevelu. Un examen attentif révèle que ces blessures sont différentes de celles de la flagellation, qu'elles ont été infligées autrement (3).

Les Évangiles apportent aussi que Jésus a été frappé à la face à plusieurs reprises (*Matthieu* 27, 30, *Marc* 15, 19 ; *Luc* 22, 63-64 ; *Jean* 19, 3). Ces traces de coups peuvent s'observer sur l'image du Suaire. L'homme porte des ecchymoses et des enflures autour des yeux, sur les joues, le nez et le menton.

Après la flagellation, les outrages, la couronne d'épines et les coups, Jésus a été emmené pour être crucifié. On lui a fait porter sa croix (*Jean* 19-17) et il a dû trébucher et tomber puisqu'un passant nommé Simon de Cyrène fut contraint de porter la croix pour lui (*Matthieu* 27, 32 ; *Marc* 15, 21 ; *Luc* 23, 26).

Des meurtrissures en haut du dos, juste sous les omoplates, indiquent que l'homme du Suaire a dû lui aussi porter un objet lourd. Nous savons que cela s'est passé *après* la flagellation parce que les marques du frottement de cet objet pesant recouvrent celles des coups de fouet. De plus, l'homme porte des écorchures aux deux genoux, indiquant une chute sur une surface dure. Le genou gauche est particulièrement contusionné.

Les Évangiles rapportent que Jésus a été cloué sur la croix par les pieds et la région du poignet et de la main (*Luc* 24, 39 ; *Jean* 20, 20, 25-27). Le Suaire montre de même un homme aux pieds et aux poignets transpercés à la base de la main. Les pathologistes experts sont certains que l'homme a été crucifié, autre point de ressemblance avec Jésus.

Il existe une autre similitude plus insolite encore ; d'après les Évangiles, il était d'usage de briser les jambes des suppliciés afin qu'ils meurent plus vite (*Jean* 19, 31-32). Le squelette de Yohanan confirme le récit évangélique. Cependant les évangélistes nous disent que les soldats n'ont pas brisé les jambes de Jésus parce qu'il était déjà mort. Un soldat romain lui a percé le côté avec sa lance pour s'assurer qu'il était mort et du sang et de l'eau ont coulé de la blessure (versets 33-35).

De même, l'homme du Suaire n'a pas eu les jambes cassées et lui aussi a été percé au flanc. Détail ahurissant, un mélange de sang et d'eau se constate sur le Suaire. Le sang et l'eau ont coulé verticalement le long du flanc droit jusqu'à la taille, où l'écoulement s'est étalé horizontalement vers le dos.

La crucifixion était un châtiment réservé aux esclaves, aux prisonniers de guerre et aux pires prisonniers politiques. Par conséquent, les victimes n'avaient droit qu'à un enterrement très rudimentaire. Pourtant, les Évangiles nous expliquent que Jésus a été mis au tombeau par Joseph d'Arimathie, un homme riche qui le déposa dans son propre tombeau neuf. Joseph donna à Jésus une sépulture individuelle, avec des linges pour l'envelopper et des aromates (*Matthieu* 27, 57-60 ; *Marc* 15, 43-46 ; *Luc* 23, 50-55 ; *Jean* 19, 38-42). Malgré ces attentions, la sépulture fut hâtive et resta inachevée parce que c'était le commencement du Sabbat (*Marc* 16, 1 ; *Luc* 23, 55 et 24, 1).

Le cas de l'homme du Suaire est semblable. Lui aussi a été enseveli individuellement dans des linges de toile. Il existe d'autres signes indiquant que la sépulture ne fut pas achevée (voir chapitre 4).

Cette comparaison des récits évangéliques avec les souffrances et la mise au tombeau de l'homme du Suaire rend plus que probable qu'il était Jésus-Christ. Tout concorde. L'homme du Suaire a souffert, est mort et a été enseveli exactement comme Jésus d'après les Évangiles.

Un autre homme ?

Avant de conclure que l'homme est Jésus, nous devons envisager la possibilité qu'il s'agisse d'un autre Juif torturé et crucifié par des Romains et enterré suivant les coutumes juives. C'est une question à laquelle la science pure ne peut répondre mais nous avons assez de données historiques pour tirer une conclusion probable. Cela nous est permis parce que la crucifixion et la mise au tombeau de Jésus ont différé des pratiques ordinaires des Romains pour la crucifixion des criminels et des coutumes d'ensevelissement des Juifs. Le cas de Jésus fut irrégulier. Il a été flagellé, couronné d'épines, cloué sur la croix, percé au flanc (au lieu d'avoir les jambes brisées), enterré avec ferveur mais incomplètement et son corps a quitté le linceul avant de se décomposer. Comme nous connaissons assez bien les usages romains et juifs dans ces cas-là, nous pouvons évaluer la probabilité que *deux* hommes ont été crucifiés et ensevelis de cette manière. L'inverse d'une telle probabilité serait que le Suaire de Turin soit le linceul de Jésus-Christ.

Plusieurs chercheurs et savants ont déjà essayé de calculer une telle probabilité. L'un d'eux est Francis Filas, professeur de théologie à l'université Loyola de Chicago, qui a longuement étudié le Suaire. Le Père Filas croit qu'il y a très peu de chances pour que l'homme enveloppé dans le Suaire ait été un autre que Jésus. Citant les correspondances entre le Suaire et les irrégularités de l'exécution de Jésus, il évalue la possibilité totale que l'homme ne soit pas Jésus à une chance sur dix (26), identifiant virtuellement ainsi le Suaire comme le linceul de Jésus (4).

Le Père Filas abordait la question d'un point de

vue plus théologique que sceptique. Vincent J. Donovan a abouti à un chiffre plus modéré. Il était, lui aussi, impressionné par la similitude des irrégularités de la crucifixion de Jésus avec le Suaire, en particulier la couronne d'épines, les jambes intactes, la blessure par la lance et l'ensevelissement inachevé. Il en conclut qu'il y a une probabilité de 1 sur 282 milliards pour que l'homme du Suaire soit un autre que Jésus (5).

Le jésuite et ingénieur français Paul de Gail a tenté lui aussi de calculer cette probabilité. Il donne un chiffre beaucoup plus élevé que celui de Donovan, et pourtant il a effectué ses recherches en 1972, avant que les découvertes les plus stupéfiantes soient faites sur le Suaire (6).

Jusqu'ici, la probabilité la plus modérée est datée de 1978 et elle a été calculée par les professeurs Tino Zeuli et Bruno Barbaris, appartenant tous deux à la faculté des sciences de l'université de Turin. Ces savants associèrent une approche sceptique à une grande maîtrise des statistiques. Ils conclurent quand même que les chances pour que quelqu'un d'autre que Jésus ait été enseveli dans le Suaire sont de 1 sur 225 milliards (7).

Les analyses statistiques comme celles-là ne sont pas de vagues conjectures mais des outils scientifiques respectables. Les savants les utilisent constamment pour soupeser les mérites de diverses hypothèses tentant d'expliquer des phénomènes observés. Ces calculs sur le Suaire — allant de 1 sur 225 milliards à 1 sur 10 (26) — identifient virtuellement, au-delà du doute raisonnable, le Suaire de Turin avec le linceul de Jésus. Nous allons maintenant procéder à nos propres calculs. Nous adopterons volontairement une approche sceptique et nous calculerons nos probabilités aussi modérément que possible.

Pour garder notre chiffre au plus bas, nous écarterons le fait que la personne du Suaire est un homme crucifié. Nous n'inclurons pas la probabilité que la personne est un homme et pas une femme (1 sur 2) et que la personne est morte à la suite d'une crucifixion. Donovan estime très modérément qu'1 homme sur 500 est mort crucifié à l'époque, un chiffre certainement beaucoup trop haut (8). Ainsi, avant même de considérer la flagellation, la crucifixion et la sépulture de Jésus, nous arriverions à une probabilité de 1 sur 1 000. Encore une fois, nous éviterons cette méthode dans l'intérêt d'une approche sceptique.

1. Notre premier fait est la flagellation de Jésus et autres outrages infligés par ses bourreaux. La flagellation était parfois administrée aux condamnés mais rarement de manière aussi cruelle. Le Suaire dépeint aussi une longue flagellation, si sévère qu'elle a pu causer la mort de l'homme (9). Malgré la rareté de cette violence, que Jésus et l'homme du Suaire ont subie tous deux, nous n'accorderons qu'une probabilité de 1 sur 2 pour qu'un autre homme que Jésus ait été battu de cette façon.

2. Il est très insolite qu'un homme condamné à être crucifié comme un criminel soit couronné d'épines. Les Romains pratiquaient officiellement le culte de l'empereur. Comment serait-il possible qu'ils couronnent normalement des criminels condamnés et des esclaves avec des épines et feignent de fléchir le genou devant eux ? Le couronnement indique la majesté et une couronne d'épines raillerait, naturellement, cette majesté. C'est pour cette raison que Jésus a été couronné d'épines, parce qu'il se disait le Fils de Dieu et le Messie, le roi des Juifs. L'homme du Suaire a eu aussi le cuir chevelu percé de blessures. S'il n'est pas Jésus, combien de chances y a-t-il que cet homme, probablement un criminel ou un escla-

ve, ait pu être couronné d'épines ? Selon n'importe quel critère, c'est un événement improbable (10). Une estimation modérée serait de 1 sur 500. Nous choisirons le chiffre de 1 sur 400.

3. Beaucoup de victimes de crucifixion étaient attachées sur la croix avec des cordes. Jésus et l'homme du Suaire y ont été cloués. Nous calculerons la probabilité qu'un autre homme ait pu être cloué aussi à 1 sur 2.

4. Les Évangiles et les études archéologiques indiquent que les Romains brisaient couramment les jambes des suppliciés pour hâter leur mort. Comme Jésus était déjà mort, ses jambes n'ont pas été cassées. Celles de l'homme du Suaire non plus. Comme c'était une procédure normale, nous estimerons la probabilité de son abstention à 1 sur 3.

5. Pour s'assurer que Jésus était mort, un soldat lui a percé le flanc et du sang et de l'eau sont sortis de la plaie. La même chose est arrivée à l'homme du Suaire. Considérons les probabilités que ce soit aussi arrivé à un autre. Le soldat aurait pu ne rien faire, employer une épée ou une lance (1 sur 3). Pour s'assurer de la mort, il aurait pu frapper à la tête, au ventre ou au flanc (1 sur 3). Finalement, du sang et de l'eau ont coulé de la blessure (1 sur 3). En étant très sceptiques, nous donnerons comme probabilité de tous ces événements le chiffre de 1 sur 27.

6. La plupart des condamnés à la crucifixion étaient des criminels, des esclaves et des rebelles. Peu avaient droit à un ensevelissement individuel dans un linceul neuf en fine toile. Jésus a été enseveli dans de la toile de lin avec des aromates et déposé dans un tombeau neuf taillé dans le roc. L'homme du Suaire aussi a été enveloppé dans de la toile et mis au tombeau individuellement. Notre estimation modérée de la probabilité d'un « criminel » enterré de cette façon sera de 1 sur 8.

7. Les Évangiles racontent que Jésus a dû être enseveli à la hâte parce que c'était le commencement du Sabbat. Comme le travail ne pouvait être achevé à temps, les femmes revinrent le dimanche matin pour le terminer. L'homme du Suaire aussi a été enterré à la hâte et le processus laissé inachevé. Combien de crucifiés ont reçu un ensevelissement individuel dans un linceul de lin et ont été néanmoins ensevelis à la hâte ? Estimons avec modération cette probabilité à 1 sur 8.

8. Le Nouveau Testament affirme que le corps de Jésus ne s'est pas décomposé (*Actes* 2, 22-32) mais qu'il est ressuscité des morts. Nous considérerons l'historicité de la résurrection au chapitre 11. Ici, nous établirons simplement le parallèle avec le Suaire. Il n'y a aucune trace de décomposition sur la toile. De plus, les traînées de sang sont anatomiquement parfaites et n'ont pas été brouillées ni étalées par la séparation du linceul et du corps (11).

Ce parallèle est particulièrement intéressant parce que beaucoup de linceuls portent des taches de corruption. Nous estimerons donc la probabilité qu'un autre cadavre de crucifié a été retiré du linceul avant qu'il se décompose et, par modération, nous fixerons ce chiffre à 1 sur 10.

Les Évangiles disent que ces huit irrégularités se sont produites lors de la mort et de la mise au tombeau de Jésus. Le Suaire révèle qu'elles se sont produites aussi dans le cas de l'homme qui y était enseveli. Nous avons estimé la probabilité que cela ait pu arriver à quelqu'un d'autre que Jésus, en employant volontairement des chiffres très modérés et en étant sceptiques. Malgré tout, en multipliant ces probabilités, nous arrivons à 1 chance sur 82 944 000 que l'homme enseveli dans le Suaire n'était pas Jésus.

Ce rapport de près de 83 millions contre 1 ne

signifie pratiquement rien pour beaucoup d'entre nous. Mais considérons cette illustration pratique : 82 944 000 billets d'un dollar posés bout à bout iraient plus de trois fois de New York à San Francisco. Un de ces billets est marqué et un homme portant un bandeau sur les yeux a une seule chance de le trouver. Ses probabilités de réussite seraient de 1 contre 82 944 000. Telles sont les chances que l'homme du Suaire soit un autre que Jésus-Christ.

Il y a une chance que l'homme soit quelqu'un d'autre, tout comme il y a une chance que l'homme avec les yeux bandés trouve le billet marqué. Mais ces chances sont pratiquement infinitésimales. Il n'existe aucune probabilité pratique qu'un autre que Jésus-Christ ait été enseveli dans le Suaire de Turin.

Certaines de ces estimations statistiques sur la fréquence des irrégularités dans la mort et l'enterrement de Jésus peuvent être sujettes à controverse. Nous avons relativement peu de renseignements sur certains aspects de la crucifixion romaine. C'est pourquoi nos calculs ont été volontairement modérés. Les chances de 82 944 000 contre 1 sont fort probablement trop basses. Nous aurions pu les augmenter en les multipliant par mille si nous avions tenu compte du fait que l'image du Suaire montre un homme (et pas une femme) qui a été crucifié (au lieu de mourir autrement). Nos estimations concernant la blessure au flanc, la fréquence des bonnes mises au tombeau de victimes de crucifixion, les ensevelissements précipités dans de la toile fine et l'absence de décomposition, nous avons indiscutablement un chiffre trop bas. Nous avons usé de modération aussi en choisissant de comparer les *points communs* entre le Suaire et les récits des Évangiles. Notre chiffre aurait été beaucoup plus élevé si nous avions pris en considération l'absence de contradiction entre les Évangiles et le Suaire, l'indication d'une correspondance encore plus étroite. Comme il n'y a pas de contradictions dans d'autres domaines, il est encore plus probable que le Suaire soit véritablement le linceul dans lequel Jésus a été enseveli.

Nous devons aussi nous souvenir que le Suaire n'est pas un vestige récemment découvert qui évoque simplement Jésus. Il a été conservé pendant des siècles comme son linceul réel, augmentant encore les chances que Jésus soit l'homme qui a été enseveli dans le Suaire. Malgré les procédures sceptiques, nous avons une correspondance probable entre ces deux hommes.

Nous nous sommes efforcés de calculer avec modération ces probabilités. Néanmoins, le résultat indique une très forte probabilité que l'homme du Suaire soit Jésus. Ricci écrit que les données convergentes « ... nous amènent à conclure que l'homme du Suaire est ce Jésus dont parlent les Évangiles, excluant toute autre personne crucifiée de l'Histoire (12) ».

Nous concluons donc, selon la haute probabilité, que l'homme enseveli dans le Suaire est nul autre que Jésus. Le Suaire de Turin est son véritable linceul. Cette conclusion est très solidement étayée par les faits.

Troisième partie

La signification du Suaire

10.

La mort de Jésus : nouvelles révélations ?

Nous avons étudié les indices et rendu un verdict. Il est plus que probable que le Suaire de Turin était bien le linceul qui recouvrait Jésus lors de sa mise au tombeau. C'est une image de son corps qui est empreinte sur la toile.

Plusieurs voies de déduction indépendantes convergent vers cette conclusion. L'enquête scientifique a déterminé que l'image du Suaire n'est pas un faux mais qu'elle a été formée par un véritable cadavre. L'étude de l'histoire de l'art, des textiles de l'Antiquité, de la botanique et de la numismatique indique que le Suaire est assez ancien pour avoir été le linceul du Christ. L'étude de la procédure romaine de crucifixion et des coutumes de sépulture juives révèle que l'homme du Suaire était un Juif crucifié par des Romains. Ses souffrances et sa sépulture correspondent exactement à celles de Jésus, jusque dans les aspects qui s'écartaient des procédures romaines et juives normales.

Les quatre derniers chapitres de cet ouvrage vont tirer de nouvelles conclusions des faits connus sur le Suaire de Turin. Celui-ci abordera ce que le Suaire révèle sur la mort de Jésus. Le suivant verra s'il contient des preuves de sa résurrection. Le chapitre 12 traitera de ses implications dans le débat naturel-surnaturel et le dernier donnera quelques conclusions finales.

Le Suaire et l'opinion médicale

L'exactitude anatomique du Suaire a attiré l'attention de nombreux experts médicaux, au cours du XXe siècle. Dès le début de ces études médicales, ces médecins ont été fort impressionnés par la précision de l'image, la clarté du contour des blessures, l'exactitude des écoulements sanguins, la coagulation caractéristique et la séparation du sérum et de la masse cellulaire. Paul Vignon, professeur de biologie à l'Institut Catholique de Paris, fut un des personnages clefs de ces recherches initiales. Il a publié un livre sur ce sujet en 1902 (1).

Yves Delage, ami de Vignon et professeur d'anatomie à la Sorbonne, a effectué aussi d'importantes études, à la même époque. Agnostique, membre de l'Académie des Sciences, il a découvert que les blessures figurant sur le Suaire étaient anatomiquement exactes et qu'il n'y avait aucune trace de fraude. Il en a conclu qu'il était extrêmement probable qu'il s'agisse du linceul de Jésus (2).

Parmi les études médicales les plus détaillées nous avons celles de Pierre Barbet, éminent chirurgien de l'hôpital Saint-Joseph de Paris. Il s'est servi de cadavres pour procéder à des expériences de crucifixion et ces recherches ont corroboré l'authenticité du Suaire. Barbet a également étudié la plaie de la lance au côté de Jésus, en a conclu que l'arme avait transpercé le péricarde et touché le cœur (3).

Hermann Moedder, un radiologue allemand, a simulé certains aspects de la crucifixion avec des étudiants volontaires. Il en a suspendu par les bras à des poutres et mesuré les premiers effets de la crucifixion sur le corps humain. Il a recherché aussi une explication médicale à la blessure du flanc et a conclu que la lance avait percé à la fois la cavité pleurale et le cœur. Moedder pensait que cela pouvait expliquer le flot d'eau et de sang rapporté dans les Évangiles et nettement constaté sur le Suaire (4).

Un autre chercheur médical, Giovanni Judica-Cordiglia, professeur de médecine légale à l'université de Milan, a examiné les traînées de sang et cherché comment elles avaient été transférées sur la toile (5).

Dans les années 1960, le médecin anglais David Willis rassembla et évalua les précédentes études médicales effectuées sur le Suaire. Il procéda à un examen prolongé des blessures et conclut que du point de vue médical le Suaire était authentique. D'accord avec Barbet, Moedder et d'autres, il pensait que la lance avait percé le cœur (6).

Anthony Sava, un médecin américain, consacra plusieurs dizaines d'années à l'étude des blessures du Suaire, en s'intéressant particulièrement à la possibilité que la flagellation ait provoqué une hémorragie interne dans le thorax de Jésus (7).

Le spécialiste de médecine légale du Projet de Recherches sur le Suaire de Turin est le pathologiste Robert Bucklin, médecin légiste adjoint du comté de Los Angeles. Au cours des recherches postérieures à 1978, il s'est surtout intéressé à la nature des blessures de l'homme du Suaire. Comme d'autres enquêteurs médicaux, il pense que la blessure au côté a été causée par une lance qui a transpercé à la fois la cavité pleurale et le cœur (8).

Tous ces experts, médecins et anatomistes, sont convaincus, comme le note Ricci, qu'il est parfaitement évident que nous avons affaire à un véritable cadavre portant de réelles blessures et mort par crucifixion. Comme nous l'avons vu, c'est Jésus qui a été mort et enseveli (9).

Deux faits constatés sur l'image du Suaire révèlent que Jésus était vraiment mort. Tout d'abord, le corps était en état de rigidité cadavérique. Buklin note sa raideur très nette. De plus, la jambe gauche a été ramenée dans la position qu'elle occupait sur la croix, fixée par la rigidité (10). Autre exemple, la tête de Jésus est visiblement penchée en avant, dans une position fixée par la *rigor mortis*. L'analyse de l'image tridimensionnelle du linceul a permis de vérifier cette position affaissée du corps à l'instant de la mort. Jésus se penchait en avant en s'écartant de la croix ; après la mort, son corps s'est figé dans cette position (11). L'Évangile selon saint Jean rapporte que Jésus baissa la tête et rendit l'esprit (19, 30).

Nous savons aussi que Jésus était mort parce que certains des écoulements sanguins sur le Suaire se sont produits après la mort. Les blessures de la tête par exemple ont été subies avant la mort alors que la plaie au côté est *post-mortem*, ce qui est visible par le fait que le sang n'a pas jailli de cette blessure. Il s'en est écoulé lentement, sans aucune pression d'un cœur palpitant, comme du sang suintant d'un sac percé (1).

Les doutes sur la mort de Jésus

Un nombre surprenant de personnes croient ou soupçonnent que Jésus n'est pas vraiment mort sur la croix mais a échappé à la mort, inexplicablement, s'est ranimé dans le tombeau et a rejoint ses disciples. Les disciples virent un miracle dans cette réapparition et crurent à une résurrection. Cette opinion est assez courante chez les musulmans et les non-chrétiens. Beaucoup de gens rebelles à l'appel à la foi de la Bible expliquent de cette façon la résurrection de Jésus. Cette hypothèse de l'« évanouissement » a quand même eu la vie brève, même chez les exégètes critiques du XIXe siècle. David Strauss, critique libéral, l'a écartée grâce à un raisonnement simple et quelques questions précises (13).

Même si Jésus avait pu survivre on ne sait comment aux rigueurs de la crucifixion, comment aurait-il pu rouler la pierre fermant le tombeau, dans un état gravement affaibli ? Il est improbable qu'il ait pu marcher jusqu'au lieu où se trouvaient ses disciples sur des pieds transpercés l'avant-veille par un clou romain et soutenant tout son poids sur la croix. L'argument le plus puissant de Strauss est la réaction probable des disciples à la réapparition de Jésus. Il leur aurait semblé dans un état physique extrêmement grave, boitant, ensanglanté, pâle et en grand besoin de secours médicaux. Comme le fait observer Strauss, ils auraient couru chercher un médecin au lieu de proclamer que Jésus était ressuscité ! Pourtant, l'histoire nous apprend qu'ils ont bien proclamé sa résurrection, disant qu'il était le Seigneur glorifié de la Vie. Au début du siècle, Albert Schweitzer déclara convaincante la critique de Strauss (14). L'hypothèse de l'évanouissement n'est plus considérée comme praticable même par les biblistes critiques (15).

Notre étude porte un coup mortel à l'hypothèse de l'évanouissement. La crucifixion pratiquée par les Romains était une exécution capitale, pas une torture s'arrêtant avant la mort. La mort était sa nature même. La crucifixion provoque presque immédiatement l'asphyxie. Dans cette position, il devient impossible d'aspirer de l'air dans les poumons. Les Romains le savaient bien, comme le prouve le squelette de Yohanan, la victime de crucifixion mentionnée au chapitre 8. Les jambes brisées de

Yohanan confirment non seulement le récit des Écritures sur la crucifixion mais révèlent que les Romains avaient pleinement conscience que ce supplice entraînait la mort par asphyxie. Les jambes de Jésus n'ont pas été brisées parce que les Romains savaient qu'il était déjà mort. S'il ne l'avait pas été, le coup de lance l'aurait tué (16).

Le Suaire apporte une dernière preuve décisive de la mort de Jésus sur la croix. Il montre son corps en état de rigidité cadavérique. Il montre aussi l'écoulement sanguin *post-mortem* de la blessure au côté. Le sang a suinté, après le coup de lance, il n'a pas été pompé par un cœur battant. Ainsi, nous avons une preuve scientifique concluante de la mort de Jésus provoquée par la crucifixion romaine.

La mort par crucifixion

Le Suaire démontre que Jésus est mort par crucifixion. Cependant, si la nature exacte de la mort est assez difficile à déterminer, les experts médicaux sont en mesure d'approcher d'une solution précise. La crucifixion était une forme d'exécution pratiquée par beaucoup de peuples de l'Antiquité, mais ne l'est plus guère depuis deux mille ans. Les chercheurs médicaux ont dû l'étudier avec soin, afin de la comprendre (17).

Beaucoup de facteurs contribuent dans ce cas à la mort. Jésus, lui, fut aussi torturé par d'autres moyens. Il fut sévèrement flagellé, couronné d'épines, battu à la face, forcé de porter une lourde croix, ne serait-ce que sur une courte distance. Il fut crucifié en étant cloué à la croix par les poignets et les pieds. Après sa mort, il fut percé au flanc par une lance romaine. Entre toutes ces tortures, il est difficile d'isoler une cause précise de la mort.

La plupart des chercheurs sont d'accord pour penser que la crucifixion est, essentiellement, une mort lente par asphyxie. Elle tue en obligeant la victime à prendre une certaine position sur la croix. Le poids du corps provoque une contraction des muscles pectoraux, extrêmement douloureuse. Les muscles pectoraux et intercostaux finissent par se paralyser et ne peuvent plus amener d'air dans les poumons. La victime peut aspirer mais non expirer. Ainsi, aussi longtemps que le corps reste affaissé sur la croix, l'asphyxie agit. La mort s'ensuit si la position n'est pas modifiée.

La victime respire en se repoussant de quelques centimètres sur les clous perçant ses pieds, pour soulager la pression pratiquée sur les muscles pectoraux. Cela lui permet d'expirer mais la manœuvre provoque des douleurs intolérables dans les chevilles. Par conséquent, la victime ne tarde pas à s'affaisser de nouveau et le processus d'asphyxie reprend. Ces mouvements de bas en haut se poursuivent aussi longtemps que la victime reste en vie, ou jusqu'à ce que ses bourreaux lui brisent les jambes. Parfois, la mort ne survenait pas avant des jours. Jésus a probablement prononcé ses paroles sur la croix aux moments où il se soulevait.

Hermann Moedder, le radiologue allemand, a procédé à une expérience avec des étudiants, pour voir au bout de combien de temps un crucifié perdait connaissance. Il a attaché ses volontaires à une traverse de croix et a constaté qu'ils commençaient à perdre conscience au bout d'un maximum de douze minutes. D'autres se sont livrés à des expériences semblables au cours desquelles la « victime » restait consciente un peu plus longtemps (18). La différence était causée par une diversité de poids, de force, d'endurance physique du volontaire, ainsi que par la méthode expérimentale. La conclusion est claire malgré tout : si la victime ne pouvait se soulever pour respirer, la mort sur la croix survenait rapidement.

Ainsi, l'importance de la fracture des jambes devient évidente. Avec des jambes brisées, la victime ne pouvait plus se soulever pour respirer. Les muscles noués et ankylosés des bras ne suffisaient plus pour hisser le corps et l'asphyxie se produisait vite (19).

Le Suaire indique que Jésus a pris ces deux positions, haute et basse, sur la croix. Deux écoulements de sang, d'approximativement 10 degrés d'écart, sont facilement constatés sur les avant-bras, en particulier au bras gauche. Cela révèle que Jésus a pris les deux positions, chacune avec le bras tourné à un angle différent. Il a fait cela afin de respirer, de soulager un peu la douleur provoquée par la situation affaissée prolongée (20).

Un des aspects les plus intrigants de l'image du Suaire est la définition graphique du coup de lance au côté. Les Évangiles nous disent que Jésus était déjà mort quand le soldat lui a percé le côté pour s'assurer de sa mort et que du sang et de l'eau sont sortis de la plaie. Ce mélange est visible sur le Suaire. Il venait de la blessure au flanc et il est encore plus visible sur l'image dorsale, où il s'est écoulé horizontalement en travers de la taille. Les médecins sont d'accord : l'image du Suaire correspond avec les Évangiles qui disent qu'une lance romaine a pénétré dans le cœur de Jésus. Cependant, les experts expliquent assez différemment la présence d'eau avec du sang (21).

Selon un des points de vue, le péricarde, le sac enveloppant le cœur, contient une petite quantité de liquide aqueux. Quand le corps est soumis à une forte tension, comme celle que provoque immanquablement la crucifixion, le volume d'eau augmente et le sac se dilate. La lance romaine a donc dû passer à travers le péricarde pour pénétrer dans la partie droite du cœur, qui est pleine de sang même après la mort. En se retirant, la lance aurait fait couler le sang du cœur et l'eau du péricarde (22).

Anthony F. Sava, un pathologiste américain, explique autrement l'écoulement d'eau. Il croit que la grave flagellation a causé une hémorragie interne, dans la poitrine de Jésus, et que la cavité pleurale s'est emplie de sang. Le sang s'est reposé dans le fond de la cavité laissant un liquide clair à la surface. Selon Sava, la lance romaine a percé le thorax et, en se retirant, a fait couler le sang et l'eau (23).

Ces deux points de vue sont partiellement corrects. La lance a pu passer à travers la cavité pleurale, dans le péricarde et dans le cœur. Le sang serait venu à la fois de la cavité et de la partie droite du cœur, alors que l'eau pouvait couler à la fois du sommet de la cavité et du péricarde. Cette combinaison est d'ailleurs le point de vue général du radiologue allemand Moedder et du médecin anglais David Willis (24).

La thèse la plus probable est celle de Bucklin, qui croit aussi que la lance a transpercé à la fois la cavité pleurale et la partie droite du cœur mais s'oppose à l'hypothèse de l'hémorragie interne de Sava, car les blessures au thorax n'étaient pas assez graves. Il reconnaît cependant que l'eau est venue d'une effusion pleurale alors que la plus grande partie du sang provenait de la partie droite du cœur (25).

Les deux explications de l'écoulement de sang et d'eau sont sans doute étroitement liées. Tous les médecins qui ont étudié la question sont d'accord : Jésus était déjà mort quand le coup de lance a été infligé. Le sang et l'eau ont très probablement coulé à la fois du cœur et de la cavité de la poitrine.

Les causes physiques de la mort de Jésus

Les médecins qui ont examiné le Suaire sont unanimes à penser que Jésus était mort quand il a été enveloppé dans le linceul et que sa mort a été causée par la crucifixion et les tortures qui l'ont précédée. Il était mort quand la lance lui a percé le flanc. Les médecins ne sont pas certains de la cause *exacte* de la mort mais leurs opinions se ressemblent tout à fait.

La plupart des experts estiment que Jésus est mort avant tout par asphyxie, la cause habituelle de la mort par crucifixion. Selon ce point de vue, Jésus serait mort relativement vite pour une victime de ce genre de supplice, parce que la flagellation et les coups l'avaient déjà beaucoup affaibli. Il n'était plus capable de se hausser sur la croix pour respirer et il s'est asphyxié dans la position affaissée. Dans ce cas, les muscles autour des poumons l'ont empêché d'expirer, ce qui a directement causé sa mort. Bucklin ajoute qu'il a dû se produire aussi des complications dues à un arrêt congestif du cœur (26).

Sava propose une explication similaire : l'hémorragie interne à la suite de la sévère flagellation est la cause de la mort. Ces liquides ont lentement comprimé les poumons, provoquant l'asphyxie par effusion pleurale (27).

Davis a une idée assez semblable : le péricarde s'est rempli de liquide sous la tension des souffrances, ce qui a comprimé le cœur et provoqué finalement l'arrêt cardiaque. Après la mort de Jésus, la lance a percé à la fois le péricarde et le cœur, libérant le sang et le liquide aqueux (28).

Un consensus se dégage de tous ces points de vue. La plupart des experts estiment que l'asphyxie a joué un rôle important dans la mort de Jésus. Il s'est débattu sur la croix pour essayer de respirer. Certains pensent qu'il s'est asphyxié dès que les muscles lui ont manqué pour continuer de respirer, d'autres que l'asphyxie s'est produite quand le sang et le liquide ont comprimé aussi ses poumons. Mais tous sont d'accord sur un point : le Suaire contient la preuve concluante que Jésus est vraiment mort et révèle les divers aspects de sa mort.

Nous ne devons pas laisser cette étude des causes physiques de sa mort nous distraire du fait que Jésus a donné sa vie librement, selon le témoignage des Évangiles (29). Le Nouveau Testament dit aussi que Jésus est mort dans une intention précise, en sacrifice pour racheter les péchés de l'humanité (*Jean* 3, 16). C'est la proclamation de Jésus lui-même (30) et du Nouveau Testament dans son ensemble (30). Le Suaire ne révèle rien sur ces affirmations particulières mais nous verrons au chapitre 12 s'il y a d'autres raisons d'accepter leur validité.

11.

Preuves de la résurrection ?

Nous en arrivons maintenant au pivot de notre enquête sur le Suaire de Turin. Il est très important de savoir que le Suaire est authentique et qu'il était très probablement le linceul de Jésus. Cette toile de lin nous en apprend beaucoup également sur la cause physique de la mort de Jésus. Cependant, le point le plus crucial est de savoir si le Suaire apporte des données scientifiques de la résurrection. L'enquête des savants révèle des détails extrêmement intéressants à ce sujet, surtout quand on les examine dans le contexte historique. Dans ce chapitre, nous allons examiner ces données scientifiques et historiques.

La cause de l'image

Un des faits scientifiques les plus intéressants est le mystère du processus qui a formé l'image sur l'étoffe. Cette singularité du Suaire peut avoir un grand rapport avec la vérité du témoignage évangélique selon lequel Jésus est mort et ressuscité. Au risque de nous répéter, passons encore en revue ce que nous savons de cette formation de l'image.

Les hypothèses se divisent en trois grandes catégories. Celles de la fraude suggèrent que de la peinture, des teintures, des poudres ou un acide furent appliqués sur la toile au pinceau, par tout autre applicateur ou par contact direct. La deuxième catégorie évoque un processus naturel, par vaporographie ou contact direct avec le cadavre. La troisième suppose que l'image a été causée par une source quelconque de chaleur ou de lumière.

Comme nous l'avons vu, les hypothèses de la fraude ont été nettement réfutées (1). Il n'y a sur le Suaire aucune substance étrangère pouvant expliquer l'image (2). Il n'y a aucune trace de coups de pinceau ou d'un autre genre d'application. Une peinture ne pourrait avoir les propriétés observées sur l'image. Ainsi, tout milite en faveur de l'authenticité du Suaire. Heller estime les chances de fraude à 1 sur 10 millions (3).

De même, aucun processus naturel tel que le contact direct ne peut expliquer de façon satisfaisante la formation de l'image. La fraude et les hypothèses naturelles ne tiennent pas compte des aspects tridimensionnel, superficiel et sans direction de l'image ni de l'absence de plateaux et de saturation des fibres. Ces hypothèses sont également contredites par la densité de l'image, son manque de déformation, les ombres, la distribution de la couleur. Les dégâts de 1532 par le feu et l'eau n'ont pas modifié la structure chimique de l'image, comme cela aurait été le cas si elle avait été une peinture. Elle n'a pas été provoquée par un dégagement de vapeurs, parce que les gaz ne s'élèvent pas en lignes droites ou parallèles. Autrement dit, les études scientifiques révèlent que l'image du Suaire ne peut avoir été créée par contact direct, fraude ou vapeurs (4).

Que dire d'une source de lumière ou de chaleur ? Avant l'enquête de 1978, certains savants pensaient que cette hypothèse était la plus probable et elle le paraît encore aujourd'hui, non seulement parce que toutes les autres doivent être éliminées mais aussi à cause de plusieurs examens scientifiques très sophistiqués.

John Heller et Alan Adler, des chimistes qui se sont particulièrement appliqués à déterminer les caractéristiques physiques et chimiques de l'image, croient qu'elle a été provoquée par oxydation, déshydratation et conjugaison des fibrilles. En laboratoire, ils ont inversé ce processus d'oxydation et de déshydratation pour découvrir sa cause. Puis ils ont vérifié leurs analyses, physiquement et chimiquement, et confirmé leurs résultats précédents, qui avaient démontré que les changements chimiques des fibrilles réagissaient comme s'ils avaient été causés par la chaleur (5).

Nous avons d'autres indications que l'image a été causée par de la chaleur ou de la lumière, en particulier les renseignements spectrophotométriques de R. Gilbert et M. Gilbert, qui étayent fortement l'hypothèse du « roussi ». Ces expériences ont permis d'examiner les propriétés moléculaires de l'image et de déterminer que sa couleur était presque identique au spectre de l'incendie de 1532 de même densité optique (6). C'est-à-dire que les propriétés de l'image sont pratiquement identiques à celles des marques de brûlures par le feu. Cela indique que la cause de la brûlure (chaleur, lumière) est probablement la même que celle de l'image. Toutes ces expériences font penser que la source de l'image était une légère brûlure par la lumière ou chaleur (voir appendices).

De plus, l'image possède plusieurs propriétés qui ressemblent de près à celles d'une légère brûlure. Sa superficialité, l'absence de saturation, la stabilité de l'image à la chaleur et à l'eau, sa coloration sont non seulement difficiles à expliquer par d'autres thèses mais sont réellement les propriétés d'une brûlure, capable de causer l'oxydation, la déshydratation et la conjugaison des fibrilles observées sur le Suaire. Ce sont les mêmes réactions produites par une brûlure. Encore une fois, la conclusion du roussi est étayée par les faits.

Ici, l'évidence est telle que Rogers et Jumper ont pu déclarer que l'image du Suaire « est tellement semblable par sa réaction intégrée à celle du roussi qu'on ne peut éviter de déduire que l'image du « corps » est chimiquement similaire à du roussi » (7).

Par conséquent, nous en concluons que l'image a probablement été causée par une source de chaleur ou de lumière, car c'est la thèse la plus probable.

La question suivante s'impose : qu'est-ce qui a causé la brûlure ? Il est certes curieux qu'un corps mort puisse dégager de la chaleur et de la lumière mais à défaut d'autres hypothèses valables, celle d'une source de chaleur est la mieux soutenue par la réalité scientifique.

Avant d'étudier d'une manière plus détaillée la cause probable de la brûlure, nous devons examiner les preuves de la résurrection de Jésus-Christ. Que nous en dit l'histoire ?

L'historicité de la résurrection de Jésus

La compréhension de la résurrection du Christ grâce au Suaire est le plus récent événement dans un débat qui fait rage depuis plus de deux siècles. C'est le conflit entre les sceptiques qui doutent du caractère historique de la résurrection et ceux qui la défendent. L'argument remonte même aux débuts de l'Église. Quelques heures à peine après que Jésus fut ressuscité, les gardiens du tombeau et les prêtres juifs imaginèrent une histoire pour expliquer la tombe vide : les disciples avaient volé le corps

(*Matthieu* 28, 11-15). De leur côté, les disciples déclarèrent que Jésus était revenu à la vie dans toute sa gloire et leur était apparu.

Le témoignage des disciples fut à la base de la proclamation de la foi de la première Église. Les Évangiles rapportent cette croyance que la mort n'était pas la fin pour Jésus, mais que Dieu l'a ressuscité des morts. L'histoire confirme cette croyance.

Nous ne pouvons énumérer ici en détail les arguments historiques en faveur de la résurrection. Cependant, nous donnerons un bref résumé d'une apologétique historique détaillée, pour la résurrection, que l'un de nous (Habermas) a défendue ailleurs de manière approfondie (8).

Notre argumentation repose sur trois points principaux : 1) personne n'a avancé d'explication naturaliste plausible pour la résurrection de Jésus en tenant compte des faits historiques connus ; 2) la résurrection littérale est corroborée par un certain nombre de faits historiques ; 3) quelques-uns de ces faits, connus et irréfutables, suffisent seuls à étayer l'hypothèse de cet événement.

Néanmoins, les attaques sceptiques contre la résurrection continuent à ce jour. Nous allons maintenant présenter une défense historique, aussi détaillée que ce chapitre le permet. Que nous dit l'histoire de la résurrection ? Comment les sceptiques la contestent-ils ?

Explications naturalistes

Il n'est pas surprenant que les détracteurs aient longtemps contesté la vérité de la résurrection. Elle était au centre même de la foi chrétienne (I *Corinthiens* 15, 12-20). Elle est la fondation de la proclamation chrétienne qui veut que Jésus vive encore aujourd'hui. Les implications de sa victoire sur la mort sont inévitables.

Les détracteurs et les sceptiques ont proposé diverses explications naturelles pour le tombeau vide, en faisant allusion à des opérations de la nature normales, et parfois anormales. La plupart de ces thèses naturalistes ont connu le succès au XIXe siècle, quand la tendance intellectuelle de l'époque devenait hostile au miraculeux. Certaines remontent à l'époque même de Jésus, quand les autorités civiles et religieuses de Jérusalem avaient à expliquer le tombeau vide.

L'hypothèse de l'« évanouissement », exposé au précédent chapitre, est une thèse naturaliste typique. Elle explique la résurrection en niant tout simplement la mort de Jésus. Nous traiterons d'autres thèses naturalistes un peu plus loin.

Elles se sont toutes effondrées pour cinq raisons au moins.

Le premier point, c'est que chacune de ces hypothèses suscite plusieurs critiques. Toutes celles qui se fondent sur des propositions naturalistes ont été réfutées par plusieurs objections clefs, qui les rendent tout à fait improbables (9).

Deuxièmement, la combinaison de ces hypothèses n'explique pas mieux les faits historiques connus que ne le fait chacune d'elles individuellement. Chacune a été prouvée improbable ; leur combinaison ne peut qu'aggraver l'improbabilité, puisque des faits importants restent inexpliqués.

La troisième raison du rejet des hypothèses naturalistes concerne l'essai de David Hume *Des miracles,* que nous étudierons au chapitre suivant. Son rejet du miraculeux a eu une grande influence et pourtant son œuvre fourmille de défauts et échoue remarquablement dans sa tentative de réfutation des miracles (10) comme les critiques indépendants eux-mêmes l'admettent (11). Les événements miraculeux ne peuvent être écartés pour les raisons que donne Hume. Ceux qui ont été influencés par cet auteur présentent les mêmes défauts dans leurs arguments.

Quatrièmement, notre rejet des thèses naturalistes est justifié, parce que les érudits libéraux du XIXe siècle eux-mêmes les rejetaient. Même ceux qui emboîtèrent le pas à Hume pour dénigrer les miracles ne purent se mettre d'accord sur une explication convaincante pour le plus grand de tous, la résurrection de Jésus. Ils ne réussirent qu'à réfuter mutuellement leurs hypothèses, ne laissant ainsi aucune alternative praticable (12).

Cinquièmement, la plupart des biblistes critiques du XXe siècle ont écarté les thèses naturalistes de la résurrection. Si les biblistes libéraux du XIXe se critiquaient entre eux, les détracteurs du XXe les ont rejetés dans l'ensemble, jugeant qu'ils étaient incapables d'expliquer des faits connus. Par exemple Raymond Brown, un exégète catholique, affirme que les hypothèses naturalistes ne sont même plus respectées par les biblistes critiques du XXe siècle. Ils ont rejeté ces points de vue et leur vulgarisation (13). Ces rejets sont fréquents, dans les œuvres des critiques contemporains.

Cependant, l'attaque contre la résurrection a été revue et modernisée au XXe siècle. Les critiques qui en doutent proposent rarement des thèses naturalistes pour expliquer les récits évangéliques. Ils préfèrent « réinterpréter » les Écritures et proposer une résurrection « spirituelle ». L'important disent-ils, n'est pas que Jésus soit littéralement ressuscité des morts mais que les disciples l'aient cru fermement. Jésus était « vivant » dans l'esprit de ceux qui le suivaient, et il « vit » aujourd'hui pour ceux qui croient en lui tel qu'il confronte existentiellement les hommes d'aujourd'hui. Certains critiques ajoutent qu'il s'est « passé quelque chose » mais nous ne savons pas ce que c'était.

Une telle « réinterprétation » est absolument incompatible avec le christianisme biblique. Saint Paul a écrit : « Si le Christ n'est pas ressuscité, votre foi est vaine... Si nous n'avons d'espérance en Jésus-Christ que pour cette vie seulement, nous sommes les plus misérables de tous les hommes ! » (I *Corinthiens* 15, 17-19). Ces tentatives contemporaines de dénégation de l'historicité de la résurrection littérale du Christ sont vulnérables aussi à trois critiques au moins, que nous ne mentionnerons que pour mémoire.

Premièrement, nier que Jésus s'est littéralement levé d'entre les morts c'est impliquer une explication naturelle aux événements relatés par les Évangiles. Or, comme nous venons de le démontrer, il n'y en a aucune. Même les sceptiques l'admettent. C'est une limitation sérieuse à l'hypothèse d'une résurrection « spirituelle ».

Deuxièmement, le nombre minimum de faits historiques connus, acceptés même par les sceptiques, fournit une base solide à la probabilité de la résurrection littérale de Jésus. Par simple logique, cela réfute les autres points de vue. Il n'y a donc aucune bonne raison de croire sérieusement aux réinterprétations contemporaines alors que les faits historiques seuls suffisent à la rendre probable.

Troisièmement, les partisans des « réinterprétations spirituelles » sont illogiques si, comme ils le font souvent, ils continuent de trouver une signification unique à la résurrection. Leur Jésus « spirituel » ne serait pas plus vivant aujourd'hui que n'importe quel autre personnage historique mort, dont la mémoire est encore vénérée par des hommes et des femmes vivants. Si Jésus n'est pas littéralement ressuscité des morts, il est permis de douter de la valeur linguistique du verbe « ressusciter ».

Nous voyons donc que nos thèses naturalistes sont faibles. Chacune est assaillie par de nombreuses objections. La combinaison de ces hypothèses improbables ne les renforce pas. De plus, l'attaque de Hume contre les miracles n'est pas valable, ce qui l'élimine ainsi que des raisonnements semblables en tant que soutien de la cause contre les événements miraculeux. Les libéraux du XIXe siècle ont détruit individuellement chaque postulat alors que les critiques du XXe les ont rejetés en bloc. Ainsi les hypothèses naturalistes se sont révélées incapables d'expliquer les faits concernant la résurrection.

Preuve historique de la résurrection

La seconde défense en faveur de la résurrection est la force des arguments historiques. Historiens et critiques ont trouvé dans les Évangiles bon nombre de faits historiques dignes de confiance formant le contexte de la résurrection, en considérant les Évangiles comme d'anciens documents ordinaires.

Virtuellement tous les lettrés d'aujourd'hui reconnaissent que Jésus était un personnage historique mort sur la croix et que son corps a été mis au tombeau. Sa mort affligea ses disciples ; ils crurent que tout espoir était perdu.

L'histoire nous dit que trois jours plus tard, son tombeau a été trouvé vide mais cela, en soi, n'a pas causé la foi des disciples. Seulement, pratiquement tous les érudits reconnaissent que bientôt après les disciples furent convaincus d'avoir vu Jésus ressuscité. Leur vie a été transformée tant ils étaient certains qu'il était vivant. Ils se sont enhardis jusqu'à prêcher et porter témoignage à Jérusalem, où Jésus venait d'être crucifié et enterré, une ville pleine de ses ennemis. L'essence de leur message, la proclamation de leur témoignage oculaire, c'était que Jésus était ressuscité.

L'histoire relate aussi que l'Église chrétienne est née et s'est développée à cause de ce témoignage et que le dimanche était le principal jour d'adoration pour la nouvelle Église. La plupart des érudits ajoutent que Jacques, un des premiers chefs de l'Église, était un sceptique qui fut converti à son tour quand il fut convaincu d'avoir vu lui aussi Jésus ressuscité, quelques temps après les disciples. Tout le monde reconnaît que Saul de Tarse, devenu Paul, un persécuteur de l'Église, a été converti au christianisme quand il a vu apparaître Jésus sur le chemin de Damas.

C'est là le minimum de faits historiques sur lesquels presque tous les érudits sont d'accord, quelle que soit leur école de pensée. Ils considèrent ces faits comme de l'histoire connue. Toute autre explication — naturaliste ou de « réinterprétation » — doit pouvoir les expliquer. Ils constituent la deuxième défense contemporaine majeure en faveur de la résurrection.

Nous allons les examiner plus attentivement. Partant du résumé, nous porterons notre attention sur neuf faits historiques en faveur de la résurrection. Un dixième argument viendra s'y ajouter. Comme ces faits sont établis par des procédures historiques, leur base historique est admise virtuellement par tous.

L'argument le plus fort en faveur de la résurrection de Jésus est le témoignage des disciples sur ce qu'ils croyaient être des apparitions littérales de Jésus. C'est un argument clef parce qu'il n'y a pas d'hypothèses naturalistes capables d'expliquer ces expériences. De plus, nous avons d'autres indications de la véracité de ces témoignages.

Deuxièmement, les disciples furent transformés, ces hommes timorés qui avaient peur d'être identifiés avec Jésus sont devenus d'audacieux témoins qui proclamaient leur foi dans le Christ au milieu de ses ennemis. Ils étaient même prêts à mourir pour leur foi, ce qui indique bien qu'ils avaient réellement vu Jésus ressuscité. D'ailleurs, ils affirmaient qu'ils croyaient, précisément parce qu'ils avaient été témoins de sa résurrection.

Le tombeau vide est un troisième fait. La plupart des érudits admettent que le tombeau était réellement vide le dimanche matin, comme l'attestent même des sources historiques extra-bibliques.

Le quatrième argument historique est le fait que la résurrection était le centre même des premières prédications chrétiennes par les témoins oculaires. Même les études critiques historiques concluent que l'enseignement de la résurrection date virtuellement de l'instant où les témoins ont vu Jésus. Par conséquent, ce n'est pas une légende ajoutée plus tard au message chrétien (14).

Cinquièmement, les chefs des Juifs ne pouvaient réfuter la parole des disciples qui affirmaient que Jésus était ressuscité, bien qu'ils aient à la fois un mobile et tout pouvoir de le faire (15). Ces chefs se trouvaient dans la ville même où les disciples disaient avoir vu réapparaître Jésus. Ils avaient les moyens de vérifier ces dires et d'examiner le tombeau vide. Pourtant, ces ennemis du Christ n'ont pu démontrer la fausseté du message. C'est donc la preuve que les disciples disaient la vérité.

Sixièmement, l'Église chrétienne naquit promptement, se développa et devint vite florissante. Le centre de son culte et de son évangélisme était la proclamation de la résurrection de Jésus.

Septièmement, le dimanche, le premier jour de la semaine, devint le jour du culte chrétien (*Actes* 20,7, I *Corinthiens* 16,1). C'est insolite parce que les premiers chrétiens étaient des juifs monothéistes à qui l'on avait enseigné que le jour du Seigneur était le samedi. La meilleure explication de ce changement, c'est que le dimanche était le jour de la résurrection.

Les huitième et neuvième faits sont que deux sceptiques, deux incroyants, Jacques et Paul, sont devenus des chrétiens zélés après avoir vu, ils en étaient convaincus, des apparitions de Jésus ressuscité. Fuller conclut que même si l'apparition à Jacques n'est pas rapportée en détail par Paul (I *Corinthiens* 15,7), un tel événement devrait être postulé quand même pour expliquer la conversion de Jacques et sa promotion plus tard à une haute dignité dans la nouvelle Église (16). La spectaculaire conversion de Paul est une preuve encore plus convaincante, puisqu'il était un célèbre persécuteur de chrétiens. La seule expérience de Paul complique toute tentative pour formuler une explication naturaliste de la résurrection (17).

Notre dixième fait, qui n'est pas contenu dans le résumé historique, c'est que Jésus a prédit sa résurrection. Ces prédictions ne sont généralement pas admises par les biblistes critiques mais elles sont soutenues par plusieurs considérations historiques. Elles révèlent donc que la résurrection était un acte prévu et accompli par Dieu.

Ce minimum de dix faits historiques, s'ajoutant à l'échec des hypothèses naturalistes, plaide fortement en faveur de l'historicité de la résurrection. Ils sont basés sur l'histoire (18). Les plus persuasifs sont les témoignages vécus des disciples, de Jacques et de Paul, ainsi que leur transformation personnelle correspondante. Bref, la résurrection historique de

Jésus est la meilleure explication de faits connus. L'historien critique William Wand résume bien la conclusion :

« Toutes les données strictement historiques que nous avons militent en sa faveur et ceux qui la rejettent devraient avouer qu'ils le font pour d'autres raisons que celle de l'histoire scientifique (19). »

Par conséquent, on peut conclure que la résurrection est un événement historique probable. Une apologétique supplémentaire va renforcer plus encore cette cause.

Les faits historiques « clefs »

Nous venons d'énumérer un certain nombre de réalités représentant l'histoire connue, acceptées comme telles même par les critiques. Nous pouvons mieux encore établir l'historicité de la résurrection en n'employant que quatre de ces faits historiques acceptés : 1) la mort de Jésus due à la crucifixion ; 2) les témoignages des disciples, certains d'avoir vu des apparitions de Jésus littéralement ressuscité ; 3) la transformation des disciples ; 4) la conversion de Paul qui croyait aussi à une apparition de Jésus ressuscité. Ces quatre faits fournissent une mini-apologétique en faveur de la résurrection littérale, car ils réfutent les thèses naturalistes et apportent des preuves positives majeures établissant l'historicité de l'événement (20). Quelques exemples la feront mieux ressortir.

Tout d'abord, les quatre faits historiques « clefs » prouvent à eux seuls la fausseté des hypothèses naturalistes de la résurrection. Par exemple, la thèse de l'évanouissement est écartée à la fois par le fait de la mort de Jésus (voir chapitre 10.) et par la conversion de Paul. Les expériences des disciples écartent l'hallucination et autres thèses subjectives, parce que ces phénomènes ne sont pas collectifs ni contagieux, étant observés par une personne seule, et à cause de la grande diversité du temps et des lieux. Paul, qui partait persécuter des chrétiens, n'était certainement pas dans un état d'esprit psychologique propice aux hallucinations. Le fait que les disciples et les autres premiers témoins ont porté témoignage de Jésus ressuscité réfute l'argument selon lequel la résurrection est une légende ou un mythe, puisque l'enseignement *initial* concernant la résurrection est basé sur de véritables témoignages oculaires. Ce n'est pas une histoire inventée plus tard (comme le révèle bien le credo de I *Corinthiens* 15, 3-5). De même, Paul n'a manifestement pas été converti par une légende. Enfin, les thèses du corps volé et de la fraude sont réfutées par la transformation des disciples. Leur changement démontre qu'ils croyaient réellement que Jésus s'était levé d'entre les morts. Des menteurs ne seraient pas devenus des martyrs. De même, Paul n'aurait pu être convaincu par un acte frauduleux (21).

Ces quatre faits « clefs » fournissent des arguments solides en faveur de la résurrection littérale de Jésus (22). Il est mort ; ses disciples étaient convaincus de l'avoir revu ; leurs expériences ne peuvent s'expliquer d'une façon naturelle ; ils ont été transformés en hommes prêts à mourir pour leur foi ; et Paul, un homme intelligent, un ennemi du Christ engagé, a vécu lui aussi cette expérience, plus tard, et a été transformé. Ces faits ne peuvent s'expliquer autrement : Jésus est littéralement ressuscité des morts.

De plus, ces faits clefs (s'ajoutant aux autres déjà acceptés) ont été *établis par des procédures historiques critiques*. Les érudits contemporains ne peuvent les rejeter simplement, sous prétexte de « contradictions » dans les textes du Nouveau Testament ou de son « imprécision » générale. Ces critiques sont réfutées par beaucoup de preuves, dont certaines ne sont pas évoquées ici. On ne peut pas dire simplement qu'il s'est passé « quelque chose », dont nous ne pouvons rien savoir à cause du caractère de l'histoire, ou du côté « brumeux » ou « légendaire » des textes du Nouveau Testament, pas plus qu'on ne peut dire que Jésus est ressuscité spirituellement mais pas littéralement. Ces points de vue et d'autres sont démentis par des faits admis par virtuellement tous les historiens (23).

Le Suaire et la résurrection

Que peut ajouter le Suaire de Turin à cette vérification historique de la résurrection littérale de Jésus ? Il présente au moins quatre raisons supplémentaires de la probabilité de l'événement. En fait, la preuve de la résurrection apportée par le Suaire est si forte que s'il n'est pas le linceul de Jésus, les chrétiens devraient alors envisager la possibilité que quelqu'un d'autre est ressuscité des morts !

Tout d'abord, le corps de Jésus ne s'est pas décomposé quand il était enveloppé dans le Suaire. Il était en état de rigidité cadavérique. Les pathologistes sont certains de sa mort mais les analyses scientifiques n'ont trouvé aucune trace de décomposition. L'implication est claire. L'absence de toute corruption du corps sur le Suaire révèle que le cadavre de Jésus n'est pas resté longtemps en contact avec le linceul.

Dans le climat du Moyen-Orient, à l'époque de Jésus, la décomposition surviendrait même en quatre jours. Si les études expérimentales ne peuvent donner un laps de temps précis au contact de Jésus avec le linceul, nous pouvons être certains que son corps n'est pas resté assez longtemps dans le Suaire pour causer une décomposition avancée. Donc, le corps a été séparé de la toile après un temps relativement court (24).

Le deuxième signe de résurrection du Suaire concerne le retrait du corps du linceul. Il paraît improbable qu'il ait été retiré par un moyen humain parce que les taches de sang sont intactes. Comme nous l'avons vu, chaque tache est caractérisée par sa perfection anatomique, son contour précis, des caillots de sang intacts. Si le tissu avait été enlevé du corps, les caillots se seraient étalés ou brisés.

Un peu de réflexion révélera ici une partie du raisonnement médical. Quand le linge a enveloppé dans sa longueur le corps de Jésus, il est entré en contact avec les écoulements sanguins de la tête, de la plaie ouverte au côté, du poignet gauche, des pieds et des autres blessures. Pour enlever le Suaire, en dépit de toutes les précautions, on aurait manifestement arraché les caillots et brouillé les bords des traînées sanglantes. Comme cela ne s'est pas passé, nous devons en déduire que le corps a quitté le linceul par un autre moyen que le simple enlèvement du Suaire. Les taches de sang produites par contact indiquent que le corps n'a pas été déplacé, réenveloppé ou dénudé (25).

Troisièmement, il a déjà été noté que l'image a probablement été provoquée par une brûlure légère. À cause de l'invraisemblance des hypothèses naturelles et de la nature même de l'image, le problème se pose d'un événement extraordinaire qui n'a pas été expliqué par des moyens naturels. John Hellller a remarqué que, *scientifiquement* parlant, l'image est « un mystère » (26). Le Suaire ne peut apporter la preuve de la résurrection de Jésus. Cependant il semble probable que son cadavre a produit de la chaleur ou une brûlure légère et ce fait s'ajoutant aux fortes présomptions historiques en faveur de la résurrection fournit une probabilité correspondante supplémentaire. Comme l'a fait observer Robert Bucklin, le Suaire vient étayer puissamment la thèse de la résurrection de Jésus (27).

Le quatrième signe favorable est l'étroite corrélation entre le Suaire, les Évangiles et l'histoire. Comme le Suaire est conforme sur tous les autres points aux récits des Évangiles, nous avons toutes les raisons de croire qu'il s'y conforme aussi en ce qui concerne la résurrection. Nous avons découvert que le Suaire est probablement un authentique vestige archéologique et le véritable linceul de Jésus. Il répond absolument aux procédures de crucifixion relatées dans les Évangiles. Comme c'est probablement celui de Jésus et puisqu'il correspond si précisément à sa mort, pourquoi ne correspondrait-il pas aussi à sa résurrection, d'autant que les données historiques indiquent que Jésus est ressuscité des morts ? Une fois de plus, les faits historiques apportent encore plus de crédibilité à la correspondance entre les Évangiles et le Suaire, à propos de la résurrection.

Par conséquent, le Suaire fournit au moins quatre bonnes indications que Jésus est sans doute bien ressuscité. L'absence de décomposition révèle que son corps n'est pas resté en contact avec le Suaire pendant un laps de temps prolongé, ce qui signifie que le corps a été séparé de la toile après un ensevelissement relativement bref. D'autre part, les traînées de sang intactes révèlent qu'il n'a pas été déplacé, réenveloppé ou dénudé. Nous découvrons ensuite que le cadavre de Jésus a fort probablement produit de la chaleur ou une légère brûlure. Ces détails, plus l'étroite correspondance avec les Évangiles et l'histoire sur ces points et d'autres, militent fortement en faveur de la résurrection. La correspondance totale est proprement stupéfiante. Même si la preuve n'est pas donnée, la résurrection est plus que probable et Robert Bucklin peut affirmer : « Les renseignements médicaux fournis par le Suaire étayent la résurrection. Quand cette information médicale s'additionne aux faits chimiques, physiques et historiques, il y a là des données très fortes en faveur de la résurrection de Jésus. » (28).

Preuves de la Résurrection

Nous avons deux espèces très fortes de données en faveur de la résurrection de Jésus. Premièrement, l'histoire nous apporte une puissante apologétique de l'événement. Les données historiques indiquent que Jésus s'est levé avec un corps changé, ou spirituel, tel que l'ont perçu les témoins oculaires. Partant de faits historiques acceptés, cette conclusion se fonde à la fois sur l'échec des thèses naturalistes et sur les indications positives des apparitions littérales. Associés, ces arguments démontrent que les apparitions de Jésus sont la meilleure explication des faits. Cela est confirmé aussi par les données historiques connues et surtout par les faits « clefs », suffisants pour vérifier la probabilité de la résurrection. Les doutes émis par les critiques sur d'autres points ne changent donc rien à cette conclusion fondamentale. La résurrection littérale de Jésus est un événement historique. C'est la meilleure explication de toutes les données.

L'autre espèce de données des études scientifiques du Suaire de Turin. Elles relèvent qu'un corps mort a probablement formé l'image sur la toile par une brûlure légère, provenant d'une source de lumière ou de chaleur. L'absence de décomposition (indiquant le départ du corps), les taches de sang révélant que le corps n'a pas été extrait normalement du linceul, le fait que les cadavres ne causent pas généralement de telles roussissures et que le Suaire de Jésus corresponde si étroitement à l'histoire et aux Évangiles sont de très fortes indications que le Suaire témoigne de la résurrection du Christ.

Beaucoup de gens hésitent à affirmer que Jésus est ressuscité et continueront de tout faire pour chercher d'improbables explications aux faits historiques et aux données scientifiques du Suaire. Mais il est un point où les sceptiques doivent s'incliner devant la réalité et considérer les choses avec objectivité. La plupart des savants reconnaissent qu'il est inacceptable d'affirmer un point de vue uniquement parce qu'il favorise un miracle. Mais il est tout aussi inacceptable d'adopter un autre point de vue, surtout improbable, afin d'éviter tout risque d'affronter un événement surnaturel possible.

Alors que j'étais (c'est Habermas qui parle) un agnostique de fait, en ce qui concernait la résurrection de Jésus, c'est le poids historique de tout ce qui précède qui m'a fait comprendre que Jésus était fort probablement ressuscité des morts. Mais l'honnêteté intellectuelle me force à dire que si les mêmes données historiques et scientifiques existaient pour quelque autre personnage religieux, je serais suffisamment intrigué pour enquêter. Par exemple, si le Suaire semblait être celui de Mahomet au lieu de Jésus, avec toutes les preuves attenantes, je serais troublé mais il me faudrait affronter les faits. Cependant, il n'existe aucune de ces preuves pour Mahomet ou toute autre personne à part Jésus. Là encore, cependant, si je croyais aux prémisses naturalistes, je serais extrêmement troublé par les preuves historiques et scientifiques de la mort et de la résurrection du Christ.

En conclusion, les arguments historiques et scientifiques sont de très probables indications empiriques de la résurrection. Associés, ils fournissent un double argument en faveur de l'événement. La convergence n'est pas une preuve, mais elle démontre bien que la résurrection littérale, physique, de Jésus de Nazareth est de loin la meilleure explication que l'on puisse donner aux faits chimiques, physiques, médicaux et historiques.

12.

Le débat naturel-surnaturel : Les miracles existent-ils ?

Le climat intellectuel d'aujourd'hui est hostile aux miracles. Les savants modernes considèrent la nature comme un système uniforme de lois naturelles au comportement prévisible que l'homme, avec le temps, finira par comprendre totalement. Selon ce point de vue naturaliste, la nature suffit à expliquer sa propre existence et tous les événements qui s'y produisent. De leur côté, les chrétiens ont un point de vue surnaturel. Le « surnaturaliste » croit que Dieu existe et peut accomplir des miracles à l'occasion, pour un dessein précis.

Ce débat naturel-surnaturel ne date pas d'hier et fait encore rage de nos jours. C'est un débat philosophique aux conséquences pratiques. Le point de vue naturaliste s'appuie sur le principe de l'humanisme séculier, un système de valeurs dominant dans la société moderne. L'humaniste séculier estime que l'homme est au centre de la réalité et que Dieu n'a aucun rapport avec la question. Le point de vue surnaturel, bien entendu, s'appuie sur le christianisme orthodoxe. Le conflit naturel-surnaturel n'est qu'une question parmi toutes celles qui inquiètent les chrétiens d'aujourd'hui.

Ce débat se rapporte au Suaire de Turin. La question doit être réglée avant que nous terminions notre dissertation à son sujet. En un mot, si Dieu n'existe pas et si cet univers n'est pas théiste, alors un acte de Dieu aussi extraordinaire qu'un miracle ne peut se produire. Autrement dit, en dehors d'un contexte théiste, la résurrection de Jésus ne serait pas un miracle de Dieu mais un simple phénomène de la nature. Le tenant du naturalisme pourrait alors dire que le Suaire est un objet singulier mais naturel, n'entraînant en rien une intervention divine. Mais si la résurrection survient dans un contexte théiste, alors elle constitue la preuve d'un miracle. Ainsi, la question de l'existence de Dieu et de son intervention dans les événements miraculeux est cruciale pour notre thèse.

Un bref résumé du débat

Avant le XVIIIe, le Siècle des Lumières, peu de lettrés ou de savants rejetaient la croyance aux miracles. Les doutes apparurent quand le nouveau rationalisme commença à se répandre en Europe. Les intellectuels de l'époque enseignèrent que la véritable autorité de la religion était la raison et non les Écritures ou la tradition de l'Église. Ainsi, rien dans la foi chrétienne ne pouvait entrer en conflit avec ce que dictait la raison.

Pour le rationaliste, les lois de la nature étaient un insurmontable obstacle aux miracles. La raison humaine jugeait que les événements miraculeux violant ces lois ne se produisaient pas. Le rationaliste reconnaissait qu'il y avait des événements bizarres, qui dépassaient peut-être l'entendement humain, mais qu'ils avaient toujours une explication naturelle et que l'homme devrait un jour la découvrir. Bref, les rationalistes « éclairés » considéraient les miracles comme de fâcheuses et inutiles intrusions dans la réalité.

Les efforts du siècle pour tordre le cou au miraculeux atteignirent leur point culminant avec l'essai de David Hume *Des miracles* (1). Il définissait le miracle comme un événement qui viole les lois de la nature par la volonté de Dieu ou de quelque autre agent invisible. La principale thèse de Hume était que les lois de la nature sont uniformes et ne peuvent donc permettre les miracles. Ces lois sont inaltérables parce que l'expérience de l'humanité les soutient. Il estimait que cette observation prouvait que les événements miraculeux ne peuvent se produire. En un mot, les lois de la nature étayées par l'expérience humaine ne permettent pas les miracles (2).

L'essai de Hume devint l'argument pivot des nombreux efforts « éclairés » pour nier les miracles. Il eut une influence particulière chez les critiques de la religion, du XVIIIe siècle à nos jours, qui sont sceptiques et ne croient pas au miraculeux (3). David Strauss, un théologien libéral du XIXe, représentait tout à fait ses collègues quand il concluait que l'essai de Hume démontrait que les miracles ne pouvaient exister parce que les événements qui violent les lois de la nature ne peuvent se produire (4).

L'influence de Hume persiste encore. Les critiques du XXe siècle en sont profondément imprégnés (5) et s'ils ont mis sa thèse au goût du jour, sa marque demeure indiscutable (6).

Beaucoup de défenses des miracles ont été publiées en réponse à ces attaques. Depuis le Siècle des Lumières jusqu'à nos jours, il y en a eu de nombreuses, sur le plan philosophique, historique et scientifique, pour accréditer ces événements portant l'empreinte d'une intervention divine. La plus connue de ces défenses contemporaines est sans doute l'ouvrage de C.S. Lewis, *Miracles*, une réfutation des propos de Hume et d'autres sceptiques tentant de faire table rase du miraculeux (7).

Lewis et d'autres chrétiens orthodoxes affirment que le plus grand des miracles est la résurrection de Jésus-Christ. Les sceptiques et les naturalistes qui suivent le raisonnement de Hume rétorquent que c'est un phénomène naturel. Nous reviendrons tout de suite à la principale réfutation des points de vue naturalistes tels que celui de Hume et à une défense de l'action de Dieu dans les miracles.

Deux points de vue en conflit

Un apologiste chrétien a besoin de s'assurer que la résurrection littérale de Jésus est bien un miracle *accompli par un acte de Dieu.* Il ne suffit pas de démontrer, comme nous l'avons fait, qu'on a toutes les raisons de croire que cet événement extraordinaire s'est réellement produit au cours de l'histoire, que Jésus-Christ est mort et ressuscité des morts. Conclure que la résurrection est un fait avéré n'est pas la même chose que de démontrer qu'elle est accomplie par un acte de Dieu. Des théistes pourraient déclarer par exemple que la résurrection de Jésus est si extraordinaire que Dieu seul a pu la causer. De leur côté, les naturalistes concluraient qu'elle est si singulière qu'il ne peut s'agir que d'un phénomène naturel que nous ne comprenons pas. Autrement dit, la seule historicité de la résurrection ne répond pas complètement à la question de sa cause. Nous devons considérer d'autres sources que les faits historiques.

La question sous-jacente est un conflit entre deux points de vue du monde. Vivons-nous dans un univers naturaliste ou théiste ? Dans un univers naturaliste, la résurrection de Jésus aurait une explication naturelle ; elle serait en quelque sorte un produit de l'ordre naturel des choses. Dans un univers théiste, elle deviendrait un événement ordonné, projeté, accompli par Dieu dans un dessein précis. Ce serait un miracle d'origine divine.

Dieu a-t-il causé la résurrection ?

Pour David Hume et les autres sceptiques, les miracles sont virtuellement impossibles parce qu'ils violent les lois observées de la nature, corroborées par l'expérience humaine de ces lois. Même si Dieu existait, il ne choisirait pas de se révéler d'une manière qui offense la raison, donc il n'interviendrait pas dans l'histoire par des événements miraculeux.

La thèse de Hume pose quelques questions théologiques et logiques intéressantes. Comme ses idées sceptiques ont eu une telle influence sur la pensée moderne, il convient de les examiner de plus près.

Sa position contient de nombreux problèmes. Comme ils ont été évoqués plus en détail ailleurs, nous nous contenterons ici de la principale critique (8). Hume postule que les lois de la nature sont inviolables sans même avoir déterminé si Dieu existe et s'il a agi dans l'histoire en suspendant momentanément ces lois. Il ne pose donc même pas la bonne question. Il tire dès le début un trait sur les miracles, en écartant la possibilité que nous vivons dans un univers théiste, gouverné par un Dieu qui peut ne pas vouloir être contraint par les schémas de la nature que certains appellent des « lois ». Cette activité possible de Dieu est pourtant la considération majeure dans toute discussion des miracles et pourtant Hume veut ignorer Dieu. Il se concentre sur la force des lois de la nature et sur l'expérience humaine, sans se demander sérieusement si un pouvoir suprême n'a pas annulé ces lois. Ainsi toute son approche devient gravement défectueuse. En fait, on peut déclarer qu'*aucune* argumentation basée sur des prémisses naturalistes sur les lois de la nature ne pourra jamais démentir l'existence possible de Dieu ni qu'il a suspendu les lois de la nature en accomplissant un miracle dans l'histoire par un pouvoir supérieur à ces lois. Si l'on pouvait démontrer que Dieu a probablement accompli un miracle historique, ce serait une bonne preuve, alors, de l'existence d'un pouvoir *supérieur* aux lois de la nature.

La critique de Hume a été révisée et mise au goût du jour par d'autres sceptiques mais cette critique fondamentale s'applique à eux tous. Aucune étude des données scientifiques respectables en faveur des lois de la nature ou de leur force ne pourra jamais écarter la possibilité que Dieu est intervenu dans l'histoire pour accomplir un miracle, par la grâce d'un pouvoir *supérieur*. Il est vain de parler de données scientifiques respectables à propos de ces lois s'il existe un Pouvoir plus fort capable de les suspendre momentanément.

Ainsi, la question qui nous occupe se résume à savoir si Dieu existe et s'il agit sur l'histoire. L'intervention divine dans les miracles indiquerait à la fois qu'il existe et que son pouvoir est supérieur à celui de la nature. Dans cette affaire, nous nous engageons à trouver la *meilleure explication* de faits connus.

Pour en revenir à la question de ce chapitre : Dieu a-t-il ressuscité Jésus d'entre les morts, ou la résurrection est-elle un phénomène avec une explication inconnue mais naturelle ? Cet univers est-il théiste ou peut-il s'expliquer de lui-même ? Ce sont là au moins deux argumentations fortes et indépendantes, pour affirmer que Dieu existe et que la résurrection de Jésus était un extraordinaire miracle accompli par lui, validant la thèse d'un univers surnaturel et réfutant les prémisses naturalistes.

L'argument prospectif

Tout d'abord, des arguments théistes valides révèlent que Dieu existe. Ils ne peuvent être débattus dans le cadre de ce chapitre mais nous allons brièvement décrire deux de ces indications probables de l'existence de Dieu : les arguments cosmologiques de la causalité existentielle et la deuxième loi de thermodynamique.

Brièvement, l'argument cosmologique de la causalité existentielle commence par l'existence même des êtres humains finis. De par notre nature même, nous ne pouvons expliquer notre propre existence, pas plus que ne le pouvaient nos parents ou nos aïeux. En fait, nous ne pouvons trouver une origine à cette existence, même en remontant à la nuit des temps, même par une suite infinie d'explications finies de cette existence actuelle, car cela ne permet pas plus facilement d'expliquer l'origine de notre existence. Elle doit donc avoir une cause infinie non causée. Cet argument commence par l'existence réelle et exige une cause réelle. Il ne faut pas le confondre avec les formes plus familières de l'argument cosmologique dépendant de la nécessité logique. L'argument existentiel exige le postulat de l'existence réelle d'une cause infinie (9).

La deuxième loi de thermodynamique stipule que l'énergie de l'univers se déplace de manière irréversible vers un plus grand désordre ou entropie. Elle se précipite, en somme, vers une éventuelle dégradation. Cela indique que l'univers n'est pas infini et le fait qu'il se dégrade révèle qu'il a eu un commencement. Le seul ultime commencement pour un univers fini serait une cause infinie. À ce point, la deuxième loi devient en fait un autre argument cosmologique de l'existence de

Dieu : l'univers fini ne peut expliquer sa propre existence. Il doit être originaire d'une cause infinie (10).

Une preuve encore plus concluante de l'existence de Dieu peut être apportée en combinant un certain nombre d'arguments théistes plus ou moins traditionnels. Individuellement, ils se suffisent à eux-mêmes pour démontrer l'existence probable de Dieu. Combinés, ils rendent la conclusion de son existence encore plus valide.

Divers autres arguments cosmologiques peuvent par exemple être utilisés en conjonction avec les arguments téléologiques et moraux pour fournir de nouvelles raisons convergentes concluant à l'existence de Dieu. En un mot, la combinaison de ces arguments démontre que l'existence de Dieu est la meilleure explication de tous les faits.

Il est intéressant de noter que les thèses scientifiques fonctionnent de la même façon. Richard Swinburne fait observer que la théorie des quanta, sur le comportement des particules atomiques, ne repose pas sur une seule suite d'observations scientifiques mais sur une convergence de données, telles que l'effet photo-électrique, l'effet Compton et la stabilité des atomes. Seuls, ils n'étayent qu'incomplètement la théorie des quanta. Réunis, ils la rendent extrêmement probable et elle a été effectivement acceptée par presque tous les physiciens, comme la meilleure explication du comportement des particules atomiques et sub-atomiques.

La vérité du théisme est démontrée d'une manière similaire. L'existence de Dieu est la meilleure explication des données cosmologiques, téléologiques et morales connues. Chacune désigne un tel Être et, ensemble, elles démontrent son existence.

Cependant, l'emploi de ces arguments théistes

suscite deux considérations supplémentaires. Premièrement, il présente l'avantage de contenir les deux arguments les plus décisifs, tels que les arguments cosmologiques de causalité existentielle et la deuxième loi de thermodynamique, plus la valeur ajoutée de toutes les autres données théistes convergentes. Nous avons ainsi à la fois des arguments individuels déterminant fortement l'existence de Dieu, et les arguments convergents qui sont d'autant plus forts qu'ils sont combinés. Dans ce dernier cas, comme pour beaucoup de théories scientifiques, c'est la combinaison des données pertinentes qui rend la thèse générale extrêmement probable. Par conséquent, les deux arguments décisifs isolés et les autres qui convergent révèlent que l'existence de Dieu est d'une haute probabilité.

Deuxièmement, ces arguments théistes en disent plus long sur Dieu que le simple fait de son existence. Ils nous apprennent comment il est en révélant divers de ses attributs. L'argument cosmologique de causalité existentielle révèle, par exemple, que le Dieu qui est responsable de l'existence doit être infini, non causé, éternel, omnipotent, immuable, simple et unique. Il indique aussi que Dieu est non spatial, intemporel et une pure réalité (12). La deuxième loi de thermodynamique montre que Dieu est transcendant, qu'il possède l'intelligence, la sagesse et un pouvoir illimité. Elle révèle même que Dieu possède les éléments de la personnalité : il a une nature esthétique et peut accomplir des actes surnaturels comme la création (13). D'autres arguments théistes convergents comprennent des caractéristiques telles que sa puissance, le fait qu'il a créé un univers esthétiquement plaisant et qu'il a une nature morale (14).

En conséquence, on a de bonnes raisons d'affirmer qu'il est extrêmement probable que nous vivions dans un univers théiste. Cela nous donne une importante indication sur l'identité du pouvoir qui a causé la résurrection de Jésus. La validité de l'argumentation théiste, y compris les nombreux attributs de Dieu et l'ordre de l'univers, indique que la résurrection littérale était fort probablement aussi un événement ordonné causé par la puissance divine, conformément à ses attributs, afin de valider une vérité théiste. Autrement dit, en procédant *prospectivement* à partir d'arguments théistes valides — les attributs de Dieu et l'ordre et le dessein de l'univers — la résurrection historique de Jésus semble bien être un événement théiste ordonné confirmant le message théiste. Dieu a ressuscité Jésus des morts conformément à ses attributs connus. Cela s'accorde beaucoup mieux avec le point de vue théiste du monde, évoqué plus haut, qu'avec l'idée que la résurrection a eu une cause naturelle inconnue (15).

L'argument rétrospectif

Notre seconde raison majeure de conclure que Dieu a accompli la résurrection inverse la direction de la précédente. L'argument prospectif défend la vraisemblance d'une résurrection à cause divine, sur la base de ce que nous savons de l'existence et des attributs de Dieu. Le second procède *rétrospectivement.* Il associe la résurrection historique au message théiste de Jésus afin de défendre l'existence précédente de Dieu et son action dans cet événement. Ainsi, la résurrection de Jésus plus son message théiste révèlent aussi que notre univers est théiste. L'argument rétrospectif est plus détaillé et, encore une fois, ne peut être présenté que brièvement et sous une forme schématique. Il a été exposé plus longuement dans un autre ouvrage de cet auteur, qui fournira le fond et la validation de ce postulat (16).

Premièrement, Jésus se proclamait une déité. C'est évident par les titres qu'il s'est lui-même donnés, Fils de l'Homme (17) et Fils de Dieu (18). C'est également révélé par ses actes, le pardon des péchés (19) et l'accomplissement de la prophétie messianique de l'Ancien Testament (20). Jésus a également proclamé son *autorité*. Il a affirmé que le salut ne se trouvait qu'en lui (21) et que son autorité surpassait celle des chefs juifs (22). D'autres déclarations de déité sont indiquées par les *réactions* de ceux qui le connaissaient le mieux. Les chefs juifs le rejetaient au moins partiellement parce qu'il se disait le Messie d'Israël (23). Les apôtres et les premiers chefs de l'Église lui attribuèrent le titre de Messie, de Seigneur, Fils de Dieu, et même de Dieu (24). Ses déclarations personnelles, en particulier, sont d'importantes indications de sa croyance en un univers théiste.

Ensuite, Jésus se croyait aussi le messager choisi par Dieu, envoyé pour proclamer un message spécial (25). Il croyait que ses miracles étaient le signe que Dieu approuvait son ministère (26). Même la méthodologie critique révèle que Jésus a prononcé ces affirmations sur son ministère, son message et ses miracles (27). Le fait qu'un messager aussi unique fût ressuscité des morts d'une manière unique, et surtout en tenant compte de l'idée qu'avait Jésus de ses miracles, est une indication importante que Dieu l'a effectivement ressuscité.

Jésus a également prédit sa propre résurrection, ce qui peut être vérifié (28). Cela indique bien que Dieu l'a ressuscité suivant le plan, d'une manière ordonnée, et que Jésus le savait à l'avance.

Mais les prétentions de Jésus sont-elles vraies ? Ses déclarations sur sa divinité et sa qualité d'envoyé choisi par Dieu, ses idées sur ses miracles, sa résurrection prédite, tout atteste sa conception théiste du monde. Ses prétentions indiquent donc que sa résurrection était un événement ordonné et préparé. Il était ainsi le mieux placé pour interpréter cet événement littéral. Jésus enseignait que la résurrection serait la preuve de son message et de ses déclarations. De plus, la seule résurrection connue est arrivée au seul homme qui avait fait ces extraordinaires déclarations, tant sur lui-même que sur Dieu. Il est par conséquent extrêmement probable que la combinaison de cet événement historique unique et du message unique de Jésus confirme sa conception du monde.

Autrement dit, si n'importe qui avait été ressuscité des morts, la cause pourrait être difficile à discerner. Mais il s'agit de Jésus, nous devons prendre au sérieux ses affirmations, qu'il était une déité et un messager spécial, ainsi que sa croyance que ses miracles et sa prochaine résurrection, en particulier, validaient ces déclarations.

La pertinence du Suaire

Le Suaire de Turin peut avoir une importante portée sur le débat naturalisme-surnaturalisme. Certains ont déclaré que les recherches sur le Suaire allaient peut-être déclencher une très intense discussion sur l'intervention de Dieu dans l'histoire de l'humanité. Dans ce cas, l'étude du Suaire pourrait provoquer une sérieuse réévaluation du naturalisme qui domine depuis quelque temps la pensée occidentale.

Il semble bien, en effet, que le Suaire porte un défi au point de vue naturaliste du monde. Il n'a pas d'explication scientifique complète. Les savants peuvent nous en dire assez long, mais leur science est limitée. Ils peuvent décrire les caractéristiques de l'image, mais pas comment elle a été formée. De plus, l'histoire comme le Suaire fournissent un indice puissant sur un événement encore plus mystérieux, la résurrection de Jésus-Christ. À une époque où les physiciens s'interrogent sur les trous noirs et les quarks, où les psychologues étudient la nature de l'esprit et la vie après la mort, le Suaire de Turin devrait au moins être pris au sérieux.

Quoi qu'il en soit, il devrait forcer les sceptiques à examiner les indices de la résurrection de Jésus. Ils viennent de deux directions complémentaires : l'histoire et l'enquête scientifique sur le Suaire. Les sceptiques qui ont longtemps nié le surnaturel pourrraient au moins considérer d'aussi fortes données empiriques. Elles ont du poids. Les savants n'auraient aucun mal à les examiner s'il s'agissait d'un événement naturel. On peut même dire que si de telles données existaient pour un événement naturel, il serait accepté depuis longtemps. La science moderne a longtemps reposé sur le principe de la critique et de l'autocorrection. Le moment est venu de rouvrir le débat sur le surnaturel, même si cela signifie que le naturalisme ne peut plus expliquer toute la réalité. Cette réévaluation est exigée par l'histoire et par la science.

L'appel de Jésus au salut

Puisque notre univers est un univers théiste gouverné par Dieu qui a envoyé son Fils proclamer un message unique, nous devrions être impressionnés par la nature des déclarations de Jésus. Virtuellement tous les théologiens sont d'accord, son message central concerne le Royaume de Dieu et ce qui est exigé pour y entrer. Son thème principal était un appel à la décision personnelle pour le choix de la destinée éternelle (29).

Selon ce message central de Jésus, tous les hommes sont pécheurs par nature et ont besoin que leurs péchés soient pardonnés (*Luc* 24, 47 ; *Marc* 8, 38). Le remède est le sacrifice et le sang versé par Jésus en rémission de ces péchés (*Marc* 10, 45 ; *Matthieu* 26, 28), un acte complété par sa résurrection (*Luc* 24, 46-47 ; *Jean* 6, 4). La foi en Jésus et en ses enseignements permet d'entrer dans le Royaume de Dieu et de vivre éternellement (*Marc* 1, 15 ; *Jean* 3, 15-16). Ensuite, notre réaction doit être de renoncer à tout pour suivre Jésus (*Luc* 14, 25-35).

Comme ce message du Royaume était le thème central de Jésus, il est particulièrement confirmé par sa résurrection. Autrement dit, nous avons conclu que son message divin était confirmé ainsi. Par conséquent, cette confirmation s'applique surtout à cette partie spécifique de son point de vue théiste, en cela que Dieu a tenu à valider particulièrement ce thème (30). L'appel de Jésus au salut ne doit donc pas être négligé, comme une affaire de préférence personnelle. Ses paroles sont claires, vérifiées par sa résurrection. Nous pouvons refuser son offre de salut mais ce serait injustifié, à la lumière des faits. La vie éternelle dans le Royaume de Dieu dépend de notre acceptation du message de Jésus.

Résumé

Beaucoup d'érudits, surtout depuis le Siècle des Lumières, ont tenté de réfuter la connaissance historique des miracles. Beaucoup d'autres ont démontré que ces tentatives critiques sont boiteuses. En particulier, ces négations du miraculeux ne tiennent pas compte de la possibilité de l'existence de Dieu et qu'il est intervenu dans l'histoire pour accomplir un miracle grâce à une puissance supérieure aux lois de la nature.

En étudiant cette question, nous avons découvert au moins deux lignes indépendantes de raisonnement indiquant que la résurrection de Jésus peut être considérée comme un miracle causé par Dieu. Les deux approches ont en commun l'association de cet événement en soi avec les données supplémentaires, révélant que Dieu a bien miraculeusement ressuscité Jésus d'entre les morts.

En procédant prospectivement à partir de la validité de l'argumentation théiste jusqu'à la résurrection, nous voyons que cet événement était ordonné, obéissant à un dessein, en conformité avec les attributs de Dieu et la nature de l'univers et qu'il a servi à confirmer un message théiste. De même l'argumentation rétrospective associant l'unique résurrection de Jésus à ses déclarations théistes uniques indique la probabilité de la validité de son point de vue d'un monde théiste (31).

Si notre considération de ces deux lignes de raisonnement a été brève, elle plaide fortement en faveur du théisme chrétien. D'autres arguments le confirment aussi (32), mais ceux-là suffisent à notre propos qui est de démontrer que Dieu est bien intervenu dans l'histoire pour ressusciter des morts son Fils Jésus. Autant que nous puissions le savoir et selon toute probabilité, la résurrection de Jésus était un miracle accompli par Dieu dans un univers théiste.

On peut donc affirmer que le naturalisme est erroné. Il se trompe, en ceci qu'il ne tient pas compte d'une grande partie de la réalité. En particulier, il ne traite pas de la théologie et de la partie de l'homme créée à l'image de Dieu. Malgré sa popularité, le naturalisme est une des plus grandes superstitions de notre temps (33). Nous venons de voir que nous vivons dans un univers théiste où Dieu est intervenu en faisant revivre son Fils Jésus, afin d'appeler les hommes à lui par la foi. Si cela est rejeté par bien des penseurs modernes, ce n'en est pas moins fermement établi par les faits connus. L'éternité elle-même est en jeu.

13.

Conclusion : le linceul de Jésus

Ceux qui n'ont pas étudié l'affaire en détail réagissent différemment à la question de l'authenticité du Suaire de Turin. Certains le font trop pieusement, le prient ou lui attribuent des pouvoirs miraculeux. D'autres le contestent en élevant des doutes sur toutes les « reliques ecclésiastiques ». D'autres encore trahissent leur préjugé naturaliste en niant toutes les implications surnaturelles, sans même l'avoir examiné.

Il doit être évident pour le lecteur qu'une étude approfondie des faits dément chacune de ces propositions. Elle n'apporte pas le moindre soutien aux fanatiques religieux qui considèrent le Suaire comme un objet du culte ou lui confèrent des pouvoirs miraculeux.

Quant à savoir s'il doit être simplement considéré comme une relique, il convient de faire une importante distinction. La question n'est pas de déterminer si le Suaire est une relique mais si son authenticité peut être affirmée en se basant sur les faits. Si elle l'est, alors sa crédibilité n'est pas diminuée parce que d'autres reliques ne sont pas authentiques. Par conséquent, les données en faveur de son authenticité doivent être loyalement expliquées.

L'approche franche des faits

Dans cet ouvrage, nous avons non seulement essayé de présenter des faits connus mais encore de les évaluer avec prudence. C'est précisément là que les indices en faveur du Suaire sont les plus impressionnants. Ceux qui nient le surnaturel devront d'abord expliquer l'origine de l'image mais encore se mesurer à toutes les données historiques étayant la thèse de la résurrection. L'ensemble des données se résume comme suit :

Les travaux du Projet de Recherches sur le Suaire de Turin ont démontré qu'il est extrêmement improbable qu'il s'agisse d'un faux, créé par des méthodes telles que l'application de peinture, de teinture, de poudre, d'acide ou par n'importe quelle forme de contact direct. Les nombreuses analyses et examens effectués pour étudier jusqu'aux plus infimes substances moléculaires n'ont pas permis de découvrir la moindre matière étrangère qui aurait pu être ajoutée à la toile pour former l'image. Comme nous l'avons vu, Heller estime les chances que le Suaire soit un faux à 1 sur 10 millions ! (1)

De même, les hypothèses de contact direct dépendant d'un moyen surnaturel sont tout aussi improbables. Ni la fraude, ni les thèses de contact direct ne peuvent expliquer les aspects tridimensionnel, superficiel, sans direction et indépendant de pression de l'image du Suaire. L'absence de saturation, la densité, les ombres, la couleur, l'absence de déformation ainsi que la stabilité de l'image en présence de la chaleur et des solvants réfutent aussi ces hypothèses.

D'autres phénomènes naturels, par exemple l'hypothèse de la vaporographie, ne peuvent rien expli quer non plus. Des expériences ont révélé que des images nettes ne sont pas créées de cette façon, puisque les vapeurs se diluent au lieu de monter tout droit en lignes parallèles. De plus, l'absence de saturation, de capillarité ou de diffusion de vapeurs gazeuses dément cette thèse, tout comme la couleur et le dégradé de l'image. La superficialité et l'aspect tridimensionnel la réfutent aussi.

Même si les hypothèses de fabrication ou de processus naturel n'ont pu expliquer les faits connus, nous n'en avons pas affirmé pour autant que le Suaire apportait la preuve d'un événement surnaturel. Ce sont de nombreuses considérations qui ont abouti, d'elles-mêmes, à cette conclusion.

Une de ces considérations est que le Suaire est authentique. Les savants de l'équipe qui l'a examiné sont unanimes : le Suaire est un authentique vestige archéologique. Les données anatomiques et pathologiques exactes, la date de l'étoffe du Ier siècle, l'absence de toute fabrication, la correspondance avec d'autres faits historiques et archéologiques dans des domaines inconnus d'un artiste médiéval, tout s'allie pour conclure à l'authenticité. Sur ce point, les savants s'appuient sur des faits connus.

L'autre considération, c'est que l'étude a démontré la haute probabilité que l'homme du Suaire soit celui-là même que les Évangiles décrivent sous le nom de Jésus de Nazareth. On a abouti à cette conclusion en comparant les concordances entre le Suaire et la mort de Jésus, en particulier les irrégularités dans la procédure de crucifixion normale. Ces irrégularités comprennent la flagellation sévère, la couronne d'épines, les jambes intactes, le coup de lance *post mortem*, la présence de sang et de liquide aqueux, ainsi que l'ensevelissement individuel, le linceul de fine toile, l'enterrement précipité et inachevé, l'absence de décomposition. Le Suaire est non seulement d'accord avec les récits bibliques sur ces irrégularités et d'autres mais ne contredit pas non plus les Évangiles, sur aucun point particulier. Cela donne une très forte probabilité pour que Jésus de Nazareth et l'homme du Suaire ne fassent qu'un. Cette conviction est renforcée du fait que le Suaire n'est pas un objet ancien récemment découvert portant par hasard une image qui ressemble à Jésus. Il a toujours été considéré au contraire, au cours des siècles, comme le véritable linceul de Jésus, bien avant qu'il puisse être scientifiquement examiné.

Ainsi les faits conduisent aux deux conclusions : le Suaire est un authentique vestige archéologique et c'est le linceul de Jésus. Il nous révèle des détails importants sur les causes physiques de sa mort. Le plus évident, c'est que Jésus est mort d'une asphyxie compliquée par un arrêt congestif du cœur provoqué par les rigueurs de la crucifixion. La plaie au côté a été le plus vraisemblablement causée par une lance romaine, pénétrant dans la poitrine et dans la partie droite du cœur, provoquant l'écoulement de sang, alors que le liquide aqueux s'écoulait de la cavité pleurale supérieure ou peut-être du péricarde.

Les expériences de Heller et Adler, où le processus d'oxydation et de déshydratation visible sur l'image du Suaire était inversé, ont indiqué que les fibrilles de l'image réagissaient comme sous l'effet de la chaleur. D'autres expériences comme celles de Gilbert et Gilbert ont révélé que la cause la plus probable de la formation de l'image était une chaleur ou une brûlure légère. Après bien des examens minutieux, comprenant la fluorescence, la spectroscopie à la lumière visible et aux infrarouges, la spectrométrie et la réverbération, les résultats ont indiqué qu'une brûlure légère était bien la cause probable de l'image (2). Cela fut confirmé du fait que les propriétés du roussi sont presque les mêmes que celles de l'image. Sa superficialité, l'absence de saturation, la stabilité en présence de la chaleur et des solvants, la coloration sont très difficiles à expliquer par d'autres hypothèses. Rogers et Jumper ont conclu que « l'image du " corps " est chimiquement semblable à une brûlure légère » (3).

Une telle conclusion, bien entendu, pose le problème de ce qui a provoqué l'image. Une telle source de chaleur, capable de roussir de la toile, n'est généralement pas associée avec des cadavres, qui n'ont certainement pas l'habitude de diffuser pareilles émanations ! C'est pourtant ce que la science nous affirme dans ce cas.

C'est ici que la preuve historique extrêmement probable de la résurrection de Jésus joue un rôle important. Il a été démontré, historiquement, que Jésus est bien ressuscité. Il n'existe aucune hypothèse naturaliste praticable, les critiques le reconnaissent et il y a en revanche bon nombre de faits historiques connus en faveur de cet événement. De plus, une solide apologétique peut être faite en faveur de la résurrection, uniquement basée sur les faits historiques connus que même les critiques admettent et fournissant à elle seule un argument probable de cet événement.

En partant de la probabilité que le Suaire soit le véritable linceul de Jésus, il est probable aussi que la cause de l'image corresponde au rapport historique sur la résurrection. Cela expliquerait l'absence de décomposition sur le Suaire (indiquant un départ du corps), les indices montrant que le linceul n'a pas été enlevé du corps et la présence de cette brûlure provenant d'un cadavre. Le Suaire correspond si étroitement au récit évangélique sur la mort de Jésus et sa mise au tombeau que cela doit indiquer qu'il correspond aussi aux récits historiques de la résurrection.

Autrement dit, la résurrection de Jésus explique au mieux qu'il n'y a pas eu de décomposition, ni enlèvement manuel des linges enveloppant le corps, que l'étoffe est roussie. C'est rendu d'autant plus probable par le témoignage empirique de l'histoire, qui confirme aussi la résurrection de Jésus. Il importe de noter ici que le Suaire apporterait alors un indice scientifiquement empirique de la résurrection. C'est un genre d'indice qui a toujours paru échapper à la foi religieuse, depuis le Ier siècle (4).

La conclusion donnée dans cet ouvrage est prudente. Bien que le Suaire puisse quand même se révéler faux, nous devons nous décider en nous appuyant sur les faits que nous avons. Ils indiquent qu'il s'agit fort probablement du véritable linceul de Jésus, un objet donnant des aperçus sur sa mort physique et des indices scientifiques de sa résurrection.

À ce point, la remarque d'Yves Delage, faite il y a plus de quatre-vingts ans, devient pertinente. Ce professeur d'anatomie comparée à la Sorbonne, membre de l'Académie des Sciences et agnostique confirmé, concluait que le Suaire était le linceul de Jésus. Quand il en fut sévèrement critiqué, il répliqua que cette opposition était inspirée par l'identité de l'homme :

« Une question religieuse s'est inutilement greffée sur un problème qui, en soi, est purement scientifique... Si, au lieu du Christ, il était question d'une personne comme un Sargon, un Achille ou l'un des pharaons, personne n'aurait songé à émettre une objection... Je reconnais le Christ comme un personnage historique et je ne vois pas pourquoi on serait scandalisé qu'il existât encore des traces matérielles de sa vie terrestre (5). »

Autrement dit, si c'était une affaire purement historique touchant toute autre personne que Jésus, l'amoncellement des indices concernant le Suaire serait plus que suffisant pour identifier l'homme. Mais comme l'individu en question est Jésus-Christ, beaucoup de gens se rebellent contre les preuves probables, historiques et scientifiques, parce que leur inévitable conclusion ne leur plaît pas. Un éditorial récent, paru dans la *National Review* de William F. Buckley, se rapporhce de l'opinion de Delage :

« Quant à nous, nous avons du mal à comprendre l'hostilité manifeste de certains Chrétiens contre le Suaire. Seraient-ils également intéressés par un portrait possible ou probable de Xerxès ou d'Alexandre le Grand, ou ostensiblement indifférents ? Est-il possible que les détails du Suaire soient simplement trop *littéraux* pour une sensibilité libérale éclairée ? Serait-il de *mauvais goût* de suggérer que ce que les chrétiens professent de Jésus soit finalement vrai ? (6). ».

Comme nous l'avons noté plus haut, la résurrection de Jésus menace la conception naturaliste du monde. Mais les sceptiques eux-mêmes doivent affronter la réalité et s'aligner sur la thèse la plus probable, selon laquelle Jésus est vraiment ressuscité. Un examen honnête des faits indique que Dieu est bien intervenu pour ressusciter son Fils d'entre les morts.

Ici encore, nous devons prier le lecteur de considérer les faits et de baser sa décision sur eux. Les gens intelligents et bien informés se décident en s'appuyant sur les probabilités de chaque cas particulier, et ces probabilités plaident fortement en faveur de l'authenticité du Suaire en tant qu'indice de la mort et de la résurrection de Jésus.

Fraude spirituelle

Il reste à explorer un domaine de la fraude. Une de nos règles, en entreprenant cette enquête sur le Suaire était de ne pas écarter, par une idée préconçue, toute explication miraculeuse ou surnaturelle de ce linceul. Nous devons donc nous demander si une puissance spirituelle maléfique a pu créer l'image afin de semer la confusion, la dissension et les fausses croyances chez le peuple de Dieu. De toute évidence, cette question est infiniment plus importante pour les chrétiens croyants que pour les incroyants. Les chrétiens acceptent plus vraisemblablement la possibilité d'une origine spirituelle, et si cette origine est maléfique, c'est l'Église chrétienne qui en souffre. Est-il possible que le Suaire soit une manœuvre diabolique ?

Beaucoup de gens ont vu leur foi renforcée par le Suaire et son étude a conduit quelques personnes sur le chemin de la foi. Il serait ridicule cependant de prétendre que l'atmosphère spirituelle entourant le Suaire a toujours été bienveillante. Une hostilité virulente a souvent accueilli la suggestion que le Suaire de Turin pourrait être l'authentique linceul de Jésus-Christ. Quand l'agnostique Yves Delage a rendu publique sa conclusion au début du siècle, ses confrères érudits de l'Académie des Sciences l'ont accablé d'insultes et de moqueries. Le Suaire est aussi un sujet émotionnel chez les chrétiens. Dans certains milieux protestants et catholiques, il suscite une réaction hostile. Cette réaction est purement émotionnelle, elle ne repose sur aucun examen des faits. On s'inquiète pourtant à juste titre de l'utilisation du Suaire. On a souvent abusé des reliques, dans l'histoire de l'Église, et le Suaire de Turin est potentiellement la plus grande des reliques. Beaucoup de chrétiens sont offensés par l'exploitation sensationnelle qu'en fait la presse du Suaire, ils se demandent si c'est l'œuvre de Dieu ou de Satan.

À ce propos, deux choses doivent être dites. Il faut que les réactions émotionnelles soient distinctes de la question de l'authenticité du Suaire. S'il est vrai, il peut nous apprendre beaucoup sur Jésus. Nous devons d'abord déterminer son authenticité. Ensuite, nous devons étudier ses origines spirituelles dans le contexte d'une bonne compréhension et d'une claire distinction des caractéristiques de l'œuvre de Dieu et de celle de Satan. Les Écritures enseignent que Satan est un corrupteur qui pervertit et déforme la vérité, en proposant une imitation vulgaire et fausse. Dieu est le Créateur aimant qui recherche toutes les occasions de nous attirer vers lui. Partant de là, nous pourrons peut-être juger si Satan est ou non responsable du Suaire.

Robert Wilcox, par exemple, rapporte l'histoire de Hans Naber, un Suisse possédant un flair pour la publicité, qui déclarait que le Suaire apportait la preuve que Jésus n'était pas mort sur la croix. Wilcox expliqua que Nader était arrivé à cette extraordinaire conclusion grâce à une vision, un « film de la passion » en technicolor, qui aurait « duré pendant sept jours... Le septième jour, Nader étant " physiquement *épuisé* et au bord de la *folie* (italiques de l'auteur) " une chose encore plus insolite s'est produite... Jésus est apparu... et *son corps ne portait aucune blessure.* » (7) La vision de Naber ne pouvait guère venir de Dieu. Elle s'oppose aux Évangiles. Jésus a été déclaré mort par ses ennemis et ses amis et son état post-résurrection comportait des plaies qui pouvaient être vues et touchées. Elle est également en conflit avec les découvertes scientifiques (voir chapitre 10). De même il est important de noter le contraste entre une vision qui a épuisé Nader et l'a amené au bord de la folie et celles inspirées par Dieu dans les Écritures, qui éclairent, ravissent et bénissent celui qui les reçoit.

Un des auteurs (Stevenson) a passé plusieurs heures avec Hugh Schonfield, auteur de l'ouvrage controversé *The Passover Plot*, et a été surpris d'apprendre que lui aussi croyait à l'authenticité du Suaire. Toutefois, contrairement au consensus des experts médicaux, unanimes à penser que l'homme du Suaire était mort, Schonfield assure que le Suaire apporte la preuve que les disciples ont déplacé le corps dans la nuit et conservé le Suaire pour soutenir la thèse de la résurrection. Nous nous trouvons encore une fois devant un individu qui a pris les faits et les a déformés afin de lire sur la toile ses propres idées sur le Christ (voir chapitres 11 et 12).

Wilcox cite aussi le cas d'un certain Ralph Graeber qui mêle Jésus, le Suaire et le mysticisme de l'Inde dans un pot-pourri religieux de métaphysique et de science. Agacé par ce qu'il appelle « les erreurs scientifiques de la chaire », Graber se tourna vers l'occultisme et mélangea la prière à Jésus avec l'étude de Yogi Paramahansa Yogananba (8). Les cas comme celui-là se classent facilement au rayon de la spéculation individuelle et ne posent aucun problème à l'enquête scientifique. Ils n'en posent pas non plus pour le discernement chrétien de l'œuvre des esprits maléfiques.

Il existe aussi quelques cas d'abus flagrants du Suaire. Prenons par exemple une publicité d'une page entière, parue dans plusieurs publications des États-Unis, pour vendre des mini-linceuls et des photos, en conseillant leur utilisation comme tapis de prière et porte-bonheur, pour la réalisation de tout désir ou la solution de tout problème. Quand cette publicité apparut pour la première fois, un groupe évangélique qui avait offert d'aider à récolter des fonds pour le Projet de Recherches sur le Suaire de Turin se récusa promptement.

Tous ces exemples constituent une preuve que le Suaire a été exploité au cours de son histoire connue. Mais ces histoires ne font que confirmer le côté vil de la nature humaine. L'homme a tendance à croire ce qu'il veut croire.

Considérons les éléments communs à tous ces exemples. Premièrement, tous ces gens croyaient ou feignaient de croire à l'authenticité du Suaire. Deuxièmement, tous cherchaient à *s'en servir,* soit pour confirmer des croyances personnelles, soit pour exploiter la crédulité publique ou pour avoir un objet concret d'adoration. Quel que soit le cas, si le Suaire est authentique, ces abus ont commencé par son authenticité et l'ont ensuite déformée. Pour un chrétien, la déformation est évidente, flagrante, mais elle *ne prouve pas que le Suaire soit faux*. Le contraire serait le plus vrai.

Nous lisons dans les Écritures que lorsque Jésus et ses disciples affrontèrent des esprits mauvais, ces esprits semblaient proclamer la vérité (Actes 16,16, *Marc* 5, 7 et 1, 24 ; *Matthieu* 8, 29). Pourtant, comme le but de leurs proclamations était de déformer la vérité, les esprits furent réduits au silence. Jésus lui-même avertit que nous devions nous attendre à trouver de l'ivraie mélangée au bon grain (*Matthieu* 13, 14-30). Autrement dit, une contrefaçon exige que l'article authentique existe déjà. Pour employer une analogie, il n'existe pas de contrefaçon d'un billet de trois dollars ou de trois francs — car ce billet n'existe pas. Si le Suaire n'était pas potentiellement authentique, il n'aurait aucune signification spirituelle, pour le bien ou le mal. Est-il possible que le mauvais usage et l'abus du Suaire soient simplement une tentative pour brouiller les cartes ? Il est certain que ce type de déformation concorde avec le mode d'opération de Satan et pourrait facilement expliquer tous les exemples cités ici.

D'autre part, le Suaire a eu incontestablement des effets spirituels positifs. L'historien Wilcox dit que les personnes qu'il a rencontrées au cours de ses recherches sur le Suaire l'ont détourné de son scepticisme agnostique et amené à accepter le christianisme orthodoxe (9).

De même John A.T. Robinson, sceptique renommé et exégète du Nouveau Testament, écrivit des choses émouvantes sur le Suaire et sur la foi, à la suite d'années d'études du Suaire. Cet évêque commença son enquête avec la conviction que le Suaire ne pouvait absolument pas concorder avec les Écritures. Il croyait à une fabrication, un canular et se demandait comment le faux avait pu être commis. Mais, plus tard, voici ce qu'il put en dire :

Il ne saurait altérer ma foi, mais il pourrait affecter mon incroyance. Car si en reconnaissant la figure, les mains, les pieds et les autres blessures nous sommes amenés à dire, comme ceux qui l'ont connu le mieux, « C'est le Seigneur ! » (*Jean* 21, 7), alors peut-être devons-nous apprendre à nous compter aussi parmi ceux qui « ont vu et cru ». Mais cela, comme le dit bien saint Jean, n'apporte aucune bénédiction particulière (*Jean* 20, 29) mais plutôt une responsabilité spéciale (*Jean* 17, 18-21) (10) ».

Pour moi (c'est Stevenson qui parle), le Suaire a été un puissant témoignage de l'amour de Jésus-Christ. Pendant trois ans d'études et de conférences sur le Suaire, j'ai toujours parlé de l'image comme de celle de « l'homme du Suaire ». Cette identification me suffira toujours, parce que je sais que Jésus a souffert exactement de la même manière que l'homme du Suaire, alors peu importe ce que d'autres peuvent conclure. Même si certains disent que le

Suaire est un faux, dû peut-être à un artiste encore plus grand que Michel-Ange, il reflète malgré tout dans ses moindres détails ce que Jésus a souffert sur le Calvaire. Je n'hésite donc pas à déclarer hardiment : « Regardez les souffrances physiques de l'homme du Suaire et comprenez que Jésus est passé par là et qu'il a dit qu'il l'a fait pour vous ». C'est là la base du plus grand don d'amour que le monde ait jamais reçu. Voilà ce qu'il en a coûté à Dieu pour me sauver, et pour vous sauver aussi.

Au printemps de 1979, j'ai été invité à faire une conférence dans une petite église épiscopalienne de Tenafly, dans le New Jersey. Selon mon habitude, j'ai consacré les cinq dernières minutes à mon témoignage personnel et à avertir qu'il convenait de ne pas placer sa foi dans un morceau de toile. Ensuite un jeune homme, un diacre de l'église, m'a abordé. Il avait été ému par ma conférence et désirait des éclaircissements sur la « nouvelle naissance » dont je parlais. Il semblait placer le Suaire dans la bonne perspective. Un an plus tard, j'ai appris que ce garçon avait vécu une nouvelle naissance en Jésus-Christ. La conférence l'avait amené à une compréhension personnelle du christianisme ; le Suaire n'avait été qu'un simple véhicule de la vérité. Il en résulta qu'il commença à étudier la Parole, pas le linceul.

Ces exemples illustrent le bon effet spirituel du Suaire. Il conduit les gens à s'intéresser au chef-d'œuvre du Calvaire et non au linceul lui-même. Le résultat est spirituellement fécond : des vies transformées. Au cours de son histoire, le Suaire a produit cet effet sur beaucoup de croyants et d'incroyants. La question est donc la suivante : Satan engendrerait-il ou favoriserait-il une chose pouvant conduire au salut ? Satan a été vaincu sur la croix et, d'après les Écritures, il le sait bien. « Le Diable est descendu vers vous, plein de fureur, sachant qu'il ne lui reste que peu de temps » (*Apocalypse* 12, 12). Satan attirerait-il l'attention sur sa propre défaite ? Nous devons considérer ici le fait que Satan aurait non seulement dépeint le sang de Jésus mais aussi l'indice de sa résurrection. Le Nouveau Testament atteste que ce sont là deux facteurs de sa défaite. Philip McNair l'a bien exprimé : « Nous savons que le diable peut se transformer en ange de lumière, mais pourrait-il ou voudrait-il avoir tiré de sa douloureuse mémoire la représentation de ce visage attachant du Suaire de Turin ? » (11). Il est beaucoup plus probable que Satan est le responsable des incendies mystérieux, de la controverse et des abus du Suaire. Ce sont là des signes de son œuvre.

On a abusé du Suaire, cela ne peut être nié mais n'entame pas son authenticité. Sinon, nous ne lirions pas la Bible sous prétexte qu'elle a été utilisée dans des séances de spiritisme. Comme nous l'avons déjà dit et redit, la principale question concerne son authenticité.

D'un autre côté, le Suaire peut être utilisé, et l'a été, pour apporter les Évangiles au monde. Il démontre à tous « la largeur, la longueur, la profondeur et la hauteur... de l'amour du Christ qui surpasse toute connaissance » (*Ephésiens* 3, 18-19). Seule une perspective chrétienne peut nous montrer l'amour reflété dans l'image floue. Cela ne pourra se produire que si nous étudions vraiment le sujet au lieu de le rejeter sans réfléchir.

Les chrétiens responsables doivent avoir une attitude responsable à l'égard du Suaire, fidèle aux réalités et au Seigneur. Si le Suaire est authentique et si nous le négligeons, alors nous perdons un précieux témoignage de l'amour de Dieu. S'il est authentique et si nous le rejetons ou le ridiculisons, les conséquences sont encore plus graves. Nous risquons de blesser la foi de chrétiens plus faibles en les abandonnant aux séductions d'esprits qui pervertissent la vérité en énonçant des demi-vérités. La communauté chrétienne devrait sérieusement étudier le Suaire et s'assurer que cette étude conduit à l'amour de Jésus. La science ne peut faire qu'une partie du chemin ; elle ne peut prouver de manière irréfutable que l'homme du Suaire est Jésus-Christ. Cependant, ceux d'entre nous qui ont été effleurés par ces mains « percées de clous » peuvent facilement prendre les réalités du Suaire et les employer pour nous parler de son amour.

L'importance du Suaire

Certaines personnes ont suggéré que le Suaire est un nouveau signe remarquable, en ces derniers jours, prouvant que le christianisme reste la seule vraie religion. En tant que tel, sa place serait à côté de documents comme les Manuscrits de la mer Morte. D'autres vont plus loin encore et supposent qu'il est en réalité un signe que les derniers jours sont proches, juste avant l'avènement du Royaume de Dieu. Si cette question ne peut être résolue par l'enquête scientifique, nous pouvons parvenir à quelques autres conclusions sur la signification du Suaire.

Nous avons conclu dans cet ouvrage qu'il fournit un indice probable de la mort et de la résurrection de Jésus, venant s'ajouter aux données historiques déjà probables de cet événement. Il n'entre pas en conflit avec la foi, qui a été et demeure la confiance en le Fils de Dieu qui a versé son sang pour notre salut. Nous n'insisterons jamais assez sur ce point. À aucun moment, nous n'avons encouragé l'adoration du Suaire. Ce serait de l'idolâtrie.

Nous devons nous souvenir que le Suaire ne prouve rien. Nous devons quand même accepter l'appel de Jésus au salut par la foi en sa personne et son message. Il est mort sur la croix à notre place, en rémission de nos péchés, et il est ressuscité des morts pour assurer notre salut. Nous devons continuer de lui accorder notre foi pour ce salut, auquel seul le Saint Esprit peut nous conduire.

L'homme moderne se rebelle contre ce message. Pourtant, les faits sont clairs et plaident nettement en faveur de la vérité des paroles de Jésus parce qu'il est ressuscité. Elles peuvent déplaire à certains ; mais ce ne sont pas les goûts et les dégoûts qui y changeront quelque chose. Tout indique que Jésus est ressuscité. Nous devons affronter cette réalité. Contrairement à ce que pensent certains, le christianisme n'est pas un bond dans le vide mais un engagement de la foi basé sur des faits historiques connus.

Si le Suaire est l'authentique linceul de Jésus, alors Dieu devait avoir une raison de le préserver au moins jusqu'à nos jours. Dieu veut peut-être qu'il encourage la foi, à une époque où il y a tant de doutes et d'interrogations, même chez les croyants.

Certains philosophes sceptiques cherchent depuis longtemps s'il existe une solide donnée de fait empirique étayant les croyances théistes. Le Suaire pourrait susciter un nouvel intérêt pour cette question, puisqu'il apporte une aussi solide donnée corroborant une conception théiste du monde. Quelle meilleure validation Dieu aurait-il pu laisser, que cette preuve extrêmement probable, empirique et historique, de la résurrection de Jésus et de la possibilité de la vie éternelle pour chacun de nous ? D'ailleurs, quand des sceptiques ont demandé à Jésus de prouver son message, il a lui aussi évoqué sa résurrection des morts (*Matthieu* 12, 38-40).

POSTFACE

Dans le monde entier, l'intérêt pour le Suaire de Turin s'est fortement accru depuis son exposition en 1978. Elle a provoqué un afflux de demandes d'opinion sur son authenticité, adressées à tous ceux qui ont participé de près à l'enquête scientifique. Beaucoup de gens indiquaient que la réponse à cette question aurait une influence sur leurs croyances religieuses.

Le Projet de Recherches sur le Suaire de Turin n'a jamais prétendu déterminer la validité des affirmations selon lesquelles le Suaire serait le véritable linceul de Jésus. Cela n'est pas du domaine de la science, mais relève plutôt d'une soigneuse enquête historique. Tout ce que les savants se proposaient de faire, c'était l'enquête scientifique la plus complète et la plus impartiale possible, compte tenu des circonstances de cette étude. Le rapport sur les résultats devait être soumis en premier aux autorités de Turin qui avaient donné leur accord et ensuite à la presse internationale. L'interprétation des découvertes devait être laissée à chacun de ceux qui pouvaient s'y intéresser.

Habermas et Stevenson ont présenté leur point de vue, très honnêtement et avec précision. Ils ont soigneusement passé en revue les aspects historiques de la mort du Christ, y compris une investigation sur les coutumes de sépulture juives de l'époque. Les rapports des divers savants qui ont fait des observations sur les propriétés physiques, chimiques et photographiques du linceul figurent dans l'ouvrage, ainsi que les opinions de diverses personnes ne faisant pas partie de l'équipe, qui présentent des hypothèses non conformes aux découvertes de la majorité des savants. Un grand soin a été apporté à l'analyse des thèses sur la formation de l'image, et les mérites comme les déficiences de chacune ont été objectivement exposés.

Il était inévitable que la question de la résurrection se pose en rapport avec l'étude du Suaire. Habermas et Stevenson l'ont abordée franchement en présentant toutes les opinions possibles. Si la majorité des savants s'est abstenue de prendre formellement position sur ce sujet, nous sommes quelques-uns à avoir ouvertement estimé qu'il y a de quoi étayer la thèse de la résurrection, dans ce que nous avons constaté sur le Suaire de Turin.

Il est peu probable qu'il y aura un jour une déclaration positive d'une quelconque organisation religieuse sur l'authenticité de la relique qu'est le Suaire de Turin. Cela n'implique aucun doute ni soupçon mais relève simplement de la politique de ces organisations en ce qui concerne ce genre d'affaire. Il vaut beaucoup mieux que les fidèles jugent d'eux-mêmes, en se basant sur des faits. Ce livre extraordinaire sera d'un grand secours, pour tous ceux qui recherchent la vérité.

Robert Bucklin, M.D., J.D.
Médecin légiste adjoint du comté de Los Angeles ; pathologiste membre du Projet de Recherches sur le Suaire de Turin.

APPENDICE A

Résumé critique des hypothèses sur la formation de l'image

Après de nombreuses recherches sur le Suaire de Turin, l'hypothèse la plus probable est que l'image sur la toile a été formée par un processus de brûlure légère. D'autres hypothèses ont pourtant été avancées pour expliquer la formation de cette image et beaucoup ont été popularisées par des personnes ne faisant pas partie de l'équipe. Nous présentons ici une critique de ces hypothèses, basée sur l'enquête scientifique et les analyses de 1978. Les deux principales sources de cette étude critique sont le sommaire du Projet (Summary Overview : SO) et le rapport rédigé par Lawrence Schwalbe (SS). Les autres sources sont indiquées entre parenthèses.

1. Hypothèses de la fraude. Elles soutiennent que l'image du Suaire a été créée par un des divers procédés de supercherie.

a. Hypothèses générales de fraude indiquant que l'image a été formée par l'application de peinture, teinture, poudre ou autres substances étrangères au Suaire.

1. Les analyses microchimiques ne révèlent pas les moindres pigments, colorants, poudres, teintures ou peintures sur le Suaire. Plusieurs expériences ont été pratiquées, comprenant la photoréflexion et la fluorescence ultraviolette, prouvant toutes qu'il n'y a aucune falsification. La fluorescence aux rayons X en particulier, considérée comme le test principal pour détecter ce genre de

fraude, n'a révélé aucune substance étrangère dans la région de l'image qui pourrait expliquer cette image (SS 16-17).

2. La fraude est réfutée par les caractéristiques tridimensionnelles du Suaire (Jackson, etc., dans Stevenson, 85-87).

3. La falsification est démentie par la nature superficielle de l'image (SS 11, 38).

4. L'image ne présente aucune trace de saturation, comme ce serait le cas s'il y avait eu application de pigments, teinture, etc. (SS 44).

5. L'absence de direction de l'image écarte les coups de pinceau et autres applications directionnelles d'une substance étrangère (cf. SS 29).

6. Aucune capillarité n'apparaît sur le Suaire, ce qui écarte également tout mouvement de liquide sur la toile (SO 4 ; Jumper dans Stevenson, 132).

7. L'incendie de 1532 aurait provoqué des changements chimiques dans des pigments organiques, mais aucun n'est visible sur le Suaire (SS 28 ; Rogers dans Stevenson, 133-134).

8. L'eau jetée sur le Suaire lors de l'incendie de 1532 aurait provoqué des modifications chimiques de nombreux pigments mais aucune n'a été constatée sur l'image du Suaire (cf. SS 41).

9. L'image non traditionnelle du corps (poignets transpercés, bonnet d'épines, nudité) milite aussi contre la fraude.

b. Walter McCrone : de l'oxyde de fer a été employé pour retoucher ou dessiner l'image du Suaire.

1. McCrone doit tenir compte des réfutations ci-dessus (1a : 1-9) qui invalident son hypothèse.

2. Les savants ont *spécifiquement* vérifié la thèse de McCrone grâce à des analyses microchimiques ultrasensibles et ont constaté que Fe2-03 n'explique *pas* l'image du Suaire (Pellicori, *Archeology,* janvier-février 1981 ; SO 5).

3. Le Fe2-03 de taille inférieure au micron n'est connu

que depuis deux cents ans, rendant son utilisation impossible au Moyen Age (SO 7).

4. Les observations de McCrone n'ont pas été vérifiées par des examens indépendants (SS 39).

c. Joe Nickell : diverses idées sur l'application d'encre ou de poudre produisant l'image (voir bibliographie).

1. Les réfutations ci-dessus (1a : 1-9) invalident la thèse de Nickell.
2. Les photographies de Nickell ont été examinées et n'ont pas résisté à l'analyse VP-8 tridimensionnelle, indiquant ainsi que, selon toute probabilité, ses méthodes ne créaient pas la véritable image tridimensionnelle du Suaire (SS 37).
3. Une telle méthode provoquerait probablement une saturation, ce qui l'élimine (Jumper dans Stevenson, 187).
4. L'expérience de Nickell n'a pas pu recréer la définition de l'image du Suaire (SS 37).
5. La méthode d'empreinte par « estampage » de Nickell n'a pas été historiquement vérifiée comme une technique connue employée avant le XIXe siècle (SS 37).

d. « Peinture à l'acide » : un acide ou autre produit chimique aurait été appliqué sur la toile pour former l'image.

1. Les réfutations ci-dessus (1a : 1-9) invalident aussi cette thèse.
2. Les expériences ont révélé que la peinture à l'acide n'est pas superficielle, c'est-à-dire que le produit ne reste pas uniquement à la surface de l'étoffe (SS 34).
3. Les examens ont révélé aussi que les densités de cette technique diffèrent de celles de l'image du Suaire (SS 34).
4. La peinture à l'acide pose un autre problème, puisque l'acide devrait être neutralisé sinon il détruirait l'étoffe (SS 34).

e. Conclusion :

1. « L'image ne peut pas être une peinture... aucun pigment intentionnellement appliqué ne fait partie de l'image originale... » (SO 7).

2. « L'image n'est pas due à un colorant... comme médium de peinture » (SO 8).

3. « L'image ne résulte pas d'un pigment appliqué » (SS 60).

4. Même en calculant avec modération, il a été estimé qu'il n'y a pas plus de 1 chance sur 10 millions que le Suaire soit un faux (Interview de Heller, « 20/20 », ABC-TV, 16/4/81).

2. Hypothèses de la vaporographie. Elles affirment que l'image du Suaire a été créée par la diffusion verticale de gaz sur le linceul, de sources telles que la sueur, l'ammoniac, le sang et les aromates.

1. La vaporographie ne peut expliquer la nature tridimensionnelle de l'image du Suaire (cf. Jumper dans Stevenson, 184).

2. L'image superficielle réfute les hypothèses vaporographiques parce que ces gaz imprègnent l'étoffe et ne sont pas superficiels (SS 36, 41, 45 ; SO 4, 6 ; Jumper dans Stevenson 182-184).

3. Il n'y a aucune trace de saturation sur l'image comme il s'en produirait avec des taches de vapeur (Jumper dans Stevenson, 183 ; cf. SS 44).

4. La vaporographie ne donne pas une image nette comme celle du Suaire. Ces images sont relativement floues, puisque la vapeur ne s'élève pas verticalement en lignes droites ou parallèles mais se diffuse dans l'air (SS 36, 40, 45 ; Jumper dans Stevenson, 186).

5. Aucune diffusion gazeuse et aucun écoulement capillaire ne se constatent sur les fibrilles de l'image du Suaire, ce qui serait le cas pour une vaporographie (SO 4 ; Rogers dans Stevenson, 132).

6. Les images vaporographiques ne présentent pas les ombres constatées sur celle du Suaire (SS 36).

7. Il faut plus d'ammoniac pour créer une vaporographie que n'en dégagerait probablement un cadavre (SS 41).

8. Aucune substance étrangère n'a été trouvée sur l'image du Suaire provenant de réactions chimiques de ce genre (SS 41, 45).

9. Peu de produits chimiques émanant du corps sont thermiquement stables, comme l'image du Suaire (SS 41).

10. Beaucoup de ces produits chimiques sont actifs dans l'eau mais l'image du Suaire reste stable dans l'eau (SS 41).

11. Les hypothèses de vaporographie ne peuvent expliquer le transfert des images des pièces de monnaie et des cheveux (Jumper dans Stevenson, 182).

Conclusion :

1. « Une diffusion gazeuse dans le processus de formation de l'image est impossible » (SO 8).

2. « Nous jugeons les preuves tout à fait concluantes pour éliminer l'hypothèse vaporographique de Vignon sur la formation de l'image » (SS 45).

3. Hypothèses de contact : elles prétendent que l'image est due soit à un contact naturel avec un corps soit à un contact provoqué dans un but de falsification.

a. Objections générales à toutes les hypothèses de contact naturel ou frauduleux :

1. Les images par contact ne sont pas tridimensionnelles, ce qui supprime toute validité à ces hypothèses (Jackson et autres dans Stevenson, 83-84 ; Jackson dans Stevenson, 223).

2. La nature superficielle de l'image s'oppose aussi aux hypothèses de contact (SS 35, 44).

3. L'absence de saturation de l'image du Suaire s'oppose également au contact (SS 44).

4. Une image par contact dépend d'une pression. Le fait que le Suaire présente virtuellement la même densité sur les images frontale et dorsale indique que « le mécanisme de transfert par contact est indépendant de toute pression » (SS 45 ; SO 4-5), ce qui réfute ces thèses.

6. Les dégradés sur l'image du Suaire éliminent probablement le contact (Rogers dans Stevenson, 132-133).

7. L'incendie de 1532 dément que l'image du Suaire ait été formée par contact avec « des substances organiques naturelles ou des produits de réactions... » (Rogers dans Stevenson, 133-134).

8. Beaucoup de produits chimiques sont actifs sous l'eau alors que l'image du Suaire ne l'est pas (SS 41).

9. La définition demeure très difficile à expliquer par contact.

10. La question de savoir si les hypothèses de contact peuvent expliquer le transfert des cheveux ou des pièces doit aussi être considérée (SS 45).

b. Hypothèse de l'image latente par contact direct : l'image du Suaire serait due au contact direct avec un corps, par lequel des produits chimiques se sont dégagés du corps, provoquant l'image à la longue.

1. Cette hypothèse demeure indéfendable à cause des réfutations ci-dessus (3a : 1-10) qui l'éliminent comme le démontrent quelques exemples précis.

2. L'image latente par contact direct ne peut toujours pas expliquer l'aspect tridimensionnel (Pellicori, « Hypothesis : Body Contact played a major role in the appearance of the image », 11 mars 1980, 3-4). Par exemple, les diverses parties du corps (dont la figure) n'étaient pas toutes en contact avec le linceul, et pourtant on les retrouve sur l'image. Ainsi, on ne constate pas de « suppressions » faciales. Par conséquent, l'hypothèse du contact ne peut expliquer l'image d'une façon satisfaisante (SS 44).

3. La superficialité s'oppose aussi à cette méthode,

puisque l'image du Suaire ne suit généralement pas l'affaissement de l'étoffe (SS 35, 44-45).

4. L'image ne présente pas de points de saturation ou de plateaux, ce qui limite sérieusement le facteur temps dont dépend cette thèse (SS 44).

5. L'image du Suaire est indépendante de toute pression, alors que l'hypothèse du contact en dépendrait, le poids du corps étant responsable de l'image dorsale et le poids de la toile de l'image frontale (SS 45, SO 4-5, Jackson et autres dans Stevenson 83 ; Jumper dans Stevenson, 186-187). C'est un très grave obstacle à cette thèse.

6. Il n'y a aucune trace de produits chimiques sensibilisants provenant de telles procédures de contact (cf. SS 35, 46).

7. Il semble que cette hypothèse ne puisse expliquer non plus le transfert des cheveux sur l'image (SS 45).

8. Certains contestent la méthode expérimentale employée pour représenter le vieillissement accéléré (SS 42-43).

9. Une très forte objection à l'hypothèse de l'image latente par contact est rarement mentionnée. Si une telle réaction peut normalement se produire entre un cadavre et un linceul, pourquoi d'autres linceuls ne portent-ils pas une image ? Il en existe beaucoup mais l'image du Suaire est unique. Aucun autre ne présente la moindre image.

c. Hypothèses de la « statue brûlante » et du « bas-relief brûlant » : une statue ou un bas-relief d'un homme aurait été chauffé et un linge étendu dessus, produisant une brûlure légère par contact ou presque contact.

1. Beaucoup des objections ci-dessus (3a : 1-10) s'appliquent à ces hypothèses et les rendent insoutenables.

2. L'incendie de 1532 est très utile ici, puisqu'il a provoqué des brûlures par contact de densités diverses. Cependant, les photos de la fluorescence ultraviolette montrent que ces régions roussies sont fluorescentes alors que l'image ne l'est pas, ce qui démontre qu'elles sont différentes. Il y a aussi une différence de couleur entre les

deux types de fibrilles (Pellicori dans *Archeology*, janvier-février 1981).

3. Des expériences ont démontré que les brûlures par statue ou bas-relief brûlant ne sont pas superficielles, ce qui invalide ces méthodes (Jumper dans Stevenson, 187).

4. Un des problèmes majeurs dans l'hypothèse de la statue chauffée, c'est que l'image serait déformée. Or il n'existe aucune déformation (SS 33, 60 ; Jackson dans Stevenson, 223-233).

5. Les expériences ont révélé qu'une brûlure légère provoquée par une statue brûlante n'aurait pas produit les ombres ou dégradés constatés sur le Suaire (SS 33 ; Jackson dans Stevenson, 223-233).

6. Un faux commis au moyen d'une statue ou d'un bas-relief chauffé serait très difficile à réussir sans brûler l'étoffe et interdire toute image reconnaissable.

7. La définition de l'image du Suaire est encore un obstacle à cette hypothèse (SS 33, 60 ; Jackson dans Stevenson, 223-233).

d. Conclusion :

1. Les hypothèses de contact, y compris celle de l'image latente, présentent en général les mêmes problèmes et ne peuvent expliquer de façon satisfaisante l'image du Suaire (SS 45-46).

2. À propos de l'hypothèse de l'image latente, Eric Jumper note : « Elle contient les défauts inhérents à toutes les autres méthodes de contact que j'ai considérées... » (Mémorandum du Projet de Recherches sur le Suaire de Turin, 12 décembre 1979).

3. Les résultats expérimentaux tels que l'aspect tridimensionnel de l'image du Suaire « éliminent le mécanisme de contact direct comme explication viable de formation de l'image » (Jackson et autres dans Stevenson, 83).

4. Le contact direct « ne peut avoir été responsable de la formation de l'image du Suaire... » (Jackson dans Stevenson, 223).

APPENDICE B

Indices favorisant l'hypothèse du roussi

Comme il a été indiqué au chapitre 6, l'hypothèse du roussi ne résout quand même pas les questions de définition et de dégradé de l'image. Il y a quatre points importants à noter à ce sujet. Tout d'abord, toutes les autres hypothèses sur la formation de l'image posent ces mêmes problèmes. Ensuite, toutes les autres options en présentent d'autres, nombreux et dans beaucoup de domaines cruciaux. L'hypothèse du roussi explique la plupart des données et c'est aussi celle qui a le moins de problèmes. Troisièmement, il ne faut pas nous attendre à ce qu'ils soient tous résolus. Comme nous avons de fortes raisons de penser que l'image n'a probablement pas été causée par un phénomène naturel, nous ne devons pas non plus nous attendre à pouvoir définir un processus absolument naturel pour expliquer sa formation. Quatrièmement, et c'est peut-être le plus important, l'étude scientifique indique bien que l'image est probablement une brûlure légère. L'hypothèse du roussi n'est pas simplement un modèle théorique élaboré pour expliquer les données. Nous allons passer en revue les arguments en sa faveur :

1. Plusieurs analyses scientifiques spécialisées confirment que l'image du Suaire est une brûlure :

a. Heller et Adler ont inversé le processus de formation pour découvrir sa cause. Ils ont rapporté que les fibrilles de l'image réagissaient comme si elles avaient été modifiées par de la chaleur.

b. Les études spectrophotométriques de Gilbert et Gilbert ont révélé de manière presque probante que l'image est une brûlure (SS 31).

c. Le Sommaire général (p. 5) donne la liste de plusieurs autres analyses qui font ressortir la similitude entre l'image et les parties brûlées du Suaire :

1. Spectres infra-rouges.
2. Spectres de lumière visible.
3. Spectres de fluorescence aux rayons X.
4. Spectres de fluorescence aux ultra violets.

2. L'image du Suaire présente un certain nombre de caractéristiques communes aux propriétés d'une brûlure légère, telles que :

a. oxydation, déshydratation et conjugaison des fibrilles de l'image ;
b. superficialité ;
c. absence de saturation ;
d. stabilité thermique ;
e. stabilité à l'eau ;
f. coloration.

3. Les autres thèses basées sur la fabrication ou le processus naturel ont été incapables d'expliquer les données scientifiques, indiquant par là qu'elles sont improbables (SS, SO, Stevenson, Heller et Adler, rapport en cours).

APPENDICE C

Questions bibliques

Une des questions principales, dans l'étude du Suaire de Turin, est la correspondance entre l'image du Suaire et les récits du Nouveau Testament sur la mise au tombeau de Jésus. Cet appendice résume les réponses à quelques-unes de ces questions. (Le sujet est exposé en détail au chapitre 4.)

a. Est-ce que les Juifs du Ier siècle ensevelissaient leurs morts en les recouvrant d'un suaire dans le sens de la longueur ?

1. Dans un cimetière communautaire de Qumran, on a trouvé des personnes enterrées dans la même position que l'homme du Suaire, les coudes écartés.
2. Le *Code de la Loi hébraïque,* « Lois du deuil », stipule qu'un homme exécuté par le gouvernement doit être enseveli dans un seul drap (chap. 364).
3. Aucun texte du Nouveau Testament ne décrit un enveloppement comme celui d'une momie. Au contraire, Lazare sort du tombeau de lui-même, bien que gêné (voir question *b* ci-dessous). Cela ne concorde pas avec les pratiques égyptiennes mais bien avec le Suaire.
4. Même sans 1-3, on pourrait affirmer que l'enterrement décrit par le Suaire n'était que temporaire, à cause de l'approche du Sabbat. Les femmes revenaient le dimanche matin pour l'achever (*Luc* 23, 54 ; 24, 1 ; *Marc* 16, 1-3).

*b. Les Évangiles parlent de plus d'un linge utilisé (*Luc *24, 12 ;* Jean *19, 40 ; 20, 5-7), alors que le Suaire n'est qu'une seule pièce d'étoffe.*

1. L'homme du Suaire était apparemment enveloppé aussi dans des bandelettes, autour de la tête (voir question *c* ci-dessous), les poignets et les pieds, ce qui correspond exactement à la description dans *Jean* 11-44. Ces bandelettes s'ajoutaient au drap principal, appelé le Suaire. Il y a donc eu plus d'un linge utilisé.

2. Saint Luc (ou la première tradition chrétienne) emploie tour à tour le singulier et le pluriel pour décrire le ou les linges (cf. 23, 53 et 24, 12). Saint Marc (15, 46) et saint Matthieu (27, 59) utilisent aussi le singulier pour faire apparemment allusion à un seul drap principal, par exemple le Suaire. L'usage du pluriel désigne donc sans doute les bandelettes.

c. Un linge a-t-il été déployé sur la figure de Jésus ou était-il plié et placé autour de sa tête ?

1. Saint Jean (20, 5-7) décrit un linge plié et serré autour de la tête de Jésus. Dans 11, 44, il affirme aussi qu'un voile était attaché autour de la figure de Lazare. Cela semble bien indiquer que le petit linge était plié et attaché autour de la tête.

2. Le Mishnah (*Shabbath* 23, 5) commande aux Juifs de maintenir le menton avant d'enterrer un mort.

3. Les « Lois du Deuil » ordonnent aussi aux Juifs d'attacher le menton des morts (chap. 351-352).

4. Les données de fait indiquent que l'homme du Suaire avait aussi un linge enroulé autour de la tête.

d. Les coutumes de sépulture juives comportaient un lavage du corps. Y avait-il des exceptions ?

1. Les « Lois du Deuil » expliquent que les personnes exécutées ou celles qui mouraient de mort violente ne

devaient pas être lavées. Ainsi, la coutume juive aurait interdit le lavage du corps de Jésus (chap. 364).

2. Même sans la stipulation qui précède, on pourrait affirmer que le corps de Jésus n'a pas été lavé, à cause de la mise au tombeau précipitée. (Les femmes revenaient avec des aromates pour oindre le corps [*Luc* 24, 14 et *Marc* 16, 1] et un des buts de ces aromates était de laver.) Le Mishnah interdisait en effet de laver les corps le jour du Sabbat (*Shabbath* 23, 5).

3. Les Évangiles ne précisent à aucun moment que le corps de Jésus a été lavé.

e. Que peut-on dire des aromates utilisés pour l'ensevelissement de Jésus ?

Comme ni les Évangiles ni le Suaire ne donnent de détails sur la manière de disposer les aromates ni même desquels il s'agissait, il n'y a aucune contradiction. On peut supposer qu'ils étaient tassés de chaque côté du corps de Jésus.

f. Jésus n'a-t-il pas été cloué sur la croix par le creux des mains, au lieu des poignets ?

1. Même sans l'évidence du Suaire, les exégètes pensent depuis longtemps que Jésus a été cloué par les poignets. Des mains clouées se déchireraient sous le poids du corps.

2. Le mot grec « main » comprend le poignet, ce qui signifie qu'une autre région que la main proprement dite pourrait être désignée sans contradiction.

g. Conclusion :

Non seulement il n'y a aucune contradiction entre le Suaire et le récit évangélique de la mise au tombeau, mais les Écritures et l'ancienne tradition juive confirment même le genre d'enterrement dépeint par le Suaire. De toute façon, on ne peut éliminer le Suaire sous prétexte qu'il ne concorde pas avec les Écritures.

APPENDICE D

TABLEAU 2 : Ce diagramme montre où les diverses expériences sur le Suaire sont situées sur le spectre d'énergie électromagnétique.

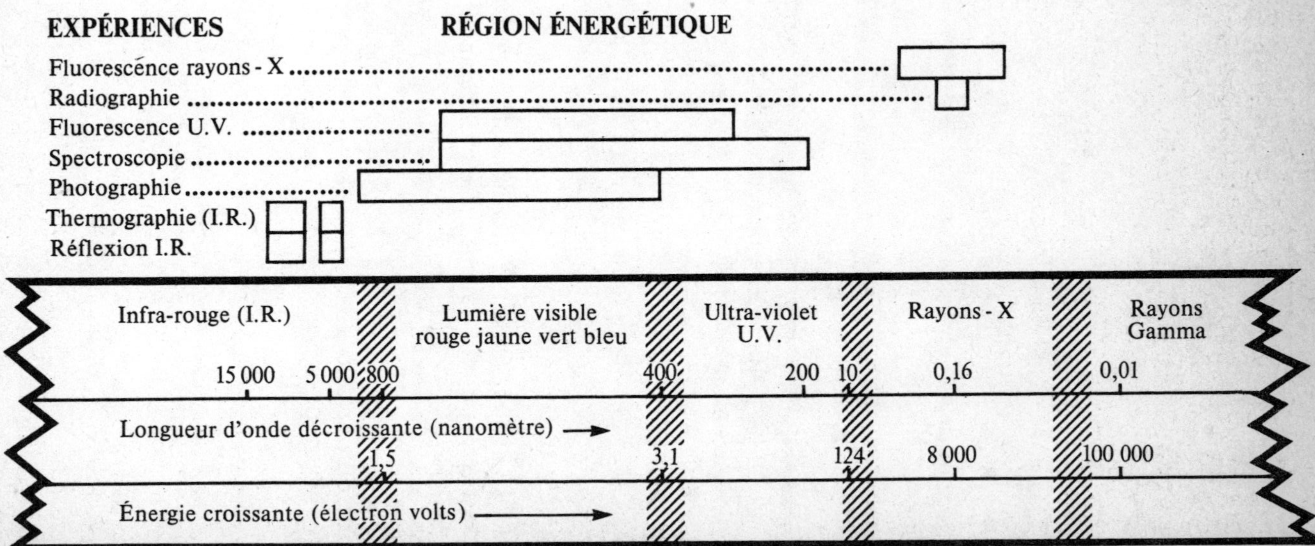

SPECTRE ÉLECTROMAGNÉTIQUE

NOTICE BIBLIOGRAPHIQUE

INTRODUCTION

1. J'ai publié dans la revue *Sindon (Medicina, Storia, Esegesi, Arte)*, organe du Centro Internazionale di Sindonologia. Turin, nº 25 (aprile 1977), p. 17-30, un article « Pourquoi les biblistes négligent-ils le linceul de Turin ? ». J'y ai examiné les objections méthodologiques soulevées par les exégètes et les historiens et montré qu'elles ne sont pas justifiées.

2. Y. Delage a développé sa pensée sur l'authenticité du linceul de Turin et l'identité du crucifié qu'il a contenu dans une lettre adressée à C. Richet, directeur de la *Revue Scientifique*, et parue dans ce périodique (1902, p. 683-687). Je me réfère à des publications déjà anciennes non par dédain des recherches plus récentes, qui ont fourni des précisions et des confirmations importantes, mais pour montrer que, très vite après la première photographie de 1898, il y avait en faveur de l'authenticité des arguments solides et indépendants de la foi religieuse.

3. J.A.T. Robinson, professeur à l'université de Cambridge, auteur bien connu de l'ouvrage : *Honest to God*, 1962, a publié récemment un article « The holy shroud in Scripture ». *The Tablet*, 26 august 1978, p. 817-820. Il part de cette observation : jamais un faussaire n'aurait imaginé de fabriquer le linceul à partir des récits évangéliques. Cependant, les données fournies par ces deux sortes si différentes de documents ne sont pas finalement inconciliables : bien plus, le linceul peut aider à coordonner les indications dispersées des Évangiles. Je ne prends ici qu'un seul exemple, facile à résumer.

Chapitre 2.
LE SUAIRE ET L'HISTOIRE

1. Edward A. Wuenschel, *Self-Portrait of Christ : The Holy Shroud of Turin,* Esopus, New York, 1954. Ian Wilson, *The Shroud of Turin,* New York : Doubleday, 1979.

2. Wilson, *The Shroud of Turin,* p. 104-105. Traduit en français par R. Albeck sous le titre : *Le Suaire de Turin, linceul du Christ ?,* Paris 1978, Albin Michel.

3. Ian Wilson, « The Shroud's History before the 14th Century », dans *Proceedings of the 1977 United States Conference on the Shroud of Turin,* Kenneth E. Stevenson, éd., p. 31-49.

4. Pour ce récit semi-historique, voir « L'Histoire de l'Image d'Édesse », dans l'histoire de Constantin Porphyrogénète. Cf. Eusèbe, *Histoire ecclésiastique* , Chap. XIII.

5. Maurus Green, « Enshrouded in Silence », *Ampleforth Journal,* 1969, p. 319-45.

6. Steven Runciman, « Some Reflections on the Image of Edessa », *Cambridge Historical Journal,* 1931, p. 238-252.

7. Wilson, p. 172-191.

8. Wilson, *ibid.,* p. 187.

9. Edward A. Wuenschel, « The Holy Shroud of Turin. Eloquent Record of the Passion », *American Ecclesiastical Review,* 1935, p. 441-472.

10. Wilson, *ibid.,* p. 166-170.

11. John Jackson, « Color Analysis of the Turin Shroud : A Preliminary Study », dans Stevenson, p. 190-195.

12. « The Story of the Image of Edessa », paragraphe 2, dans l'Appendice C de Wilson, *The Shroud of Turin.*

13. Pour une discussion, voir Wilson, *ibid.,* p. 106-112.

14. Les découvertes de Frei sont résumées dans l'Appendice E de Wilson, p. 293-298.

15. Gilbert Raes, « Examination of the " Sindone " », *Report of the Turin Commission on the Holy Shroud,* Londres, Screenpro Films, p. 79-83.

16. Silvio Curto, « The Turin Shroud : Archeological Observations concerning the material and the image », *Report of the Turin Commission on the Holy Shroud,* p. 59-73.

17. John Jackson et d'autres, « The Three-Dimensional Image on Jesus' Burial Cloth », dans Stevenson, p. 90.

18. Francis L. Filas, « The Dating of the Shroud of Turin from coins of Pontius Pilate », monographie privée, 1980.
19. Rachel Hachlili, « Ancient Burial customs preserved in Jericho Hills », *Biblical Archeology Review,* juillet-août 1979, p. 28-35.

Chapitre 3.
L'HOMME ENSEVELI DANS LE SUAIRE

1. Geoffrey Ashe, « What sort of Picture ? », *Sindon,* 1966, p. 15-19.
2. Pour un récit de l'affaire Delage, voir John E. Walsh, *The Shroud,* New York 1963, et Thomas Humber, *The Sacred Shroud,* New York, 1977. Trad. h. *L'énigme du Saint Suaire, image du Christ,* Paris 1978, pp. 92-101.
3. Walsh, *The Shroud.*
4. Nicu Haas, « Observations anthropologiques des vestiges de squelettes de Giv'at ha-Mivtar », *Israel Exploration Journal,* Vol. 20, N° 1-2.
5. Stewart et Coon sont cités dans Robert Wilcox, *Shroud,* New York, Bantam Books, 1978, p. 130-133.
6. Wilson, p. 47.
7. Daniel-Rops, *La Vie quotidienne au temps de Jésus,* Paris, Hachette, et *Jésus en son temps,* Fayard (1979). Voir aussi Wilson, p. 47.
8. Pierre Barbet, Dr, *Les cinq plaies du Christ* (Paris, 1937, nouvelle édition augmentée en 1948), *La Passion corporelle de Jésus* (Paris, 1940) et Gérard Cordonnier, *Le Christ dans sa passion révélé par le Saint Suaire de Turin* (Paris, 1935), repris d'ensemble dans la *Passion de N.-S. J.-C. selon les chirurgiens* (Issoudun, 1950).
9. David Willis, cité dans Wilson, p. 38-39. Voir aussi Barbet.
10. Anthony Sava, « The Holy Shroud of Turin », dans Stevenson, p. 50-56.
11. Willis, dans Wilson, p. 43-44.
12. James Strong, *The Exhaustive concordance of the Bible.*
13. Barbet.
14. Barbet, *ibid.*
15. Barbet.
16. Giulio Ricci, « Historical, Medical and Physical Study of the Holy Shroud », dans Stevenson, p. 67.

17. Paul Vignon, *Le linceul du Christ*, Paris, Masson 1902 (Paris 1902, 2e édition 1939), *The Shroud of Christ*, New Hyde Park, New York, 1970.

Chapitre 4.
LE NOUVEAU TESTAMENT ET LE SUAIRE

1. Edmund Wilson, *The Scrolls of the Dead Sea*, Londres, Fontana, 1955, p. 50-51.
2. *Code de la Loi hébraïque*, « Lois du Deuil », chapitre 364, traduction anglaise de Rabbi Revkir.
3. Voir le *Code de la Loi hébraïque, ibid.* Voir aussi Giulio Ricci, « Historical, Medical and Physical Study of the Holy Shroud », dans Stevenson, p. 60.
4. Pour les comparaisons de ces différents mots, voir William F. Arndt et F. Wilbur Gingrich, *A Greek-English Lexicon of the New Testament and Other early Christian literature*, Chicago, University of Chicago Press, 1979, p. 177, 264, 270. Cf. John A.T. Robinson, « The Shroud of Turin and the Grave-Clothes of the Gospels », dans Stevenson, p. 24.
5. John McDowell et Don Stewart, *Answers to Tough Questions skeptics ask about the Christian Faith*, San Bernardino, Californie, Here's Life, 1980, p. 165-166.
6. Edward A. Wuenschel, « The Shroud of Turin and the Burial of Christ », *Catholic Biblical Quarterly* 7, 1945, et *8*, 1946.
7. Pour une discussion faisant autorité, voir John A.T. Robinson dans Stevenson, p. 23-30.
8. *Code de la Loi hébraïque*, « Lois du Deuil », chap. 351-352.
9. Arndt et Gingrich, p. 270, 646.
10. John Jackson et d'autres, « The Three-Dimensional Image on Jesus' Burial Cloth », dans Stevenson, p. 91.
11. Robinson dans Stevenson, p. 25.
12. *Code de la Loi hébraïque*, « Lois du Deuil », chap. 364.
13. Robinson dans Stevenson, p. 23.

Chapitre 5.
LA SCIENCE ET LE SUAIRE : AVANT 1978

1. Voir John Walsh, *The Shroud*, et Ian Wilson, *The Shroud of Turin.*

2. Paul Vignon, *Le Linceul du Christ,* 1902 et un ouvrage différent, *Le Saint Suaire de Turin devant la Science,* (édition, 1938) ; et Paul Vignon et Edward Wuenschel, « The Problem of the Holy Shroud », *Scientific American, 156(3),* 162 (1937).

3. Les rapports des commissions de 1969 et de 1976 Ricerche e studi della Commissione di Experti nominata dell Arcivescovo di Torino, Card. Michele Pellegrino, nel 1969, Torino, 1976 ont été publiés dans une traduction anglaise par Screenpro Films, Londres, en 1976. Le titre du document est *Report of the Turin Commission on the Holy Shroud.*

4. Ray Rogers, « Chemical Considérations concerning the Shroud of Turin » dans Stevenson, p. 131-135.

5. Cité dans Wilson, p. 76.

6. Wilson, p. 69-72.

7. Max Frei, « Plant Species of pollen samples from the Shroud », dans Wilson, p. 293-296.

8. John Jackson et autres, « The Three-Dimensional Image on Jesus' Burial Cloth », dans Stevenson, p. 74-95.

9. Rachel Hachlili, p. 26-35.

10. Francis L. Filas, *op. cit.*

11. Jean J. Lorre et Donald J. Lynn, « Digital Enhancement of Images of the Shroud of Turin », dans Stevenson, p. 154-180.

12. Eric Jumper, « Considerations of Molecular Diffusion and Radiation as an Image formation process on the Shroud », dans Stevenson, p. 182-188.

13. Geoffrey Ashe, « What sort of Picture ? » ; *Sindon,* 1966, p. 15-19.

14. John Jackson, « Color Analysis of the Turin Shroud : A Preliminary study », dans Stevenson, p. 190-195.

15. Jumper, p. 187.

16. John Jackson, « A Problem of resolution posed by the existence of a three-dimensional image on the Shroud » dans Stevenson, p. 223-233.

Chapitre 6.
LA SCIENCE ET LE SUAIRE : APRÈS 1978

1. R.D. LaRue Jr., « Tonal Distortions in Shroud image photographs », dans Stevenson, p. 219-221.

2. F. Ratcliff, *Scientific American, 226(6),* 90 (1972).

3. G. Frache, E. Mari Rizzatti et E. Man, « A Definitive

Report on the haematological investigations », dans le *Report of the Turin Commission on the Holy Shroud,* p. 49-54.

4. J.H. Heller et A.D. Adler, *Applied Optics, 19, 2742* (1980).

5. L.A. Schwalbe et R.N. Rogers, « Physics and Chemistry of the Shroud of Turin : Summary of the 1978 Investigation », p. 53.

6. J.H. Heller et A.D. Adler, manuscrit en préparation, cité dans Schwalbe et Rogers.

7. W.C. McCrone, *Microscope 28* (3/4), 105, 115 (1980).

8. Heller et Adler, manuscrit en préparation, cité dans Schwalbe et Rogers.

9. R.A. Morris, L.A. Schwalbe et J.R. London, *X-Ray Spectrometry, 9, 40* (1980).

10. Schwalbe et Rogers, p. 39.

11. Morris, Schwalbe et London, *ibid.*

12. R.W. Mottern, J.R. London, R.A. Morris, *Materials Evaluation, 38, 39* (1980).

13. R. Gilbert et M. Gilbert, *Applied Optics, 19,* 1930 (1980) ; S.F. Pellicori, *Applied Optics, 19,* 1913 (1980).

14. R. Gilbert et M. Gilbert, *ibid.*

15. R.N. Rogers, « Chemical Considerations concerning the Shroud of Turin », dans Stevenson, p. 131-135.

16. Schwalbe et Rogers, p. 36.

17. Schwalbe et Rogers, p. 34.

18. S.F. Pellicori, *op. cit.*

19. Schwalbe et Rogers, p. 35-36.

20. Schwalbe et Rogers, p. 43-45.

21. John Jackson, « A Problem of resolution » dans Stevenson, p. 223.

22. Paul Vignon, *Le Linceul du Christ,* Paris, Masson 1902.

23. E.J. Jumper et R.N. Rogers, « Summary Overview of Research », p. 8.

24. E.J. Jumper, « Considerations of Molecular Diffusion and Radiation as an image formation process on the Shroud » dans Stevenson, p. 182-189.

25. R. Gilbert et M. Gilbert, *op. cit.*

26. R. Gilbert et M. Gilbert, *ibid.*

27. S.F. Pellicori et M.S. Evans, *Archeology 34* (1), 35 (1981).

28. Schwalbe et Rogers, p. 32.

29. Schwalbe et Rogers, p. 61.

30. Schwalbe et Rogers, p. 32-33.
31. Rogers, « Chemical Considerations », dans Stevenson p. 131-135.
32. J.P. Jackson, « A Problem of Resolution posed by the existence of a Three-Dimensional Image on the Shroud », dans Stevenson, p. 223-233.
33. Jackson, *ibid.*, p. 232.
34. Heller et Adler, manuscrit en préparation.

Chapitre 7.
LA FRAUDE ET LE SUAIRE

1. Herbert Thurston, « The Holy Shroud and the Verdict of History », *The Month CI* (1903), p. 19. Cité dans Wilson, p. 53.
2. Herbert Thurston, « The Holy Shroud », *Catholic Encyclopedia,* Vol. 13, édition de 1912, p. 762-763.
3. Ian Wilson a écrit dans *The Shroud of Turin* un rapport sur les débuts de l'histoire du Suaire, qui fait autorité.
4. « Mémorandum de Pierre d'Arcis », traduit du latin en anglais par Herbert Thurston et reproduit dans Wilson, Appendice B (*le lecteur français se reportera à la traduction française du livre de Wilson.*)
5. Humber, p. 100.
6. Joe Nickell, « The Turin Shroud Fake ? Fact ? Photograph », *Popular Photography,* nov. 1979, p. 99, 147. Voir aussi ses articles dans *The Humanist,* janvier et juin 1978.
7. Wilcox, p. 131-132.

Chapitre 8.
L'AUTHENTICITÉ DU SUAIRE

1. Nelson Glueck, *Rivers in the Desert,* New York, Farrar, Straus et Cudahy, 1959, p. 31.
2. Millar Burrows, *What mean these stones ?* New Haven, American Schools of Oriental Rewearch, 1941, p. 1.
3. William Foxwell Albright, *Archeology and the Religion of Israël,* Baltimore, The Johns Hopkins Press, 1953, p. 176.
4. Sir Frederick Kenyon, *The Bible and Archeology,* New York, Harper and Brothers Publishers, 1940, p. 279.
5. Voir Burrows, p. 276-277. Burrows note que la position

critique concernant Balthazar a changé, qu'on reconnaît maintenant son historicité en tant que fils de Nabonide qui a co-régné avec son père.

6. Glueck, p. 31-32.

7. Keith Schoville, *Biblical Archeology in Focus,* Grand Rapids, Baker Book House, 1978, p. 198-200.

8. F.F. Bruce, *The New Testament Documents : Are they reliable ?,* Grand Rapids, Eerdmans ; 1960.

9. Bruce, p. 90.

10. Bruce, *ibid.,* voir aussi A.N. Sherwin-White, *Roman Society and Roman Law in the New Testament,* Oxford, Clarendon Press, 1963.

11. Vasilius Tzaferis, « Jewish Tombs at and near Giv'at ha-Mivtar », *Israel Exploration Journal,* 1970.

12. Nicu Haas, « Anthropological Observations on the Skeletal Remains from Giv'at ha-Mivtar », *Israel Exploration Journal,* 1970. Voir aussi Paul Maier, *First Easter,* New York, Harper and Row, 1973.

13. Tacite, *Annales,* 15-44.

14. Wilcox, p. 129-136, cf. Wilson, p. 22.

15. Daniel-Rops, *La Vie quotidienne au temps de Jésus, op. cit.*

16. Wilson, p. 48.

17. Tacite, 15-44.

18. Wilson, p. 33-34. Il est intéressant de noter que l'évangile selon saint Jean dit que c'est la même arme (en grec *lonche*) avec laquelle un soldat romain a percé le flanc de Jésus (*Jean* 19-34). C'est plus particulièrement le sujet du chapitre suivant mais le parallèle est également approprié ici.

19. Rachel Hachilili, p. 28-35.

20. *Ibid.,* p. 34-35.

Chapitre 9.
EST-CE JÉSUS ?

1. Ricci, p. 60.

2. Wilson, p. 38.

3. Voir citation du Dr David Willis dans Wilson, p. 36-37.

4. Interview de Francis Filas dans le programme universitaire CBN, « Inquiry into the Shroud of Turin », le 4 avril 1980.

5. Vincent J. Donovan, « The Shroud and the Laws of Probability », *The Catholic Digest*, avril 1980, p. 49-52.

6. P. de Gail, *Le visage de Jésus-Christ*, Paris France-Empire 1971. Le P. de Gail donne le chiffre de 225 milliards, inférieur à celui de Donovan. Il y a une erreur dans le texte américain (Note du traducteur).

7. Donovan, *ibid.*

8. Donovan, *ibid.*

9. Anthony Sava, « The Holy Shroud on Trial », dans Stevenson, p. 50-57.

10. Ricci, p. 67.

11. Voir Chapitre Onze pour une discussion détaillée de ce point.

12. Ricci, p. 73.

Chapitre 10.
LA MORT DE JÉSUS : NOUVELLES RÉVÉLATIONS ?

1. Paul Vignon, *Le Linceul du Christ*, Paris, *op. cit.* Pour éviter toute confusion, signalons que son ouvrage : *Le Saint Suaire de Turin devant la Science...* Paris, Masson 1938 n'est pas une réimpression mise à jour de l'ouvrage de 1902, mais une étude entièrement nouvelle (N. du T.)

2. Voir la lettre de Delage à Charles Richet dans Wilson, p. 33-34. et dans P. de Gail, *Le visage du Christ et son linceul*, p. 308-312.

3. Pierre Barbet, *op. cit.*

4. Voir Wilcox, p. 23-24, sur les méthodes de Moedder.

5. *Report of the Turin Commission on the Holy Shroud*, p. 10-11.

6. Voir Wilson, p. 36-44, pour les découvertes inédites de Willis.

7. Sava, dans Stevenson, p. 50-57.

8. Conversation personnelle avec Robert Bucklin, 30 avril et 5 mai 1981.

9. Ricci, dans Stevenson, p. 73.

10. Conversation personnelle avec Robert Bucklin, 5 mai 1981.

11. Jackson et autres, dans Stevenson, p. 92.

12. Conversation personnelle avec Robert Bucklin, 30 avril et 5 mai 1981.

13. David Strauss, *Das Leben Jesu*, 2e éd. 1837 traduite en français par E. Littré : *Vie de Jésus*, Paris, Ladrange 1839.

14. Albert Schweitzer, *Geschichte der Leben Jesu Forschung,* 1906 ;2e éd. 1913.

15. Voir Edward Riggenbach, *The Resurrection of Jesus,* New York, Eaton and Mains, 1907, p. 48-49 ; et James Orr, *The Resurrection of Jesus,* Grand Rapids, Zondervan, 1965 (d'après l'édition de 1908), p. 92.

16. Voir par exemple « The Resurrection and Biblical Criticism », *Commonweal,* 24 nov. 1967, p. 223.

17. Pour des exemples de médecins traitant de ce sujet, voir Dr Barbet, *La Passion de J.-C.,* Truman Davis, « The Crucifixion of Jesus : The Passion of Christ from a medical point of view », dans *Arizona Medecine,* mars 1965, p. 183-187 ; Robert Wassenar, « A Physician looks at the suffering of Christ », dans *Moody Monthly,* vol. 79, n° 7, mars 1979, p. 41-42 ; James H. Jewell Jr. et Patricia A. Didden, « A Surgeon looks at the Cross », dans *Voice,* vol. 58, n° 2, mars-avril 1979, p. 3-5. Sur un plan plus populaire, voir Jim Bishop, *The Day Christ died,* New York Harper, 1957, p. 312-314, 318. Bucklin est d'accord aussi sur l'importance de l'asphyxie dans la crucifixion
(5 mai 1981).

18. Wilcox, *Shroud,* p. 161. A. Legrand, *Le Linceul de Turin,* Paris, DDB 1980, p. 157-163.

19. Davis, p. 187 ; cf. Wilson, p. 28.

20. Conversation personnelle avec Robert Bucklin, le 5 mai 1981. Voir aussi Wilson, p. 25-26, et Ricci dans Stevenson, p. 58-73.

21. Wilson, p. 44-45.

22. Wassenar, p. 42 ; Jewell, p. 5 ; cf. Davis, p. 187. Voir aussi Barbet, *op. cit.*

23. Sava, dans Stevenson, p. 51-54.

24. Voir Wilcox, p. 72-73 ; Wilson, p. 44-45.

25. Conversation personnelle avec Robert Bucklin, 30 avril et 5 mai 1981.

26. Conversation personnelle avec Robert Bucklin, 5 mai 1981.

27. Sava, dans Stevenson, p. 53-54.

28. Davis, *op. cit.*

29. Voir particulièrement *Luc* 23, 46 ; cf. aussi *Matthieu* 27, 50, *Marc* 15,37 et *Jean*19, 30.

30. Voir par exemple *Marc 10, 45 et Matthieu* 26, 27.

31. Pour des exemples voir *Romains* 5, 6-9 ; I *Corinthiens* 15, 3-4 ; I *Pierre* 1, 18-19 ; I *Jean* 1, 7-10.

Chapitre 11.
LA RÉSURRECTION DE JÉSUS :
NOUVELLES PREUVES ?

1. Voir chapitre 5 et surtout appendice A pour des réfutations de ces thèses naturalistes et faisant appel à la fraude.

2. Larry Schwalbe et Ray Rogers, « Physics and Chemistry of the Shroud of Turin : Summary of the 1978 Investigation », 27 mars 1981 ; Ray Rogers et Eric Jumper, « Summary Overview and Near Term Direction of Research », 4 octobre 1979 ; appendice A, 1 ; conversations personnelles avec John Heller, 19 mai 1980, avec Ray Rogers, 21 mai 1980 et Eric Jumper, 6 septembre 1978.

3. Heller, 19 mai 1980.

4. Heller, *ibid. ;* Rogers, 21 mai 1980 ; Eric Jumper, 2 janvier 1980. Cf. Ray Rogers, « Chemical Considerations concerning the Shroud of Turin » dans Stevenson, p. 131-135 ; John Jackson, « A Problem of resolution posed by the existence of a three-dimensional image on the Shroud », dans Stevenson, p. 223-233.

5. Conversations personnelles avec John Heller, le 19 mai 1980 et le 26 avril 1981. Heller et Adler, manuscrit en préparation.

6. Schwalbe et Rogers, p. 31.

7. Ray Rogers et Eric Jumper, p. 8.

8. Gary Habermas, *The Resurrection of Jesus : A Rational inquiry,* Ann Arbor, University Microfilms, 1976.

9. Pour des réfutations détaillées, voir *ibid.*, p. 114-171.

10. Une réfutation complète de l'essai de Hume nous entraînerait au-delà des limites de ce chapitre. Pour plus de détails, voir Gary Habermas « Skepticisme : Hume », dans *Biblical Errancy : An Analysis of its philosophical roots,* compilation de Norman L. Geisler, Grand Rapids, Zondervan, 1981.

11. William Hordern, *A Layman's Guide to Protestant Theology,* New York, Macmillan, 1955, p. 37.

12. Pour quelques exemples de ces rejets libéraux des autres hypothèses, voir Habermas, p. 292-293.

13. Raymond Brown, « The Resurrection and Biblical criticism », dans *Commonweal,* 24 nov. 1967, surtout p. 233.

14. Voir Reginald Fuller, *The Formation of the Resurrection Narratives,* New York, Macmillan, 1971, p. 9ff.

15. La découverte archéologique du décret de Nazareth a fourni des raisons de croire que les chefs des Juifs auraient pu tuer quiconque se rendait coupable d'un pillage de tombes, par exemple. Cette dalle de marbre contient un édit de César ordonnant précisément cette action pénale en accordant l'autorité pour cela. Voir Maier, p. 119-120.

16. Fuller, p. 37.

17. Voir Fuller, p. 37, 46-47.

18. Ceci à l'exception des troisième et dixième faits, qui sont quand même étayés par de solides données historiques. Pour tout cet argument sous une forme plus détaillée, y compris le soutien de ces faits et indices connus, voir Gary Habermas, *The Resurrection of Jesus : An Apologetic*, Grand Rapids, Baker Book House, 1980, chapitre I.

19. William Wand, *Christianity : A Historical Religion ?* Valley Forge, Judson Press, 1972, p. 93-94.

20. Voir Gary Habermas, *The Resurrection of Jesus : An Apologetic*, chapitre I, pour plus de détails sur cette apologétique supplémentaire.

21. *Ibid.* Pour des raisons de place, nous ne pouvons présenter de développements de ces critiques et d'autres, rassemblées d'après des faits historiques acceptés se rapportant à ces hypothèses et à d'autres semblables. Pour une étude complète, voir Habermas, *The Resurrection of Jesus : A Rational inquiry*, p. 114-171.

22. Les faits acceptés supplémentaires, énumérés plus haut, fournissent d'autres arguments importants en faveur de cet événement, tels que les six autres indices énumérés ci-dessus.

23. Voir Habermas, *The Resurrection of Jesus : An Apologetic,* chapitre I.

24. Conversation personnelle avec Robert Bucklin, le 30 avril 1981.

25. Bucklin, *ibid.* On peut également ajouter ici que l'ancienne hypothèse du vol du corps de Jésus est réfutée par d'autres faits historiques et a même été écartée par les biblistes critiques. Voir Gary Habermas, *The Resurrection of Jesus : A Rational inquiry,* p. 159, 161.

26. Conversation personnelle avec John Heller, 19 mai 1980 ; interview de John Heller, « 20/20 », ABC-TV, 16 avril 1981.

27. Conversation personnelle avec Robert Bucklin, 30 avril 1981.

28. Bucklin, *ibid.* Il convient de bien noter ici que même si

la probabilité d'une hypothèse par contact naturel ou vaporographie pouvait être démontrée, le Suaire témoignerait fortement de la résurrection de Jésus. Le corps existant, comme le démontre l'absence de décomposition, et le Suaire n'étant pas enlevé, comme l'indiquent les traînées sanglantes intactes, s'allient quand même avec l'histoire connue et la correspondance avec les Évangiles pour révéler la probabilité que Jésus est ressuscité des morts. L'image du Suaire continuerait d'apporter un solide témoignage supplémentaire à la réalité historique déjà probable de la résurrection.

Chapitre 12. LE DÉBAT NATUREL-SURNATUREL

1. L'essai de Hume est la Section X, *Enquiry concerning human understanding,* 1748.
2. *Ibid.*, surtout 1re partie.
3. John Herman Randall Jr., *The Making of the Modern Mind,* Édition revue et corrigée, Boston, Houghton Mifflin, 1940, p. 293, 553-554.
4. David F. Strauss, *A New Life of Jesus,* seconde édition, Londres, Williams and Norgate, 1879, vol. 1, p. 199-201.
5. Lawrence Burkholder, Harvey Cox et Wolfhart Pannenberg, « A Dialog on Christ's Resurrection », *Christianity Today,* vol. XII, nº 14, 12 avril 1968, p. 5-9. Voir surtout les commentaires de Harvey Cox.
6. Voir, par exemple, Anthony Flew, « Miracles » dans l'*Encyclopedia of Philosophy,* éditée sous la direction de Paul Edwards, New York, Macmillan and the Free Press, 1967, vol. 5, p. 346-353.
7. C.S. Lewis, *Miracles : A Preliminary study,* New York, Macmillan, 1947, 1960.
8. Voir Habermas, « Skepticism : Hume ».
9. Pour de solides défenses de cet argument, voir Norman Geisler, *Christian Apologetics,* Grand Rapids, Baker Book House, p. 237-259 ; Bruce Reichenbach, *The Cosmological Argument,* Springfield, Charles C. Thomas, 1972 ; et William Rowe, *The Cosmological Argument,* Princeton, Princeton University Press, 1975.
10. Pour des exemples, voir R.E.D. Clark, *The Universe : Plan or Accident ?,* Londres, The Paternoster Press, 1961, réimprimé par Zondervan, 1972 ; Elton Trueblood, *Philosophy of Religion,* New York, Harper, 1957, p. 102-105.

11. Richard Swinburne, *The Existence of God*, Oxford, The Clarendon Press, 1980. Richard Swinburne, *The Concept of Miracle*, New York, Macmillan and St.Martin's Press, 1970, p. 66-69.

12. Ces fortes thèses sont validées dans Geisler, en particulier p. 240-241 et 247-250.

13. Clark, surtout p. 196-199.

14. Nous n'allons pas répéter le raisonnement, puisque cela a été fait d'une manière beaucoup plus détaillée dans les sources citées ci-dessus.

15. Cet argument est longuement défendu par Geisler ; surtout p. 237-252.

16. Gary Habermas, *The Resurrection of Jesus : An Apologetic*, surtout aux chapitres 1-3.

17. *Marc* 10, 45 ; *Luc* 19, 10.

18. *Marc* 13, 32 ; *Matthieu* 11, 27.

19. *Marc* 2, 1-12.

20. *Esaïe* 53 ; *Daniel* 9, 24-27 ; *Michée* 5, 2.

21. *Matthieu* 19, 28-30 ; *Luc* 24, 47 ; *Jean* 6, 47.

22. Surtout *Matthieu* 5, 21-48 ; cf. *Marc* 3, 1-6.

23. *Marc* 14, 61-64 ; *Jean* 5, 18 ; 10, 33.

24. *Jean* 1, 1 ; 20, 28 ; *Romains* 1, 3-4 ; *Phillippiens* 2, 11 ; *Tite* 2, 13 ; II *Pierre* 1, 1.

25. *Marc* 2, 17 ; 10, 45 ; *Luc* 19, 10 ; 22, 29 ; *Jean* 12, 49-50.

26. *Marc* 2, 1-12 ; *Matthieu* 11, 1-6 ; 12, 22-28, 38-40 ; *Jean* 5, 36-37 ; 10, 36-38.

27. Pour quelques exemples, voir Reginald Fuller, *Foundations of New Testament Christianity*, New York, Charles Scribner's Sons, 1965, p. 105-107 ; Rudolf Bultmann, *Theology of the New Testament*, traduit par Kendrick Grobel, deux volumes, New York, Charles Scribner's Sons, 1951, 1955, vol. 1, p. 4-11.

28. *Marc* 8, 31 ; 9, 31 ; 10, 33-34, etc. Pour une défense de l'historicité de ces prédictions, voir Habermas, *The Resurrection of Jesus : An Apologetic*, surtout le chapitre II.

29. Voir Habermas, *Ibid.* Chapitres 4-5.

30. Pour une validation de ce point, voir Habermas, *ibid.*, chapitres 3-5.

31. Pour une défense en profondeur de ces arguments, voir Habermas, *ibid.*, en particulier le chapitre II.

32. Un exemple d'argument solide supplémentaire vient de la nature de l'événement de la résurrection. Elle était non répétable (autant qu'on le sache) et contraire aux lois

reconnues de la nature. C'est l'unique exception à ces lois et il n'existe pas de moyen connu par lequel ces lois peuvent être modifiées ou transformées, pour expliquer cet événement, d'autant plus que selon les témoins oculaires Jésus est ressuscité avec un corps glorifié. Ce sont là d'importantes indications que cet événement n'était pas naturel et que Jésus est bien ressuscité des morts. Chose curieuse, Hume lui-même reconnaît que la résurrection d'un mort serait un miracle provoqué par un pouvoir surnaturel (Hume, Section X, 1re partie). D'autres arguments tels que l'accomplissement de la prophétie apportent d'autres confirmations de la validité du théisme chrétien.

33. On trouve cette intéressante suggestion dans Edward M. Yoder Jr. « The Mysterious Shroud of Turin », Detroit News, 29 nov. 1979, p. 22 A. Yoder était rédacteur en chef au *Washington Star.*

Chapitre 13.
CONCLUSION : LE LINCEUL DE JÉSUS

1. Interview de John Heller, « 20/20 », ABC-TV, 16 avril 1981 ; conversation avec John Heller, le 19 mai 1980.
2. Voir appendices A et B.
3. Rogers et Jumper, p. 5, 8.
4. Il convient de bien noter que toutes les thèses soutenues dans cet ouvrage sont présentées en termes de probabilité. Nous ne prétendons pas détenir de preuves de ce que nous avançons. Pourtant les faits indiquent que tout cela est fort probablement vrai.
5. Wilson, p. 33-34.
6. « Notes and Asides », dans *National Review,* 7 juillet 1978, p. 821.
7. Wilcox, p. 60-61, 70-71.
8. Wilcox, p. 120-121.
9. Wilson, p. 7.
10. John A.T. Robinson, « The Shroud and the New Testament », dans Jennings, p. 80.
11. McNair, p. 33.

TABLE DES MATIÈRES

ACHEVÉ D'IMPRIMER LE 6 OCTOBRE 1981
SUR LES PRESSES DE L'IMPRIMERIE HÉRISSEY
A ÉVREUX (EURE)
POUR LE COMPTE DE LA LIBRAIRIE ARTHÈME FAYARD
75, RUE DES SAINTS-PÈRES, PARIS - 6e

Dépôt légal : 4e trimestre 1981
N° d'éditeur : 6285
N° d'imprimeur : 28552
ISBN 2.213.01095.1
Imprimé en France

H 35.6874.8